시몽동의 기술철학

포스트휴먼 총서

07

시몽동의 기술철학

포스트휴먼 사회를 위한 청사진

김재희 지음

아카넷

차례

머리말

질베르 시몽동(Gilbert Simondon, 1924~1989)은 프랑스 중동부의 공업도
시 생테티엔(Saint-Étienne)의 탄광과 공장 지대 사이에서 자랐다. 훌륭한
기술자가 되리라 믿었던 아버지의 기대를 저버리고 철학자가 되었지만,
그는 일찌감치 산업과 농업에서 기계화의 발달에 따른 기술적·인간적
문제들에 민감했고 장인들과 스스럼없이 대화를 나누며 그들의 의견에
귀 기울이곤 했다. 동물 남획이나 삼림 훼손을 몹시 싫어하며 자연과 생
명에 대한 감수성도 남달랐던 그는 아내와의 사이에 일곱이나 되는 자녀
를 두었다. 그의 자녀들은 모두 일상적인 가정생활에서 자연에 대한 관
찰, 실험, 탐구를 풍부하게 배울 수 있었다고 한다.

　시몽동의 지적 호기심과 사유 스펙트럼은 매우 폭넓어서, 철학 고전
읽기와 같은 사변적 활동부터 물리학, 광물학, 생물학, 의학, 정신생
리학, 심리학, 사회학, 기술공학에 이르기까지 실재에 관한 인간의 모
든 학문적 연구들을 백과사전적으로 통합하여 하나의 원리로 통찰하려
는 특성을 지닌다. 그는 파리 고등사범학교(École Normale Supérieure)에
서 「소크라테스 이전 고대 철학에서의 일자와 시간에 관한 문제」로 석사
논문을 썼는데 동시에 물리학, 광물학, 정신생리학 과정도 수료했다.
1948년 철학교수자격시험(agrégation)에 합격하고 나서, 이태 뒤에는 심
리학 학위를 받았고, 단기적이나마 미국 미네소타 대학에서 사회심리학
과 실험심리학 세미나에 참여하기도 했다. 투르(Tours)의 데카르트 고등

학교에서 처음 교육활동을 시작할 때부터 그는 철학만이 아니라 그리스-라틴어와 20세기 문학에 대해서도 강의를 했으며, 질환으로 수업을 못하게 된 물리학 교수를 대신해 물리학 수업을 맡기도 했다. 분리된 시스템에서의 역학 에너지 보존에 대한, 그리고 퍼텐셜 에너지와 운동 에너지의 상호 변형에 대한 시몽동의 강의를 들었던 감독관의 표현에 따르면, "그 강사는, 쉽고 명료한 언어로 아주 정확하게 말하고, 사례들도 현명하게 선택했다. 관련된 정보를 주고, 본질적이고 분명한 결론을 강조했다. 그는 데카르트주의자 말브랑슈와 라이프니츠의 역동주의 사이에 있었던 살아 있는 힘 개념에 관한 논쟁을 소개하면서 그 주제의 역사적·철학적 측면들도 더불어 설명해주었고 그 두 개념들이 함께 오는 경우에 대해서도 제시해주었다."고 한다. 시몽동은 또한 학교 지하실에 기술공학 실험실을 만들어 텔레비전 수상기를 교실에 직접 설치하기도 했다.

1958년 철학박사학위를 취득한 이후에는, 푸아티에 문과대학을 거쳐 소르본 파리4대학 철학교수로서 교육과 학술활동에 전념하였고 리옹(Lyon)과 생테티엔의 여러 대학에서 비교정신생리학, 사회심리학, 산업심리학, 기술심리학 등도 강의했다. 그는 파리5대학에서 '일반심리학과 기술공학 실험실'(1963~1983년)을 창설하여 이끌어 나갔고, 깡길렘이 주도하는 '과학과 기술의 역사' 세미나(1964~1970년)에도 참여했다. 시몽동은 많은 컨퍼런스와 심포지엄에 참여하며 학술활동을 왕성히 진행하였는데, 그중 특히 주목할 만한 것은 노버트 위너(N. Wiener)를 비롯한 사이버네틱스 이론가들, 수학자들, 철학자들이 대거 참석한 '현대 과학에서의 정보 개념'에 대한 학술대회(1962년 로요몽(Royaumont)에서 개최)에 시몽동이 조직 위원으로서 적극 참여했다는 점이다. 발표자로서 대회장에서의 직접적인 토론에 참여하진 않았지만 시몽동의 사이버네틱스와 정보기술에 대한 관심을 엿볼 수 있는 일화라 할 수 있다.

인문학, 사회학, 자연과학, 기술공학에 두루 정통한 시몽동이 생전에 출간한 저서이자 가장 중요한 저서는 놀랍게도 단 두 권, 1958년 제출된 박사학위 주논문『형태와 정보 개념에 비추어본 개체화(*L'Individuation à la lumière des notions de forme et d'information*)』와 부논문『기술적 대상들의 존재 양식에 대하여(*Du Mode d'existence des objets techniques*)』다. 이 두 저서는 그의 사유를 특징짓는 '개체화론'과 '기술철학'을 대표한다.

『형태와 정보 개념에 비추어본 개체화』는 전통적인 개체화 논의들을 비판하면서 물리-생물학적 개체화와 심리-사회적 개체화를 중심으로 새로운 개체화 이론을 제시하고 있는데, 자연과학과 인문사회과학을 가로지르는 통합적 사유의 복잡성과 난해함을 지닌 탓에 출간 당시에도 접근하기가 쉽지 않았다. 이 논문은『개체와 그 물리-생물학적 발생(*L'individu et sa genèse physico-biologique*)』(1964년)과『심리적 · 집단적 개체화(*L'individuation psychique et collective*)』(1989년)로 분할되어 출판되었다가 그의 사후 2005년에야 뒤늦게 통합된 원본으로 재출간되었다. 시몽동의 첫 출판물이기도 한『개체와 그 물리-생물학적 발생』에 대해서는 질 들뢰즈(G. Deleuze)가 그 책의 중요성과 가치를 높이 평가한 서평「질베르 시몽동에 대하여」(1966년)를 썼다. 특히 이 서평은 들뢰즈 자신의 박사학위 주논문인『차이와 반복』(1968년)이 나오기 전에 발표되었다는 점에서, 들뢰즈의 주요 저서들에서 찾아볼 수 있는 시몽동으로부터의 깊은 영향의 발단으로도 주목할 만하다.

『기술적 대상들의 존재 양식에 대하여』는 개체화론을 존재론적 배경으로 삼고, 기술적 대상들의 개체화와 진화 과정, 그리고 기술적 대상들과 인간의 관계 등을 집중적으로 다룬다. 주논문보다 먼저 출간되었고(1958년), 계속해서 재출간되면서(1969년, 1989년, 2001년, 2012년), 시몽동을 기술철학자로 알리는 데 기여하였다. 기술 발전을 인간 문화의 위협으로 비판했던 1960년대 지적 상황에서 기술에 내재된 인간적 실재와 문화적 가치를 강조하며 기술과 휴머니즘을 연동시켰다는 점에서 시몽동의 기술철학은 당시에 매우 독특한 것이었다. 1968년 캐나다 텔레비전에서 무아엔(J. L. Moyne)이 시몽동을 인터뷰한 동영상 '기계학에 대한 인터뷰'는 현재 유튜브에서도 볼 수 있다. 마르쿠제(H. Marcuse)는 『일차원적 인간』(1964년)에서 산업 기술 사회의 테크노크라시즘을 비판하기 위해 시몽동을 인용하였고, 보드리야르(J. Baudrillard)는 『사물의 체계』(1968년)에서 기술적 대상의 본질에 대한 시몽동의 존재론적 논의를 참조하여 문화기호학적 분석을 전개하였다.

오늘날 시몽동의 철학은 브라이언 마수미(B. Massumi), 파올로 비르노(P. Virno), 안토니오 네그리(A. Negri), 마이클 하트(M. Hardt)와 같은 현대 정치철학자들, 베르나르 스티글레르(B. Stiegler), 브루노 라투르(B. Latour)와 같은 현대 기술철학자들, 그리고 뉴미디어 커뮤니케이션 이론가들과 미디어 아트 예술가들에게 새로운 사유의 개념적 도구들과 영감을 제공하는 중요한 원천으로 참조되고 있다. 1990년대 이후부터, 특히 2000년대 들어서는 『동물과 인간에 대한 두 강좌』(2004), 『기술에서의 발명』(2005), 『지각에 대한 강의』(2006), 『상상력과 발명』(2008), 『커뮤니케이션과 정보』(2010), 『기술에 대하여』(2014), 『심리학에 대하여』(2015) 등 그의 미간행 저서들이 쏟아져 나오고 있다.

시몽동의 기술철학은 왜 지금 주목받고 있는 것일까? 그것은 무엇보다 인문-사회학과 과학-기술의 창조적 융합을 지향하는 현대 학문의 초학제적 경향과 정보 통신 기술의 초연결시대에 상응하는 새로운 철학이 필요하기 때문이다. 또한 그것은 인간과 기술의 관계에 대한 새로운 시각, 그리고 기술에 근거한 새로운 휴머니즘의 창출에 대해 시몽동만큼 풍부한 영감과 적합한 개념적 도구들을 제공하는 철학자가 드물기 때문이기도 하다.

우선, 시몽동은 철학사에서 주변부에 놓여 있었던 기술을 철학적 사유의 전면에 배치시켰다. 그러나 하이데거(M. Heidegger), 마르쿠제, 엘륄(J. Ellul) 등과 같이 인간 본성과 인간적 문화에 기술을 대립시키며 기술 발전에 대한 비판적 태도를 취하는 방식이 아니라, 시몽동은 오히려 기계들과 공존하는 인간의 삶을 긍정하며 기술적 대상들의 존재 가치에 대한 의식화와 기계 해방을 촉구했다. 기술이 과연 자연으로부터 또는 근원적 존재로부터 인간을 소외시키고 인간의 비-인간화를 촉진하는가? 시몽동에 따르면, 기술 발달이 야기한다고 간주되는 인간 소외의 여러 문제들은 사실 기술적 대상들의 존재 방식에 대한 잘못된 이해와 이에 근거한 기술적 대상들과의 부적합한 관계 방식에서 비롯한다. 언젠가는 인간의 능력을 뛰어넘는 탁월한 기계들이 인간을 지배할지 모른다는 두려움과 SF적 상상력도 거기서 나온다. 시몽동은 인간중심적 유용성과 경제-정치적 이해관계를 걷어내고 기술 그 자체의 관점에서 기술적 대상 고유의 존재 방식을 파악하고자 했으며, 이를 통해 인간과 기술적 대상들 사이에 주인과 노예의 관계가 아닌 상호 협력적 공진화의 적합한 관계 방식을 정립하고자 노력했다. 시몽동은 기술이야말로 인간과 자연의 관계를 매개하고, 인간과 인간의 관계를 매개하는 진정한 소통의 역량이라고 역설한다. 그는 특히 인간을 본성상 다른 존재자들보다 특권화시키고 기술을 사용 도구나 보철물로 환원시키는 인류학(anthropology)의 태도를 비판하며, 생태주의적 기술공포증이나 테크노크라트적 기술만능주의의 양극단을 벗어나 '기술과 인간의 앙상블'을 강조한다. 그의 기술철학은 기술사나 문명사에 따른 인류학적 분석이 아니다. 그것은 반(反)실체론적이고 관계론적인 독특한 개체화론과 발생적 생성의 존재론을 토대로 한다. 기술적 대상들과 인간 생명체 및 사회문화와의 관계는 자연 전체의 역동적인 생성과 변화의 존재 방식 안에서 고찰된다. 특히 '정보'와 '변환'이라는 독창적으로 갱신된 개념들에 의거하여, 발명과 기술적 활동의 혁명적 정치 역량이 강조되고, 이를 은폐하는 낡은 노동 패러다임은 과감하게 비판된다. 기성의 사회적 질서를 가로지르는 새로운 집단화의 가능성은 기술적 대상들의 매개를 통해 개방된다. 시몽동의 기술철학은 21세기 정보 네트워크 시대에 걸맞은 문화의 혁신과 사회적 진화에 대해 중요한 통찰을 제공하며, 인간과 기술의 관계에 대해 낙관론도 비관론도 아닌 제3의 사유가 어떻게 가능한지 보여준다.

시몽동 기술철학의 또 다른 중요성은 기술을 새로운 휴머니즘의 가능성으로 적극 사유한다는 점이다. 알파고와 이세돌의 바둑 대결을 바라보면서 대다수가 성큼 다가온 인공지능의 위협을 걱정하지만, 휴머니즘의 위기는 사실 기술 자체로부터 오는 것이 아니다. 인간이 기술을 바라보는 관점과 태도, 인간과 기술의 관계 방식이 문제다. 시몽동은 인간적 실재의 소외와 이를 회복하려는 휴머니즘의 운동은 기술의 발달에 상응하여 역사적 시기마다 새로운 양상으로 전개되어야 한다고 본다. 오늘날 정보 기술과 GNR(유전공학, 나노공학, 로봇공학)은 매우 강력한 주체화의 조건으로 부상했다. 한편으로, 이것은 자연적인 것과 인공적인 것을 하나의 시스템으로 결합시키는 사이보그화 작업을 통해서 물리생물학적 인간의 탈인간화를 가속화하고 있다. 다른 한편으로, 이것은 과잉 접속과 유사 관계 맺음으로 SNS 피로감을 생산하며 탈개체화되고 파편화된 인간들을 양산하고 있다. 인간의 절대적 본성과 자유주의 휴머니즘에 대한 환상이 깨진 이후, 새로운 인간의 형태와 대안적 삶의 양식을 과연 어떻게 발명해야 하는가? 21세기 GNR과 디지털 정보 네트워크 시대에 상응하는 휴머니즘은 과연 어떤 소외를 극복하는 형태여야 하는가? 시몽동에 따르면, 개체와 환경은 어느 한쪽으로 환원불가능한 차이와 불일치의 간격을 유지하는 한에서 상호 협력적으로 공존할 수 있다. 기술적 대상들은 이미 인간의 삶을 구성하는 근본적인 환경이다. 정보 네트워크와 분리된 현대인의 삶은 불가능하다. 인간과 기술적 대상들은 서로에게 서로의 존재를 위한 환경적 조건으로 기능하면서 분리불가능하게 관계 맺고 있다. 인간은 기술적 대상들과, 또한 기술적 대상들은 인간과 서로의 역량을 주고받으며 함께 공존한다. 인간의 기계화나 기계의 인간화로 단순 설명될 수 없는, 인간과 기계 사이의 변환적 앙상블이야말로 포스트휴먼의 형상일지 모른다. 아마도 새로운 휴머니즘은 기술적 대상들 안에서 인간적 실재와 자연의 퍼텐셜을 발견하고, 이를 매개로 인간과 인간 사이에 '좋아요'로 환원되지 않는 정서적 연대의 개체초월적인 집단을 형성하는 것에서 찾을 수 있을 것이다.

이 책의 목표는 인간과 기술의 관계에 대한 시몽동의 선구적인 사유를 소개하고, 현재 도래하고 있는 인간-비인간 앙상블들의 포스트휴먼 사회를 위한 하나의 청사진으로 시몽동의 기술철학을 제시하는 것이다.

1장은 시몽동의 개체화론에 대한 개관이다. 시몽동은 기술성과 기술적 대상의 존재 방식을 자신의 개체화론과 발생적 생성의 관점에 따라 해명한다. 그의 개체화론은 실체중심의 본질주의적 사유 패러다임을 준안정적인 관계중심으로 전환시키고, 새로운 구조의 발생과 생성을 독특한 정보 개념과 변환 작동에 의거하여 논증한다. 기술적 대상들의 발생과 진화에 대해서, 그리고 기술적 대상들 사이의 관계만이 아니라, 기술적 대상들과 인간 개체 및 인간 사회 사이의 관계에 대해서 시몽동의 논의를 따라가기 위해서는 그의 개체발생론과 주요 개념들에 대한 이해가 필요하다.

2장은 기술적 대상들의 존재 방식에 대한 시몽동의 이해와 그것이 갖는 현대적 의의를 다룬다. 시몽동은 현상학적 분석을 넘어서 개체화론에 입각한 발생적 생성의 방법론을 기술적 실재의 영역에 적용하고 있다. 이를 통해 밝혀진 '구체화'와 '이완'이라는 기술적 대상 고유의 발생과 진화 방식은 인공물도 아니고 자연물도 아닌 기술물의 존재론적 위상과, 또한 데카르트적 기계도 사이버네틱스적 기계도 아닌 시몽동적 기계들의 차별성을 잘 보여준다. 기술적 대상들은 단순한 도구나 보철물이 아니라 자기 고유의 발생과 진화의 법칙을 갖는 독자적 존재성을 지닌다. 그러나 기술적 대상들의 상대적 자율성은 인간을 지배하고 위협하기는커녕 인간과 자연을 소통시키고 인간과 인간을 관계 짓는 변환적 매체로 기능한다.

3장은 이러한 기술적 대상들과 인간 사이의 상호 협력적 관계를 특히 발명 개념을 중심으로 살펴본다. 발명은 시몽동의 기술철학을 특징짓는 핵심 개념이다. 발명은 정보와 변환에 의거한 기술적 활동의 특성이자 사회 변혁의 원동력이다. 발명하는 주체와 발명된 기술적 대상은 자연의 퍼텐셜을 공유하고 소통시키면서 기성의 사회적 질서를 넘어서 새로운 관계 방식을 창출하며 인간 사회의 혁신과 진화를 야기한다. 여기서는 베르그손의 인류학적이고 실용주의적인 발명 개념과 비교하여 비-인류학적이고 개체발생적인 시몽동의 발명 개념을 조명해볼 것이다. 시몽동은 베르그손을 비판적으로 계승하면서 발명 개념을 정보 기술 시대에 상응하는 사유 패러다임으로 새롭게 부각시킨다.

4장은 시몽동 기술철학의 정치적 함축들과 그 현대적 유효성을 다룬다. 기술적 대상과 기술적 주체의 앙상블은 경제적 코드와 마케팅 전략에 통제된 소비 공동체를 위한 수단에 불과한 것이 아니다. 그것은 우리 안에 내재하는 진정한 존재론적 퍼텐셜을 발굴하고 소통시키며 사회적 구조의 해체와 발명을 가능하게 하는 정치적 역량을 갖는다. 시몽동의 노동 비판과 기술 문화 프로그램은 기술과 인간의 관계에 대한 이데올로기적 반작용을 제거함으로써 이러한 역량을 회복하려는 전략이다. 노동으로 축소되지 않는 기술적 활동과 이에 기초한 개체초월적 집단성은 디지털 네트워크 시대의 양극단(부의 축적을 겨냥하는 기술낙관주의, 소외와 고립에 주목하는 기술비관주의)을 가로지르는 새로운 휴머니즘의 가능성을 제시한다. 특히 기술, 노동, 소외의 관계를 중심으로 마르크스, 하이데거,

마르쿠제와 차별화되는 시몽동 기술철학의 현재성을 진단해본다.

5장은 시몽동의 기술미학을 다룬다. 기술미학은 미학적 실재와 기술적 실재의 분리불가능한 본질적 관계를 전제한다. 미학적인 대상은 기술적인 것에 기초하고, 기술적인 대상은 미학적인 것에서 완성된다. 기술미학적 아름다움은 재현과 정신적 가치에 기초한 모방과 관조가 아니라, 인간과 자연과 작품 사이의 감각-지각적인 상호 작용과 변환적인 동적 관계 맺음 속에서 나타난다. 기술을 자연과 대립시키고 예술 작품의 비-기술적이고 정신적인 가치를 높이 평가한 하이데거와 달리, 시몽동은 기술의 미학적 역량을 긍정하며, 기술미학적 작품들이야말로 신성한 것과 기술적인 것을 통합하고 조절하면서 인간의 삶을 자연의 신성함과 다시 관계 맺게 해주는 것으로 높이 평가한다. 한편, 사이버네틱스와 정보 기술은 동시대를 살아간 철학자 시몽동과 예술가 백남준이 동시에 주목했던 사유의 요충지다. 시몽동과 백남준은 관계를 조절하는 변환적 매체로서의 기술에서 아름다움을 발견한다. 백남준의 작품들은 인간-기계의 기술적 앙상블이자 기술-종교의 미학적 앙상블로서 시몽동적 기술미학의 한 사례로 해석될 수 있다.

마지막으로 6장은 이상에서 살펴본 시몽동의 기술철학으로부터 포스트휴먼 사회의 전망을 그려보는 것이다. 포스트구조주의의 비판적 해체 작업에 따른 안티-휴머니즘과 인간의 죽음 이후, '포스트-휴먼'이라는 새로운 주체성을 모색해야 하는 상황에서, 바이오-정보-나노-로봇공학 등을 비롯한 첨단 기술들이 주체화의 필수 조건으로 부상하였다. 현 단계 포스트휴먼 담론들은 서로 다른 정의들과 입장들로 확산되고 있지만, 기본적으로 인간중심주의의 낡은 휴머니즘으로 회귀하지 않으면서 첨단 기술에 기초한 인간-비인간 하이브리드를 새로운 실재로서 인정해야 한다는 점은 공유하고 있다. 시몽동은 물론 포스트휴머니스트가 아닌 고전적 기술철학자다. 그러나 그의 기술철학은 포스트휴먼 사회의 청사진을 그려보는 데 중요한 통찰들과 개념적 도구들을 제공한다. 현 단계 포스트휴먼에 관한 사유 프레임은 기술에 의한 인간 개체의 사이보그화로부터 기술과 인간의 존재론적이고 사회정치적인 관계로 확장될 필요가 있다. 바로 이 점에서, 포스트휴먼에 관한 대표적인 두 모델들, 즉 트랜스휴머니스트들의 인간 향상 모델과 캐서린 헤일스의 포스트휴먼 모델의 특징과 한계들을 검토해보고, 시몽동의 개체초월적인 인간-기계 앙상블에서 새로운 포스트휴먼 주체의 모델을 찾아보고자 한다. 시몽동에 따르면, 인간이 자신의 물리생물학적 조건을 넘어설 수 있는 가능성은, 생명체로서의 인간 개체 안에 내재하는 전(前)개체적 퍼텐셜의 존재와, 이 퍼텐셜 에너지를 개체초월적으로 집단화하여 현실화시킬 수 있는 기술적 대상들의 변환 역량에 있다. 포스트휴먼은 단지 기술의 효과에 불과한 것이 아니라 인간 안에 실재하는 자연의 무게와 더불어 발생하는 것이다. 기술은 결여된 인간을 강화하는 보철물이 아니라 인간의 잠재력을 현실화하는 매체로서 인간 사회의 새로운 구조화와 존재론적 도약을 가능하게 할 때 의미가 있다. 시몽동 기술철학의 포스트휴머니즘적인 특징은 특히 과타리, 들뢰즈, 라투르와의 관계 속에서 증폭될 수 있다. 과타리의 횡단성은 시몽동의 개체초월성과 공명하는 것으로서 인간-비인간 하이브리드 주체의 생산 조건으로 고려될 수 있다. 들뢰즈의 통제 사회가 푸코의 규율 사회 이후를 진단한 것이라면, 시몽동의 기술철학은 그 통제 사회이후 도래해야 할 포스트휴먼 사회의 전망을 제시하는 것으로 이해될 수 있다. 시몽동으로부터 라투르로 확장되는 인간-비인간 네트워크의 민주주의는 포스트휴먼 사회의 궁극적인 지향점을 잘 보여준다.

시몽동이라는 거대한 블랙박스는 이제 막 열리기 시작했다. 인간적 실재 안으로 들여보내 달라는 기술의 문 두드림이 그 블랙박스에 주목하게 만들었다. 시몽동은 왜 '인간'이 '인간-기계 앙상블'로 확장되어야 하는지, 그리고 '기술'은 왜 '인간적 문화' 안에 들어와야 하는지, 오래전부터 우리를 설득하고 있었다. 시몽동의 주장은 오늘날 기술과 더불어 가속화된 휴머니즘의 위기를 새로운 휴머니즘의 발명으로 전환시키고 인간과 기술이 공생하는 포스트휴먼 사회의 청사진을 그려보는 데 도움을 줄수 있다. 이 책은 그 블랙박스의 일차 해독에 불과하다. 시몽동의『기술적 대상들의 존재 양식에 대하여』(2011)를 번역한 이후, 몇 년간 천착해온 연구 내용들을 수정 보완하여 정리해보았다. 더 깊이, 그리고 더 멀리까지 따라가야 할 사유의 선들이 여기저기 아쉬운 점선으로 남아 있다. 부분적으로 포착된 이 내용들이 마저 드러나지 않은 전체와의 관계 속에서 재조정될 필요와 또 그 기회가 분명 있을 것이다. 지금으로서는 다만 아직 어두운 지대에 남아 있는 풍부한 사유의 원천에 독자들이 직접 뛰어들어 가고 싶도록, 이 책이 매혹적인 유인이 될 수 있기를 바랄 뿐이다.

1
—
개체화

사유 패러다임의 전환: 실체로부터 관계로

시몽동의 사유는 학제적 구분을 넘어서는 백과사전적 종합과 전체에 대한 통찰이 특징적이다. 그의 관심은 특히 양립불가능하고 불일치하며 격차가 있는 것들을 서로 연결하고 소통시키는 '관계(relation)'의 작동 방식에 있다. 시몽동은 대립과 차이를 무화시키는 추상적 차원에서의 변증법적 종합보다는 대립과 차이의 공존으로 인해 가능한 상호 협력의 관계 맺음에 주목한다. 인간과 기술의 관계 역시 이러한 시선에서 조명되고 있음은 물론이다. 시몽동의 기술철학은 '실체로부터 관계로' 사유 패러다임을 전환시킨 독특한 개체화론과 역동적 관계론을 배후에 두고 있다. 따라서 기술적 대상과 기술성에 대한, 그리고 기술과 인간의 관계에 대한 시몽동의 사유를 본격적으로 논의하기 전에, 그의 개체화론에 대해 간략하게나마 개관할 필요가 있다.

'개체화(Individuation)'는 그의 관계론적 사유를 특징짓는 핵심 개념이다. 개체화는 한마디로 준안정적 시스템에 내재하는 불일치, 양립불가능성, 긴장과 갈등의 문제를 개체발생을 통해 해결하는 변환 작동(opération transductive)이라 할 수 있다. 그의 개체화론은 물리적 · 생명적 · 심리사회적 · 기술적인 실재의 각 영역마다 고유한 개체들의 발생 과정과 개체화의 조건들을 추적하고, 이 상이한 개체화 체제들 사이의 연속과 불연속 관계를 해명하여 실재 전체의 역동적인 생성과 다층적 복잡화에 관한 종합적인 통찰을 제시한다. 그것은 전통적인 실체중심의 정적 사유 패러다임을 관계중심의 동적 사유 패러다임으로 전환시킨다.

우리는 세계를 바라볼 때 우선적으로 사물의 형상과 구조에 주목한다. 그리고 우리는 통상 윤곽과 형태로 구분되는 개별 대상들, 동일성과 통일성을 지닌 개체들이 먼저 있고, 그 다음에 그 개체들 사이의 관계를 따져볼 수 있다고 생각해왔다. 그러나 시몽동은 이 나무, 저 인간, 그 컴퓨터 등 구체적인 어떤 형태나 구조로 개체화된 실재는 그 자체로 독립적인 실체가 아니라, 항상 주어진 환경이나 어떤 조건들과의 관계 속에서 그러한 방식으로 존재할 수 있게 되는 것이라는 점에 주목한다. 개체는 일차적이고 근본적인 존재 양상이라기보다 그러한 개체를 발생시킨 개체-화 과정의 산물, 즉 개체화되지 않은 실재 전체로부터 변환 작동에 의해 개체화된 것으로서 이차적이고 부분적인 존재 양상이다. 어떤 형태의 개체가 존재한다는 것은, 그것이 물리적인 것이든 생명적인 것이든 사회적인 것이든 기술적인 것이든 간에, 해당 영역의 준안정적인 계(환경이나 장(場)) 안에서 양립불가능하고 불일치하는 것들 사이의 갈등을 해결하는 소통의 '관계'가 그런 개체의 형태로 구조화되었다는 것을 의미한다.

시몽동은, 존재의 실상과 개체의 본질을 이해하고자 한다면, 실체화된 정적 구조보다 그러한 구조를 발생시킨 역동적인 생성 작용에 초점을 맞추어야 하며, 그러한 발생적 작용의 위상학적이고 역사적인 관계망 안에서 개체화된 존재를 바라보아야 한다고 주장한다. 개체중심의 실체론적 사유는 개체를 발생시킨 개체화되지 않은 실재의 생성 역량을 간과할 뿐만 아니라, 개체의 관계적 본성 자체를 은폐한다. 시몽동은 부분적 실재이자 개체화 작용의 산물인 개체에 입각해서 존재를 이해할 것이 아니라, 실재의 개체화 작용에 입각해서 개체에 접근할 것을, 즉 결과적인 구조 자체보다는 전체와의 관계 속에서 그 구조의 발생적 작용에 주목할 것을 강조한다.

> 개체화된 존재에 입각해서 개체화를 파악하는 대신에, 개체화에 입각해서 개체화된 존재를, 그리고 전(前)개체적 존재에 입각해서 개체화를 파악해야만 한다.[1]

질료형상도식 비판

부동의 실체로부터 역동적 관계로 사유 패러다임을 전환시키면서 시몽동이 비판적 해체의 대상으로 삼은 것은 바로 '질료형상도식'이다. 고대 그리스 철학자 아리스토텔레스에 의해 정식화된 그 도식은 이미 분리되어 있는 형상과 질료가 결합하여 하나의 개체를 산출한다고 개체화를 설명한다. 시몽동은 이 질료형상도식이 이미 개체화된 실재들인 형상과 질료를 전제한다는 점에서 개체화를 설명하는 데 실패했다고 본다. 그러나 질료형상도식이 비판되어야 하는 이보다 더 중요한 이유들은 다음과 같다.

첫째, 질료형상도식은 이미 개체화되어 있는 질료와 형상에 주의할 뿐, 실제로 개체가 발생하는 과정에서 질료와 형상이 구체적으로 어떻게 만나게 되는지, 즉 양자 사이에서 일어나는 역동적인 상호 작용 과정

---

1 Simondon (2005a), p. 32.

은 해명하지 않고 '불투명한 지대'로 남겨둔다. 가령, 벽돌 제작의 경우, 실제로 '벽돌'이라는 개체는 추상적인 질료와 추상적인 형상의 정적인 결합으로 만들어지지 않는다. '벽돌'은 아무런 힘도 특성도 없는 질료에 거푸집이 형상을 부여함으로써 생성되는 것이 아니다. 점토 덩어리는 아무 흙이 아니라 벽돌이 될 수 있는 어떤 소질과 뭉침이나 기포 없이 잘 반죽될 수 있는 점성을 지닌 질료여야 하고, 거푸집 역시 균열 없이 점토를 잘 한정 지을 수 있는 어떤 질료로 짜인 틀이어야 한다. 말하자면 현실적 차원에서는 질료 안에도 형상적 소질이 있고 형상 안에도 질료적 소질이 있다는 것이다. 그리고 이 형상적인 질료와 질료적인 형상은 벽돌이라는 개체를 산출하기 위해 서로 조절되면서 상호 협력해야 하는 "힘들로서"[2] 만난다. 점토인 질료는 장인의 손을 통해 전달된 퍼텐셜 에너지를 거푸집 안으로 운반하면서 점토 덩어리에서 벽돌로 변해가며 개체의 모습을 갖추어간다. 거푸집인 형상은 질료의 힘에 반작용하며 오히려 그 퍼텐셜 에너지를 한계 짓고 정지시키는 소극적 기능에 그친다. 다시 말해, "개체화는 퍼텐셜 에너지를 현실화하면서 일어나는, 질료와 형상 공동의 변환 역학적 작동(opération allagmatique commune)이다."[3] 개체의 발생은 서로 다른 두 힘들 사이의 조절된 관계가 점차 구조화하는 것에 다름 아니다. 질료형상도식은 바로 이 상호 작용 관계를 놓치고 있다.

---

2 Simondon (2005a), p. 44.
3 Simondon (2005a), p. 48. 'allagmatique'은 관계의 실재성과 역동성에 초점을 맞춘 시몽동 특유의 학문 방법론이라 할 수 있다. 다른 개별과학들이 탐구 대상들의 '구조'와 '형태'에 초점을 맞추고 있다면, 시몽동은 그런 구조와 형태를 변모시키는 '작동'에 초점을 맞춘다. 에너지를 교환하는 관계적 작동이 구조의 변화로 연결된다는 것, 즉 어떤 구조를 출현시키거나 다른 구조로 전환시킨다는 것이다. 시몽동은 개체화를 이렇게 서로 불일치하는 것들을 관계 짓는 변환 작동으로, 또 개체는 이 작동을 통해서 산출되는 구조로 파악하는데, 이와 같은 사유 방법론을 변환 역학(allagmatique)이라 부른다. "총체적인 에너지 조건들과 질료적인 조건들을 크기의 중간 등급에서 결합하는 특이성의 전개로 개체화된 존재자들을 파악하고자 하는 이와 같은 발생적 방법에 변환역학이라는 이름을 줄 수 있을 것이다."(Simondon (2005a), p. 82.)

둘째, 질료형상도식은 질료와 형상 사이의 '관계의 실재성'을 추상시키면서, 질료 자체의 생성 역량을 무시한다. 즉 개체 생성에서 적극적인 역할을 담당하는 것은 형상보다 오히려 질료라는 사실을 은폐한다. 질료는 형상이 부여되기만을 기다리는 타성적이고 무차별적이고 무기력한 것이 아니다. 질료는 현실화될 퍼텐셜 에너지의 매체로서 장차 발생될 개체의 형태를 잡아가는 과정에서 '내적 공명(résonance interne)'을 실현한다. 질료 안에서는 "한 지점에서 일어난 것이 다른 모든 지점들에 영향을 미치고, 각 분자의 생성이 모든 지점들에서, 그리고 모든 방향들에서 다른 분자들의 생성에 영향을 미친다."[4] 질료가 가지고 있는 질적 특성뿐만 아니라 이러한 내적 공명의 역량, 즉 구조화하는 힘을 전파하는 역량이야말로 하나의 구조나 형상이 갖추어지도록 하는 데 무엇보다 중요한 역할을 한다는 점을 질료형상도식은 간과한다. 엄밀히 말하자면, 질료형상노식에서 '질료'라고 말해진 것은 개체화되지 않은 실재, 개체가 발생하는 환경이자 바탕, 준안정적 시스템의 장(場)에 해당한다. 시몽동은 형상화된 개체 그 자체보다는, 그 개체가 발생하고 삽입되어 있는 바탕이자 환경에 주목하며, 이것이 갖는 변환적 매체로서의 역량을 강조한다.

셋째, 질료형상도식은 능동적으로 지배하는 것(형상-주인-인간)과 수동적으로 지배받는 것(질료-노예-자연) 사이의 위계적 이분법을 존재론적·인식론적으로 정당화한다. 그것은 '노동으로 환원된 매우 불완전한 기술적 활동에 대한 인식'으로부터 유래한 것으로서 고대 그리스 당시의 주인과 노예의 사회적 지배 관계를 반영한다. "질료형상도식은 (…) 노동으로 환원된 기술적 조작을 철학적 사유 안으로 전환한 것이고, 존재자들의

---

4 Simondon (2005a), p. 45. 내적 공명은 "상이한 등급의 실재들 사이에서 일어나는 소통의 가장 원초적인 양식"이다. 말하자면, 시스템에 내재하는 긴장과 갈등이 포화 상태에 이르렀을 때, 서로 불일치하고 격차가 있는 실재들 사이에 연결과 양립가능성이 마련되어 시스템이 안정화되면 내적 공명이 이루어진 것이다.

발생에 대한 보편적 패러다임으로 취급된다. 그 패러다임의 기저에 있는 것은 분명 기술적 경험이지만, 매우 불완전한 기술적 경험이다. 철학에서 질료형상도식의 일반화된 활용은 그 도식의 기술적 토대의 불충분성에서 기인하는 불투명성을 도입한다."[5] 질료형상도식은 작업장 안에서 일어나는 구체적인 기술적 과정에 대해서는 전혀 모르면서 작업장 밖에서 단지 지시만 내리고 그 결과물만 고려하는 '귀족 주인'의 관점에나 부합하는 것이다. '수동적이고 타성적인 질료'와 '능동적으로 결정하는 형상'이라는 대립 구도는 노예의 수동성과 명령하는 주인의 사회적 위계를 반영하는 표상으로서, 무엇보다 '기술적 활동은 노예들이나 하는 것'이라는, 기술에 대한 편견을 산출하는 데 기여해왔다. 이는 기술적 개체가 생성될 때 질료적인 것과 형상적인 것을 결합시키는 노동자(기술자)의 적극적인 매개적 역할을 무시하게 한 원천이기도 하다. 이질적이고 다양한 기술적 요소들 사이의 상호 관계를 조정하며 새로운 구조의 기술적 대상을 발명하는 것은 기술자인 인간의 도움이 무엇보다 필요한 일이다. 시몽동은 질료형상도식이 개체화에 대한 잘못된 이해뿐만 아니라, 기술적 활동의 본성 및 기술적 대상과 인간의 관계에 대한 부적합한 이해도 유포했다는 점에서 비판한다.

요컨대, 개체화의 존재론적 발생 과정만이 아니라 기술적 활동 역시 이질적이고 불일치하는 것들 사이의 변환 작동으로 이해하는 시몽동의 관점에서 볼 때, 질료형상도식은 서구 사상의 지배적인 실체중심적 사유를 대표하는 것으로서 무엇보다 '관계와 작동'의 실재성과 가치를 은폐하는 데 결정적으로 기여한 것이었다.

---

5 시몽동 (2011), pp. 347-348. 시몽동의 기술철학을 대표하는 *Du Mode d'existence des objets techniques*(1958, Paris: Aubier)의 경우, 인용문은 한글 번역본 『기술적 대상들의 존재 양식에 대하여』(김재희 옮김, 2011, 서울: 그린비)를 참조한다.

개체화: 준안정적인 존재의 상전이(相轉移)

전통적인 질료형상도식 대신에, 물리학적이고 기술공학적인 현대적 아이디어와 고대 자연철학적인 통찰을 결합시켜 시몽동은 개체화를 새롭게 설명한다.

우선, 질료는 아무런 힘도 없는 수동적인 것이 아니라, '퍼텐셜 에너지로 가득 찬 준안정적인 전(前)개체적 실재'로 대체된다. 이것은 아리스토텔레스의 '수동적 가능태'가 아니라 아낙시만드로스의 '아페이론'에 가깝다. '전개체적인 것(préindividuel)'은 개체화되기 이전의 실재로서, 개체화된 형상이나 구조를 발생시킬 수 있는 잠재적 역량의 환경이자 바탕에 해당한다. 이것은 양립불가능하고 불일치하는 것들로 과포화되어 있어서 상전이(déphasage)[6]를 촉발할 어떤 씨앗이 출현하기만 하면 상들(phases) —즉 개체들— 을 발생시키면서 내적 갈등을 해소할 준비가 되어 있다.

그리고 형상은 일방적으로 부여되는 주형틀이 아니라, 불일치하는 것

---

6 상전이(相轉移)로 번역되는 시몽동의 'déphasage'는 시스템에 일어나는 상의 변화와 분화라는 역동적인 과정을 함축한다. '상(相, phase)'은 통상 주기적으로 변화하는 어떤 현상의 상태를 지시하는 것으로, 어떤 것이 다른 것들과의 관계 속에서 생성 변화하는 사태를 포착하려는 시몽동 특유의 존재론·기술론·문화론에 특징적인 개념이다. 시몽동은 이 'phase'의 의미를 물리학에서 가져왔다. 그런데 'phase'는 과학 안에서도 분야에 따라 그 의미가 상이하고 번역어도 다르다. 예컨대, 파동역학에서는 진동이나 파동과 같이 주기적으로 반복되는 현상에 대해 어떤 시점 또는 어떤 장소에서의 변화의 국면을 '위상(phase)'이라고 한다. 이 위상은 그 자체로는 절대적 의미를 갖지 않으며, 항상 표준으로 삼은 위상을 중심으로 상대적인 위상값을 가진다. 여기서 'déphasage'는 "위상의 차이를 산출하다."를 의미하는 'déphaser' 동사로부터 파생된 명사형으로서, 위상차(位相差), 즉 동일한 주파수의 주기적인 두 파동들 사이의 위상 차이(différence de phase)를 의미한다. 열역학에서는 일정한 물리화학적 성질을 갖는 균일한 물질계를 '상(phase)'이라 표현하며, 고체, 액체, 기체, 액정, 초유체, 초고체 등의 여러 상들이 있다. 물질의 상은 그 자체로 절대적인 것이 아니라 준안정적인 것이며, 온도나 압력 조건에 따라 상이 변화하는 상전이(transition de phase)와 특정 온도나 압력에서 여러 상들이 공존하는 상평형(equilibre des phases)의 특성들을 갖는다. 시몽동의 독창성은 바로 이런 'phase'의 다양한 의미들을 통합하여 철학적 개념으로 활용한다는 데 있다.(시몽동 (2011), p. 228 역자 주 참조.)

들 사이에서 의미 있는 관계가 산출될 때 형성되는 '정보(information)' 개념으로 대체된다. 통상 이해하는 사이버네틱스적 정보 개념은 탈물질화된 수학적·논리적 패턴에 가깝다. 이런 정보는 송신자에 의해 미리 정해진 의미(메시지-형상)를 노이즈의 방해를 뚫고 수신자에게로 정확하게 전달하는 데서 성립한다. 그러나 형상-화(in-form-ation)의 과정을 함축하는 시몽동의 정보는 '불일치하는 두 항이 동시에 참여하는 하나의 긴장된 앙상블이 형성될 때 비로소 성립하는 것'이다. 이때 정보는 추상적인 기호가 아니라, 시스템의 변화를 촉발할 수 있는 어떤 '사건'이나 충격으로서 구체적이고 독특한 질을 갖는다. 정보는 개체화 이전에 정해져 있는 것이 아니라, 개체화와 동시에, 개체화를 촉발하면서 성립된다. 어떤 것을 정보로 만드는 것은 그것을 정보로서 수용하는 수신자의 역량에 달려 있다. 사건적인 정보의 출현은 저절로 또는 우연히 일어난다. 중요한 것은 정보의 기원이 아니라 어떤 조건에서 그것이 정보로서 효과를 발휘하는지를 밝히는 것이다. 따라서 개체화는 전개체적인 실재에 개체화를 촉발하는 사건으로서의 정보 씨앗이 들어오면서 시스템 전체가 상전이하는 것, 즉 이전에 없던 상들이 개체들로 발생하는 것이다.

생성은 존재의 한 차원이며, 존재가 자기 자신과 달라지는 역량, 달라지면서 스스로 해(解)를 찾는 역량에 해당한다. 전개체적인 존재는 상(相)이 없는 존재다. 존재 가운데서 개체화가 수행되며, 존재가 상들로 분배되면서 하나의 해(解)가 존재 안에 나타나는데, 이것이 생성이다. 생성은 존재가 그 안에서 현존하는 하나의 틀이 아니다. 생성은 존재의 차원이며, 퍼텐셜들로 풍부한 초기 양립불가능성을 해결하는 방식이다. 개체화는 존재 안에서 존재의 상들이 출현하는 것에 해당한다. (…) 생성을 가로지르는 존재의 보존, 이 보존은 잇따르는 평형 상태들을 통한 양자(量子)적 도약들에 의해 나아가

며, 구조와 작용 사이의 교환들을 통해서 존속한다.[7]

시몽동은 다양한 실재의 영역들에서 개별과학들의 '존재자에 대한 탐구'를 관통하는 보편적인 '존재 그 자체로서의 존재'가 무엇인지 묻는다. 시몽동이 파악한 이 존재는 불변의 동일성과 단일성을 지닌 안정적 실체가 아니라, '단일성 그 이상이자 동일성 그 이상'의 실재성을 지닌 준안정적인 것이다. 말하자면 이 존재는 자신의 내적 문제를 해결하는 방식으로 상전이를 계속하는데, 이것이 곧 개체화 작용이고 존재의 생성 방식인 것이다. 존재는 '전개체적인 것'으로서의 자신과 '개체화된 것'으로서의 자신 사이의 차이, 즉 자기 자신과의 차이를 본질적으로 함축한다. 전개체적인 것이 모든 개체화된 것들을 관통하며 이 개체화된 것들로 완전히 소진되지 않는 미결정적 총체로서의 근원적인 존재의 양상이라면, 개체화된 것들은 진개체적인 것으로부터 발생한 부분적으로 결정된 존재의 양상이라 할 수 있겠다.

전개체적인 것과 개체화된 것 사이의 차이는, 마치 하이데거의 존재와 존재자의 차이 또는 스피노자의 능산적 자연과 소산적 자연의 차이를 상기시키는데, 존재가 자기 자신과 달라지는 이 존재론적 차이화, 다시 말해 개체화에 의한 존재의 변이와 생성을 시몽동은 물리학에서 차용한 상전이 현상으로 이해한다. 액체상(相, phase)의 물질이 온도가 증가하면 끓는점에서 액체상과 기체상이 공존하다가 점차 기체상의 물질로 상전이되듯이, 개체화는 이전 체제 안에서의 내적 분할과 긴장을 새로운 체제로의 변환적 이행을 통해 해결하는 것으로서 전개체적 존재 양상에서는 나타나지 않던 상이 출현하는 것과 같다. 열역학적 시스템에서와 마찬가지로 하나의 상은 반드시 다른 상과의 관계 속에서만 인식될 수 있

---

7 Simondon (2005a), p. 25.

다. 어떠한 상도 그 자체만으로는 부분적이고 불완전하며 상들의 시스템 전체와 관련해서만 완전하게 파악될 수 있다.[8] 즉 개체화된 실재는 존재의 한 상으로서 다른 상들과의 관계 속에서만 그 자신일 수 있다. 아직 상이 출현하지 않은 전개체적인 존재는 이오니아의 자연철학자들이 모든 존재자들의 발생적 기원으로 삼은 '피지스'로서의 자연이자 아낙시만드로스의 '아페이론'과 같은 존재의 근원적 위상에 해당한다.[9] 이 전개체적인 것은 개체화된 것으로 완전히 소진되지 않으며 개체화된 것 안에는 항상 전개체적인 것이 잔류하고 있어 새로운 개체화의 원천이 된다.

개체화는 전개체적 실재 전부를 소진하지 않는다. 준안정성의 체제는 개체에 의해 유지될 뿐만 아니라 개체에 의해 운반된다. 그래서 구성된 개체는 자신과 더불어 전개체적 실재에 연합된 어떤 부하(負荷)를, 그 전개체적 실재를 특징짓는 모든 퍼텐셜들에 의해 활성된 무게를 실어 나른다. 개체화는 물리적 시스템에서의 구조 변화처럼 상대적이다. 퍼텐셜의 어떤 수준이 남아 있고, 개체화들은 여전히 가능하다. 개체에 연합되어 남아 있는 이러한 전개체적 자연은 새로운 개체화들을 출현시킬 수 있는 미래의 준안정적 상태들의 원천이다.[10]

8 "우리는 이 상(phase)이라는 말을, 다른 계기에 의해 대체되는 시간적 계기가 아니라, 존재의 양분(兩分)으로부터 귀결되어 다른 측면(aspect)과 대립하게 되는 측면으로 이해한다. 상이란 말의 이런 의미는 물리학에서 사용되는 상관계(rapport de phase)라는 개념에서 영감을 받은 것이다. 하나의 상은 하나의 다른 상이나 여러 다른 상들과 관련해서만 인식될 수 있다. 상들의 한 시스템 속에는 상호 평형과 긴장의 상관관계가 있다. 완전한 실재는, 그 자체로 취해진 각각의 상이 아니라, 앙상블로 취해진 모든 상들의 현실적인 시스템 바로 그것이다. 하나의 상은 오로지 다른 상들과 관련해서만 상이며, 이 상이 다른 상들과 구분되는 것은 유와 종 개념들과는 전적으로 무관한 방식으로 이루어진다. 결국, 다수 상들의 존재는 평형의 중립 중심이 실재함을 정의하며, 이 중심과 관련해서 상전이가 존재한다."(시몽동 (2011), p. 227. 번역본에서의 '위상'을 '상'으로, '위상변이'를 '상전이'로 수정하여 인용한다.)

9 Simondon (2005a), p. 305.

10 Simondon (2005a), p. 28.

전개체적 실재는 다수의 상들이 공존하는 안정적 평형 상태에 머물러 있는 것이 아니라, 과포화되어 있는 상들의 퍼텐셜들의 차이로 긴장되어 있는 준안정적인 실재다. 퍼텐셜 에너지는 정지와 운동, 안정과 불안정 사이에서 존재의 준안정성(métastabilité)을 확보해주는 개념이다. 퍼텐셜 에너지는 어떤 에너지 시스템 안에서 이 시스템을 구성하는 항들 간에 비대칭적이고 이질적인 관계가 형성될 때 나타난다. 가령, 모든 분자들이 동일한 온도에 있는 물체는 가장 안정적 상태에 있지만 퍼텐셜 에너지가 거의 없는 반면에, 더 높은 온도에 있는 분자들과 더 낮은 온도에 있는 분자들로 나뉘어 있는 물체는 퍼텐셜 에너지가 상당히 크다. 즉 퍼텐셜 에너지는 시스템이 안정적 평형 상태에 있지 않고 비대칭성을 지니고 있을 때, 그 시스템의 상태가 변형될 잠재성에 해당한다. 퍼텐셜을 지닌 시스템 내부에서 비대칭적인 두 극단 사이에 에너지 교환이 일어날 때 시스템의 상태가 변화한다. 즉 퍼텐셜 에너지가 현실화하면서 상전이한다. 전통적으로 존재와 동일시했던 안정적인 평형 상태는 생성을 배제하는 것으로서 퍼텐셜 에너지의 가장 낮은 차원, 즉 변형가능성이 거의 없는 수준에 해당한다. 시몽동이 생각하는 존재는 변화와 생성의 잠재적 역량인 퍼텐셜 에너지로 가득 찬 준안정적인 시스템이다. 이 준안정적인 존재는 금방이라도 결정체를 산출할 수 있는 과포화 용액을 닮았다. 과포화 용액은 일정 온도 및 압력에서 지닐 수 있는 한계(용해도) 이상의 많은 용질을 포함하고 있는 용액이라서 용질의 결정 조각을 넣어주면 곧바로 과잉되어 있던 용질이 결정(結晶)으로 석출되면서 안정된 포화 용액으로 변한다. 과포화 용액의 이런 결정화 작용이 존재의 개체화 작용을 유비적으로 드러낸다.

여기서 시몽동이 말하는 존재의 퍼텐셜리티(potentialité)는 잠재성(virtualité)이 아니다. 시몽동은 잠재성이라는 개념을 아리스토텔레스적인 가능태와 동일시하면서 퍼텐셜리티의 물리적 실재성을 강조한다. "잠재성이란 개념은 시스템의 준안정성이란 개념으로 대체되어야만 한다.”[11] 시몽동의 생성은 “잠재성의 현실화”라기보다는 “퍼텐셜 에너지를 지닌 시스템의 작용”이다.

퍼텐셜한 것(potentiel)은 현실적인 것(actuel)과 마찬가지로 전적으로 실재의 형태들 중 하나이다. 한 시스템의 퍼텐셜들은 감손됨이 없는 그 시스템의 생성 능력을 구성한다. 이 퍼텐셜들은 미래 상태들의 단순한 잠재성(virtualité)이 아니라, 그 미래 상태들이 존재하도록 밀어붙이는 실재성이다. 생성은 잠재성의 현실화도 아니고, 현실적 실재들 간의 어떤 갈등으로부터 귀결하는 것도 아니다. 그것은 자신의 실재성으로 퍼텐셜들을 지니고 있는 한 시스템의 작용이다. 생성은 한 시스템이 도달하는 일련의 구조화들, 또는 한 시스템의 잇따른 개체화들이다.[12]

퍼텐셜리티가 아직 현실화된 것은 아니지만 가능적인 것이 아니라 실재적인 것이라는 점에서는 베르그손적인 잠재성과 유사하게 보인다. 그렇지만 베르그손적인 잠재성은 물질성과 대립하는 정신적이고 생명적인 경향성을 띠며 ‘이질적인 것들의 상호침투적 공존’을 강조하는 개념이라면,[13] 시몽동의 퍼텐셜리티는 열역학적 시스템의 에너지로서 다분히 물리적인 것이며, 무엇보다 시스템 자체에 내재하는 ‘불일치와 긴장된 대립’을 강조한다. 시스템이라는 개념 자체가 시스템을 구성하는 항들 사이의 차이 관계를 상정하며, 퍼텐셜 에너지는 그 자신만으로는 불가능한, 최소한 다른 항과의 관계 속에서만 가능한 실재성을 지닌다. 즉 퍼텐셜리

---

11 Simondon (2005a) p. 313.
12 시몽동 (2011) p. 222.
13 김재희 (2010).

티는 크기의 등급들(ordres de grandeur) 사이의 불일치와 차이(예컨대 미시 물리적 크기의 등급과 거시물리적 크기의 등급 사이의 차이)를 전제하며, 바로 이 차이로 인한 긴장을 해소하면서 상태 변화할 수 있는 역량에 해당하는 것이다. 준안정적 시스템으로서의 존재는 상들 간의 불일치와 차이로 인한 긴장 관계 속에 유지되는 것이다. 시몽동의 존재는 불연속적인 개체화 양상들(물리적, 생명적, 심리사회적, 기술적)로 양자(量子)적 도약을 통해 발전해 나가면서 연속적으로 자기-차이화한다. 그것은 차이를 지양하는 변증법적 종합이 아니라 매번 불일치한 것들의 새로운 소통 관계를 창출하며 "변환적 통일성(unité transductive)"을 갖는다.[14]

시몽동의 개체화론은 이와 같이 상전이, 준안정적 시스템, 퍼텐셜 차이, 과포화와 상전이 등 물리학에서 차용한 개념들로 존재의 생성을 해명한다는 점에서 독창성을 띤다. 하지만 스텐저(Stengers)는 당대 과학에 의거한 자연철학의 일반적인 실패를 지적하면서 시몽동 역시 열역학적 퍼텐셜 에너지 개념을 과학적 사용 너머로 지나치게 확대 적용해 '에너지주의'에 빠졌다고 비판한다.[15] 그러나 시몽동의 과학적 개념 사용은 과도한 것이 아니라 '변환적인 것'이다. 시몽동은 "물리학에서의 퍼텐셜 에너지라는 개념은 절대적으로 분명하지도 않고 엄밀하게 정의된 외연을 갖지도 않는다. (…) 퍼텐셜 에너지가 보여준 실재의 유형에 대한 고찰은 개체화를 발견하는 데 적합한 방법을 결정하는 데 매우 유용하다."고 보았다.[16] 시몽동은 개체화 작용의 조건을 설명하는 데 유용한 도구로 열역학적 개념을 차용하였는데, 이는 과학으로부터 철학으로 개념을 이전시켜 사용하는 '유비적 변환'의 방법이다. 개체의 발생과 그 조건에 대한 탐구

---

14 Simondon (2005a), p. 31.
15 Barthélémy (2005) p. 110.
16 Simondon (2005a) p. 67.

는 과학과 철학이 마주치는 지점이다. 가령, 현대 물리학의 논의들을 배제하고 철학이 단독으로 물질의 본성에 관해 설득력 있는 주장을 펼치기가 매우 어렵다고 볼 때, 시몽동의 개체화 연구는 그야말로 시몽동의 탁월한 '변환적 사유 역량'을 증명하는 것이다. 특히 그의 물리적 개체화론은 물리학과 철학 두 진영의 문제적 역사를 다 꿰고 있어야 볼 수 있는 양자 사이의 관계로부터 발명된 것이고, 과학적 가설과의 유비를 통해 얻게 된 철학적 가설이며, 물리학과 철학 사이에서 일어난 변환적 통찰이다. 시몽동은 철학의 인식론적·언어적 전회 이후 포기되었던 것, 즉 과학과 철학을 통합하는 정교하고 구체적인 사유, 존재와 자연 전체를 관통하는 새로운 방법론의 자연철학이, 결코 불가능한 것은 아니라는 것을 보여주었다.

변환 매체로서의 개체

시몽동은 개체화 작용의 발생물인 개체의 특성도 완결된 '정태적 형상'이 아니라 여전히 변환 과정 중에 있는 매개와 소통의 '관계적 기능'에서 찾는다.

> 개체는 이 개체의 기반이 되는 전개체적 실재에서 출발하는 개체화 도중에 있다. 완전하게 개체화된, 실체적이고, 그 퍼텐셜을 소진하여 비어 있는, 완벽한 개체는 하나의 추상이다. 개체는 개체발생적 생성의 도중에 있고, 자기 자신에 대하여 상대적인 정합성, 상대적인 단일성, 상대적인 동일성을 갖는다.[17]

---

17 Simondon (2005a), p. 149.

개체는 존재의 한 상일 뿐, 존재 전체를 대변하는 것이 아니다. '개체'라는 것은 존재에 내재하는 불일치한 크기의 등급들, 소통이 부재한 양극단 사이에 소통과 안정화를 가져오는 매개의 역할로 발생한다. 가령, 태양 에너지라는 우주적 크기의 등급과 흙 속에 있는 화학적 성분들의 분자적 크기의 등급 사이에서 소통과 관계 맺음을 실현한 식물의 싹이 중간 크기 등급의 개체로서 출현하는 것과 같다. 개체발생 이전에는 전개체적 실재로서 크기의 등급들 간에 소통 없이 퍼텐셜 에너지를 함축하고 있는 자연이었다면, 개체발생 이후에는 크기의 등급들 간에 내적 공명을 일으킴으로써 '개체-환경(식물과 이 식물에 연합된 환경)'의 앙상블로 새롭게 구조화된 자연이 된다. 그러니까 개체화 작용은 준안정적 존재의 내적 분할과 내적 공명의 동시적인 사태에 해당한다. 개체의 발생이라는 해(解)를 통해서 양립불가능한 부정적 대립자들이 새로운 구조를 산출하는 긍정적인 소통의 관계자들로 전환되는 것이다. 그래서 존재의 "생성은 초기 긴장들의 해(解)이면서 동시에 이 긴장들을 구조의 형태로 보존하는 것"[18]이 된다.

개체화 작용을 통해서 발생한 개체는 따라서 부동불변의 독자적 실체라기보다 관계적인 실재라 할 수 있다. 개체는 언제나 자신의 존재 조건인 연합환경과 동시에 공존한다. 개체는 '개체-연합환경'의 쌍으로, 다시 말해 '개체화된 것-전개체적인 것'의 쌍으로 존재한다. 환경과의 관계가 개체 자신의 존재 조건인 것이다. 또한 개체의 발생 자체가 준안정적인 전체 시스템 안에 내재하는 양립불가능하고 불일치하는 것들 사이에 공명과 소통을 가능하게 하는 해(解)로서 일어나는 것이다. 개체는 불일치한 것들 사이의 양립가능성을 표현하는 관계의 실재성을 실증하는 것이지, 관계 안의 한 항으로서 관계보다 먼저 존재하는 것이 아니다. 개체의

---

18 Simondon (2005a), p. 25.

형상은 개체화 작용의 발생적 결과물로서 자신에 연합된 환경과 분리되지 않으며, 크기의 등급이 다른 불일치한 것들을 관계 짓고 있는 준안정적인 것이다.

개체는 관계의 존재(l'être de la relation)이지, 관계 안의 존재(être en relation)가 아니다.[19]

관계는 존재의 양상이며, 그 관계가 존재를 보장하는 항들과 동시적이다.[20]

관계는 개체화된 존재의 내적 공명으로서 물리적으로, 생물학적으로, 심리학적으로, 집단적으로 존재한다. 관계는 개체화를 표현하며, 존재의 중심에 있다.[21]

시몽동이 말하는 관계는 이미 완성된 개체들 이후에 오는 것이 아니라 개체와 동시에 발생한다. 즉 개체는 곧 관계다. 어떤 개체를 바로 그 개체로 만들어준 것이 바로 '관계'이기 때문이다. 이 관계는 시간적·위상학적 변환 작동을 의미한다. 가령, 결정화하는 과포화 용액의 시스템 안에서 구조화된 결정체와 아직 결정화하지 않은 모액(母液)은 '개체-연합환경'으로 존재하는 구성적 관계의 실재성을 보여준다. 결정체의 내부와 외부를 가르는 경계선(결정체의 형태를 그리는 윤곽선)은 결정체가 성장함에 따라 이동하는 잠정적인 것이다. 이는 개체가 실체적으로 고정

---

19 Simondon (2005a), p. 63.
20 Simondon (2005a), p. 32.
21 Simondon (2005a), p. 313.

된 존재가 아니라 환경과의 관계 속에서 준안정적으로 변형가능한 존재임을 보여준다. 결정체와 모액 사이의 그 '경계선'은 그 자체로는 퍼텐셜도 구조도 아니며, 과거도 미래도 아니다. 그러나 과거의 퍼텐셜과 미래의 구조가 이 유동적인 경계선에서 서로 소통하며 관계 맺고 있다. 바로 이 '경계'가 서로 불일치하는 것들을 관계 짓는 변환의 지점이며, 변환기(transducteur)로서의 개체성을 특징짓는다. 모든 개체는 유기적인 생명체든 비유기적인 것(결정체나 기계)이든 다 '변환기'로 기능한다. 변환기는 입력에서의 작은 신호나 에너지를 출력에서의 다른 신호나 에너지로 증폭 변화시키며 퍼텐셜 에너지를 현실화한다. 마이크와 스피커 사이에서 앰프가 하는 역할, 또는 이전 군집에서 떨어져 나와 새로운 군집을 형성하는 산호초의 역할 등에서, 개체는 시간적으로는 이전(과거)과 이후(미래) 사이에서, 위상학적으로는 미시계(하위 요소)와 거시계(상위 앙상블) 사이에서,[22] 소통과 관계를 조절하는 변환기로 작동한다.

따라서 개체의 특징은 폐쇄적인 자기 조직화에 있는 것이 아니라, 시간적·위상학적으로 다른 차원들과의 소통 관계를 통해 문제를 해결하는 열린 매체의 기능에 있다. 이미 분리되어 있는 개체와 환경 사이의 관계 속에서 개체의 자기 주도적인 환경 지배를 강조하는 것이 아니라, 시몽동은 개체와 환경의 분리불가능한 동시 발생과 오히려 환경의 역량을 강조한다. 전개체적인 것은 개체화하면서 '개체-연합환경'의 앙상블

---

22 시몽동에게 '앙상블(ensemble), 개체(individu), 요소(élément)' 이 세 수준은 유와 종차에 따른 존재 분류 방식을 대체한다. '요소'는 '개체 이하의 수준'에서 개체를 구성하는 것들에 해당하고, '앙상블'은 '개체 이상의 수준'에서 개체들로 구성된 전체를 말한다.('집합'이나 '전체'보다는 '앙상블'이 상호 조화를 이루는 관계의 뉘앙스를 살려준다.) 개체는 미시물리적이고 분자적인 요소적 수준과 거시물리적이고 집합적인 앙상블적 수준 사이에서 양자를 매개하는 중간 크기에 해당한다. 요소들을 관계 지으며 조직화한 개체들이 다시 관계를 형성하며 조직화한 것이 앙상블이다. 개체는 자신의 존재 조건인 자기 고유의 연합환경을 반드시 가져야 하지만, 요소와 앙상블은 연합환경이 없다는 차이가 있다.

로 변한다. 개체는 아직 개체화되지 않은 퍼텐셜 에너지의 저장고(환경) 안에 잠겨 있으면서 새로운 개체화를 촉발할 수 있는 씨앗으로 작동하며, 자신에게 연합되어 있는 환경의 잠재력(전개체적 실재성)을 다른 수준으로 운반한다. 따라서 개체화는 아직 구조화되지 않은 환경 속으로 정보를 전파하는 내적 공명의 변환 작동이다. 다시 말해, 작용의 결과물인 구조가 다시 새로운 작용을 야기하는 이런 정보 소통의 과정이 바로 '변환(transduction)'이다. 점진적인 결정화 작용에서 먼저 결정화된 것이 아직 결정화되지 않은 모액 안에서 다시 결정화를 촉발하고 확산시키는 씨앗으로 작동하듯이, 개체화된 것은 다시 새로운 개체화 작용을 야기하는 정보로서 사용되며 개체화를 확장시킨다. 개체는 개체화를 증폭시키는 정보 매체이자 퍼텐셜한 것을 현실화하는 변환기다. 전개체적 실재는 개체화된 실재를 매개로 다시 개체화하며, 따라서 개체화는 실재의 전 영역으로 증폭 확장된다.

개체화의 범례: 과포화 용액의 결정화(結晶化)

일반적으로 '개체'는 생명체를 중심으로 사유되어왔다. 개체의 단일성, 통일성, 독립성이 가장 잘 드러나기 때문이다. 그러나 시몽동은 유기적 생명을 특권화하지 않고, 오히려 비유기체를 개체화의 모델로 삼는다. 개체화 작용을 가장 잘 보여주는 범례는 과포화 용액의 결정화(crystallization) 현상이다. 이것은 물리적 개체화의 사례일 뿐만 아니라 개체화 일반의 패러다임 모델이다. 결정(結晶)의 발생은 서로 분리되어 있는 질료와 형상의 외재적 결합이 아니라 퍼텐셜 에너지로 풍부한 준안정적 시스템 안에서 솟아나는 해(解)로서의 개체화를 잘 보여준다. '결정체(물리적 개체)'의 발생은 '과포화 용액(퍼텐셜 에너지로 가득 찬 준안정적 상태의 거시적 환경)'과 '결정 씨앗(상전이를 촉발하는 우연한 사건으로서의 미시적 정보)'이라는 크기의 등급이 서로 불일치한 두 실재가 '관계' 맺을 때 일어난다.

예컨대, 준안정적인 과포화 용액의 황은 어떤 온도와 압력에서 어떤 결정 씨앗을 만나느냐에 따라 '사방정계 황(8면체형)'이나 '단사정계 황(각주형)'으로 결정화할 수 있다. 사방정계 황과 단사정계 황은 동일한 원소(황)를 갖지만 결정 구조가 다른 개체들(동소체들)이다. 그리고 과융해된 황이 90도에서 각주형 결정 씨앗을 받아들이면 각주형 결정체(단사정계)로 변하는데, 여기에 다시 8면체형 결정 씨앗을 넣으면 8면체형 결정체(사방정계)로 변한다. 이 사실은 결정화되기 이전 시스템의 에너지를 한꺼번에 다 사용하여 안정적 상태에 이르는 완전한 개체화가 아니라, 초기 상태의 퍼텐셜 에너지가 남아 있어 여전히 준안정적 수준에 머무르면서 그 다음 개체화를 산출할 수 있는 불완전한 개체화의 경우를 잘 보여준다. 또 사방정계(8면체 황)가 단사정계(각주형 황)로 변형되려면 일정한 열이 있어야 하는데, 이는 양자 사이에 에너지 불연속성이 있음을 보여준다.

이 동소체 황의 결정화 사례는 첫째, 개체화의 조건인 크기의 등급에서 불일치한 두 실재 사이의 긴장, 즉 거시적 앙상블 수준의 준안정적인 과포화 용액과 미시적·요소적 수준의 구조적 씨앗 사이의 긴장을 잘 보여준다. 시스템의 현실적인 상태가 품고 있는 '에너지적인 조건(과포화 상태의 준안정성, 2종의 동소체를 산출할 수 있는 황의 질적 특성)'과 외부에서 들어오거나 내부에서 발생하는 '사건적이고 정보적인 특이성의 조건(결정 씨앗)'이 개체화의 조건이다. 즉 개체발생의 조건이 '질료와 형상'에서 '에너지와 정보'로 바뀌는 것이다.[23] 둘째, 이 결정화 사례는 전개체적 양상에

---

23 르네 톰(René Thom)은 시몽동이 반실체론적 테제를 완전하게 유지하지 못했다고 지적하고, 결정화의 경우, 개체화의 도식은 여전히 질료형상적이라고, 즉 비결정의 질료와 이를 조직화하

서 개체화된 양상으로 전체 시스템이 상전이하는 것, 즉 모액이 결정체와 모액으로 분할(개체와 연합환경으로 분할)되면서 액체상에서 고체상으로 변화하는 것을 잘 보여준다. 셋째, 단번에 완결되지 않고 재개될 수 있는 개체화의 연속성(단사정계 상태에 결정 씨앗을 새로 넣으면 사방정계로 재결정화됨)과 개체화된 체제들 사이의 불연속성(단사정계와 사방정계는 상이한 결정체임)을 또한 설명해준다.

시몽동이 결정화를 개체화 일반의 패러다임 모델로 삼은 것은, 물질과 생성에 관한 매우 혁신적인 사유를 함축한다. 우선, 물질이 자기 조직화와 개체발생과 같은 생성의 역량을 지닌다는 것, 따라서 초월적인 형상에 의존하지 않고도 물질 내재적으로 생성을 설명할 수 있는 길을 열었다는 점을 들 수 있다. 또한, 생성 일반의 모델을 생명(생명체의 발생과 진화, 생명체인 인간종의 기술적 경험이나 인간 사회의 위계질서의 반영)이 아니라 물질에서 찾았다는 것, 즉 물질의 개체화 양상으로부터 생명체를 포함한 자연 전체의 생성을 설명해내고자 했다는 점을 들 수 있다. 대부분의 생성철학이 물질로 환원불가능한 생명체의 발생과 개체성에서 생성의 모델을 찾고 자연 전체의 생명성을 강조하는 경향이 있었다면, 시몽동의 생성철학은 물질 그 자체의 생성으로부터 생명과 의식을 아우르는 자연 전체의 비생기론적인 역동적 작용을 설명해내고 있다는 점에서 독창성을 띤다고 할 수 있다.

과포화 용액으로서의 물질은 기계적·수동적·타성적 질료가 아니라 개체들을 발생시킬 수 있는 '에너지 조건과 정보적 조건'을 모두 자기 안에 품고 있다. 결정화가 보여주듯이, 물질은 스스로 자기 조직화할 수

는 형상의 상호 작용이라고 비판한다.(Thom (1994), p. 107.) 하지만 시몽동의 핵심은 질료적 조건과 형상적 조건 사이에 '관계'라는 조건이 들어간다는 점, 즉 개체화는 '에너지 교환 작용을 통한 구조화'라는 점을 놓쳐선 안 된다.

있고 개체를 생성할 수 있다. 가령, 베르그손은 생명체의 개체성만 인정했고 결정체의 개체성은 인정하지 않았지만,[24] 시몽동은 "결정(結晶)에 의해 구성된 물리화학적 개체는, 개체로서, 생성 중에 있다."[25]고 주장하며, 이런 물리적 개체화를 전개체적 상태에서 개체화된 상태로 자기 변화하는 존재의 생성 작용을 보여주는 패러다임 모델로 삼는다. 개체화하는 물질의 역량은 개체화하는 자연(또는 존재)의 역량과 동일시된다.

시몽동은 자신의 개체화론이 준안정적인 가설일 수 있음을 인정한다. 그러나 독특한 개념들로 이루어진 그의 사유는 새로운 자연철학으로서의 가치를 제공하기에 충분하다고 여겨진다. 그의 물리적 개체화론은 생명적 자발성과 반대 방향에 있는 기계적이고 타성적인 근대적 물질론 이후에 잃어버린 고전적인 "피지스(physis)", 즉 "퍼텐셜들을 비축하고 있는 것으로서의 자연"[26]을 현대 과학의 수준에서 회복시켜내고 있다. 개체화론을 통해 드러난 시몽동의 자연철학은 물활론도 아니고 환원적 유물론도 아니다. 생물학적 체험을 물질에 투사하여 생기나 활기가 물질에 내재한다고 보는 것이 물활론이라면, 그리고 거꾸로 타성적인 물질적 실재를 생명적 실재에 적용하여 생명적 현상을 물리적 현상으로 환원시켜 설명하려는 것이 환원적 유물론이라면, 시몽동은 그 어느 쪽에도 속하지 않는다. 물리적 개체와 생명적 개체는 개체화의 상이한 양상들이지만 동일한 전개체적 실재의 상들이다. 시몽동의 생성하는 존재, 자기 복잡화하는 자연은 '상전이에 의해 변환적 통일성을 유지하는 준안정적 시스템'이다. 이는 기계론적인 것도 생기론적인 것도 아닌 비환원적 유물론의

---

24 "생명체는 상호 보완하는 이질적 부분들로 이루어져 있다. 그것은 서로 연루되어 있는 다양한 기능들을 수행한다. 그것은 하나의 **개체**다. 다른 어떤 대상에 대해서도, 심지어 결정(結晶)에 대해서도 그렇게 말할 수 없는데, 왜냐하면 결정은 부분들의 이질성이나 기능의 다양성을 갖지 않기 때문이다."(Bergson (1970), p. 504. 강조는 원문의 것.)

25 Simondon (2005a), p. 91.

26 시몽동 (2011), p. 292.

세계를 보여준다.

개체화 체제들의 연속과 불연속

물리적 개체화, 생명적 개체화, 심리-사회적(집단적) 개체화, 기술적 개체화 등 실재의 각 영역에서 일어나는 개체화의 상이한 양상들은 이전 개체화의 결과물들을 연합환경으로 삼아 이전 개체화에서 해결하지 못한 문제들을 새로운 수준에서 해결하는 방식으로 존재 시스템 전체 안에서 분화되어 나온다. 이때 전개체적 실재의 퍼텐셜 에너지는 각각의 개체화로 인해 완전히 소진되지 않는다. 각 수준에서 발생된 개체들은 여전히 전개체적 실재에 연합되어 있으며 전개체적 실재로부터 받는 어떤 하중(荷重)을 실어 나르고 있다. 개체들이 운반하는 전개체적 퍼텐셜 에너지는 새로운 개체화를 출현시킬 수 있는 미래의 준안정적 상태의 원천이다. 존재 전체는 이렇게 전개체적인 것과 개체화된 것이 관계 맺고 있는 앙상블로 존재하며, 개체화를 통해서 분화하고 다층적으로 복잡화하면서 상들 간의 상호 평형과 긴장의 상관관계 속에서 불연속적인 도약과 연속적인 자기 보존의 준안정성을 유지한다.

시몽동은 개체화의 상이한 양상들과 개체들의 환원불가능한 차이들을 인정한다. 결정화 현상은 물리적 개체화의 한 사례로서, 생명적 개체화나 심리적-집단적 개체화를 유비적으로 포착하는 데 패러다임 모델로 사용되지만, 이 범례가 이데아적 원형은 아니기에 각각의 개체화 양상은 동일화할 수 없는 차이를 지닌다. 가령, 결정체와 같은 물리적 개체는 하나의 정보를 반복해서 증폭시키며 내부와 외부를 가르는 윤곽선이 유동적인 반면, 생명적 개체는 복수의 정보를 여러 번 수용하여 조직화하고 증폭시키며 내부와 외부를 구분하는 경계가 분명하다. 결정체와 달리 생명체는 내부 생성(기관들이나 세포들의 재생 작용)과 외부 생성(생식 작용)을 동시에 진행시키며, 내부와 관련해서는 요소들을 조직화하는 전체이면서 또한 외부와 관련해서는 전체 앙상블(집단)을 구성하는 부분이라는 점에서, 하위 요소와 상위 앙상블이라는 불일치한 크기의 등급들 사이에서 양자를 관계 짓고 매개하는 개체성의 특징이 두드러진다. 그러나 물리적 개체와 생명적 개체의 차이가 실체적인 것은 아니다. 생명적 개체화는 물리적 차원에서 해결하지 못한 문제를 생명적 차원에서 해결하기 위해 전개체적 실재로부터 새롭게 분화되어 나온 것이다. 그런데 생명적 개체화는 물리적 개체화가 완결된 이후에 진행되는 것이 아니라, 오히려 물리적 개체화를 지연시키면서, 물리적 구조화가 완결되어 안정적 평형 상태에 이르기 전에 전개체적 에너지를 새로운 구조화로 증폭시키는 데서 성립한다.

생명적 개체화는 물리적 개체화 안에 삽입되어 그 흐름을 중단시키고 늦추면서 그것을 기동(起動)적인 상태로 전파시키는 것일지 모른다. 생명적 개체는 원초적인 수준에서 보면 안정화되지 않고 증폭되는 시발(始發)적 상태의 결정체라고 할 수 있을지 모른다.[27]

생명적 물질과 비-생명적 물질을 대립시켜야만 하는 것이 아니라 오히려 타성적인 시스템들에서의 일차적인 개체화와 생명적 시스템들에서의 이차적인 개체화를, 정확하게 그 개체화들의 과정에서 소통 체제들의 상이한 양상들에 따라서 대립시켜야만 할 것 같다; 따라서 타성적인 것과 생명적인 것 사이에, 실체적 차이보다는 오히려 정보 수용 역량의 양자적 차이가 있을 것이다.[28]

27 Simondon (2005a), p. 152.
28 Simondon (2005a), p. 151.

시몽동에게 물질과 생명의 차이는 실체적인 차이가 아니라 시스템의 '정보 수용 역량의 차이'로 이해된다. 전개체적 실재로부터 물리적 개체화 체제가 발생하고, 다시 이 물리적 개체화를 조건으로 생명적 개체화 체제가 발생하면서, 자연 전체는 점점 더 복잡한 위상들로 자기 분화한다. 이때, 생명적 개체화는 물리화학적 개체화가 완전히 완료된 이후에 나타나는 것이 아니라, 물리적 개체화로 다 소진되지 않은, 여전히 물리적 실재 안에 남아 있는, 전개체적인 것의 퍼텐셜 에너지를 현실화하는 방식으로 등장하는 것이다. 식물이 동물에게 생존 조건으로서의 환경으로 필수적이듯이, 생명적 개체들에게는 물리적 개체들이 필수적이다. 상대적으로 덜 안정적이고 미완성된 생명적 개체들은 상대적으로 더 안정적이고 완성된 물리적 개체들을 자신에게 연합된 환경으로 삼아 변환적 도약의 발판으로 활용한다. 따라서 물리적 개체화와 생명적 개체화 사이에 절대적 분리는 없지만, 상이한 개체화 양상에 따른 불연속성은 존재한다.

생명적인 것이 물리적인 것의 상위 종합이 아니듯이, 심리적인 것 (psychisme)도 생명적 기능들의 상위 능력이 아니다. 생명체는 외부 세계와의 관계 속에서 지각과 행위 사이에 양립불가능한 문제가 발생했을 때 정념이나 정서를 통해서 이 문제를 조절하려 한다.(예를 들어, 장애물을 발견하고 피하고자 했으나 피하지 못하고 부딪쳤을 때 느끼는 신체의 고통!) 그런데 생명체가 더 이상 이런 방식으로 문제를 해결할 수 없을 때, 즉 지각과 정서 사이에 불일치가 발생할 때, 비로소 심리적인 것이 출현한다.(어느 날 갑자기, 늘 동일하게 지각하던 세계에 대해 알 수 없는 불안감을 느낄 때, 이 불일치를 해석하고 의미화하기 위해서는 타자와의 정신적 소통이 필요하다.) 심리적인 것 역시 생명적 개체에 연합되어 있던 전개체적 실재에 입각해서 생명적 수준에서는 해결할 수 없는 문제를 해결하기 위해 새롭게 분화되어 나오는 것이다.

그런데 심리적 개체는 개별화됨과 동시에 개체로서의 한계를 넘어서는 개체초월적 수준에서 집단을 형성한다. 상호 개인적인 것(interindividuel)이 사회 속의 분리된 개인들 간의 유대에 해당한다면, 개체초월적인 것(transindividuel)은 전개체적 실재에 참여하여 동질성을 회복한 심리적 개체들의 진정한 집단이라 할 수 있다. "존재는 전개체적 실재와 개체화된 실재로 이루어진 앙상블처럼 생각될 수 있고, 전개체적 실재는 개체초월성(transindividualité)을 근거 짓는 실재로 고려될 수 있다."[29] 심리적인 것이 생명적 개체를 개별화된 주체로 세계와 마주하게 만든다면, 개체초월적인 것은 이 심리적 개체들 간의 정보 소통과 의미작용의 공통된 발견을 통해서 문제 해결을 위한 집단적 개체화를 가능하게 한다. 이 심리적-집단적 개체화는 원자적 개인들로 구성된 사회적 질서와는 전혀 다른 차원에서 새로운 집단의 구성가능성을 제시한다.

문제 해결을 위한 존재의 상전이로서 물리적 개체화와 생명적 개체화가 발생하듯이, 심리적 개체화와 집단적 개체화도 생명적 차원에서 해결되지 못하는 문제를 해결하기 위해 새롭게 발생한다. 그러나 심리적이고 집단적인 개체화는 이미 개체화된 생명체 안에서 파생하는 것이기 때문에 시몽동은 이를 물리-생물학적인 개체화와 구분하여 "개체화된 존재의 개체화"를 의미하는 '개별화(individualisation)'로 정의하기도 한다.[30] 인간은 생명체로 '개체화된 것', 심신 '개별화된 것'이고, 심리적-집단적으로 '인격화된 것'이라 할 수 있다.

29 Simondon (2005a), p. 317.
30 Simondon (2005a), p. 267.

형상을 대체하는 정보: 사이버네틱스를 넘어서

시몽동의 개체화론에서 가장 독창적인 부분은 관계를 촉발하는 것으로서 '정보'를 도입한다는 점이다. 가령 시몽동과 비슷하게, 액체의 결정화 작용에서 물질의 자기 조직화를 발견한 프리고진의 경우에도 '정보'의 기능에 대한 주목은 없었다.[31] 그러나 시몽동은 "결정 씨앗과 비결정 물질 사이의 관계는 시스템의 정보/형태화 과정"[32]이라고 주장한다. 결정화 과정은 퍼텐셜 에너지를 지닌 준안정적인 장(場)에 우발적인 '정보'가 제공됨으로써 결정 형태를 산출하는 '형태화' 과정이다. 즉 정보(information)는 형태-화(in-form-ation)를 함축한다. 시몽동은 기존의 형상 개념과 정보 개념, 양쪽에서의 혁신을 통해 새로운 개체화론을 창안한 것이다.

형상(forme) 개념은 정보(information) 개념으로 대체되어야 한다.[33]

우선, 시몽동은 질료형상론과 게슈탈트이론에서 대표적인 실체적이고 안정적인 '형상' 개념을 '관계적이고 준안정적인 것'으로 바꾼다. 질료형

---

31 시몽동의 작업(1958년 개체화론 논문 제출) 이후에 등장하여 1960년대 비평형 열역학을 수립한 프리고진은 베나르 불안정성(Bénard instability)을 검토하면서 액체의 결정화 작용에서 자연 발생적인 물질의 자기 조직화를 발견하고 소산 구조(dissipative structure)라는 개념을 창안하였다. 고전 열역학에서 열의 전달 과정이나 마찰 등에서 일어나는 에너지의 소산(흩어짐)은 항상 낭비라는 생각과 연관되었지만, 프리고진의 소산 구조는 열린계에서 소산이 오히려 질서의 근원이 될 수 있음을 보여주는 것이다.('베나르 불안정성': 액체를 낮은 온도에서 균일하게 가열하면, 액체 층의 바닥에서 꼭대기를 향해 이동하는 일정한 열의 흐름이 수립된다. 액체는 안정된 상태를 유지하지만, 열은 오직 전도에 의해서만 전달된다. 그러나 바닥과 꼭대기 사이의 온도 차이가 일정한 임계치에 도달하면, 열의 흐름은 열 대류(對流)로 대체된다. 여기서 열은 엄청난 숫자의 분자들의 일관된 운동에 의해 전달된다. 이때 일정한 질서 패턴을 갖는 육각형의 셀들이 나타난다. 비평형적인 불안정성의 임계점에서 질서와 구조가 자연 발생적으로 창발되는 것이다.)(Prigogine & Stengers (1984), ch. V.) 하지만 프리고진은 시몽동이 특화한 '구조화하는 정보의 기능'은 주목하지 않았다.

32 Simondon (2005a), p. 90, 각주 12.

33 Simondon (2005a), p. 35.

상론은 앞서 살펴보았듯이, 수동적이고 타성적인 질료와 능동적으로 결정하는 형상 사이의 위계질서를 함축하며 질료와 형상 사이의 상호 교환 작용을 은폐한다. 그러나 시몽동에 따르면, 진흙과 주형틀의 결합으로 벽돌이라는 개체를 제작한다고 할 때, 벽돌의 개체성을 특징짓는 형상은 주형틀에 의해서 미리 결정되어 있는 것이 아니라, 그렇게 구조화될 소질을 갖추고 있는 질료의 힘과 규제하는 주형틀의 힘 사이의 상호 조절 관계 속에서 점진적으로 '형상-화'하는 준안정적인 것이다. 반면, 게슈탈트이론은 질료에 해당하는 바탕과의 관계 속에서 형상의 출현을 파악하긴 하지만 여전히 안정적 상태의 형상만을 거론할 뿐이며 형상 자체의 '준안정성'은 포착하지 못한다.[34] 형상은 양립불가능하고 불일치하는 것들 사이의 긴장 속에서 양자의 소통을 매개하는 것으로서 출현하는 준안정적이고 관계적인 것이지, 불안정한 바탕으로부터 솟아나는 안정적인 형태가 아니라는 것이다. 시몽동은 게슈탈트이론이 에너지 조건이 없는 형상들의 '집합'과 퍼텐셜 에너지를 품은 준안정적 '시스템'을 근본적으로 구분하지 않았다고 비판한다. 전자의 경우 변화는 엔트로피의 증가와 질서의 해체밖에 없지만, 후자의 경우는 시스템의 상태를 특징짓는 정보의 활동 덕분에 변화하면서도 시스템 그 자신의 준안정성을 유지하는 것이기 때문이다.[35] 시몽동에게는 준안정적 시스템의 양립불가능성과 불일치를 해(解)로 변환시키는 정보의 작용이 바로 개체화다. 이 개체화의 근본 조건이 에너지 장과 특이성이라면, 질료형상론은 특이성의 우발성을 간과하는 것이고, 게슈탈트이론은 장의 에너지적 조건을 고려하지 않는 것이라 할 수 있다.

---

34 Simondon (2005a), pp. 539-541.
35 Simondon (2005a), p. 234, 각주 1.

정보는 불일치한 두 실재들 사이의 긴장이다. 그것은 개체화 작용이, 불일치한 두 실재들이 시스템을 생성할 수 있는 차원을 발견하게 될 때, 솟아나게 될 의미작용이다. 따라서 정보는 개체화를 야기하는 것, 개체화를 요구하는 것이며, 결코 주어진 어떤 것이 아니다. 정보의 단일성과 동일성이란 없다. 왜냐하면 정보는 하나의 항이 아니기 때문이다. 정보는 존재 시스템의 긴장을 상정한다. 그것은 문제에 내재하는 것일 수밖에 없다. 정보는 해결되지 않은 시스템의 양립불가능성이 바로 그 정보에 의해서 해결되면서 조직적인 차원이 되게 하는 것이다. 정보는 시스템의 **상변화**를 상정한다. 왜냐하면 그것은 발견된 조직화에 따라 개체화하는 전개체적인 일차 상태를 상정하기 때문이다. 정보는 개체화의 공식, 이 개체화에 앞서 미리 존재할 수 없는 공식이다.[36]

그 다음, 관계적이고 준안정적인 형상의 발생을 설명하기 위해 시몽동은 '정보' 개념을 사이버네틱스적인 것으로부터 혁신한다. 통상 정보통신기술론에서 상정하는 사이버네틱스 정보 개념은 탈물질화된 수학적 논리적 패턴이다. 정보는 실체적인 두 극(송신자와 수신자) 사이에 이미 정해져 있는 메시지로서 전송되는 신호(결정된 형태와 의미)를 뜻한다. 정보는 송신자에 의해 미리 정해진 의미(메시지-형상)를 노이즈의 방해를 뚫고 수신자에게로 정확하게 전달하는 데서 성립한다. 섀넌(C. Shannon)의 고전적인 정보 모델에 따르면, 정보는 0과 1로 이루어진 하나의 신호(signal)로 정의되며, 정보 소통 과정은 S-C-R(송신자(Source)-부호화(encoding)-채널(Channel)-해석(decoding)-수신자(Receiver))모델로 표준화된다. '피드백을 통한 자동제어 시스템'을 구축하고자 한 사이버네틱스는 열역학적 아이디어에 따라 무질서와 질서를 대립시키고 엔트로피에 역행하는 네겐트로피(역엔트로피)적인 것을 정보로 간주하여 생명적 질서의 자발성이나 조

---

36 Simondon (2005a), p. 31.(강조는 원문 그대로의 것.)

직화 역량의 차원에서 정보를 이해한다. 시몽동은 이러한 정보 개념들이 여전히 실체적인 형상에 결부되어 있고, 기술이나 생명의 한정된 영역에 국한되어 있음을 비판한다. 생물학적 개체화만이 아니라 물리적 개체화, 기술적 개체화까지 모두 관통할 수 있는 새로운 개체화 원리를 세우자면, 정보 개념의 혁신이 필수적이다.[37]

시몽동의 정보 개념은 논리적 패턴이나 추상적 기호가 아니라, 시스템의 상전이를 촉발할 수 있는 어떤 '사건'이나 '충격'으로서 구체적인 질을 갖는다. 정보의 의미는 미리 정해져 있고 하나의 항에서 다른 항으로 나아가는 것이 아니라, 불일치하는 두 항이 동시에 참여하는 하나의 긴장된 앙상블이 형성될 때 비로소 성립하는 것이다. 정보의 소통은 수신자를 송신자에 일방적으로 동기화시키는 것이 아니라, 수신자와 송신자가 동등하게 참여하는 긴장된 관계 맺음과 양자의 상호 관계 속에서 시스템 전체의 새로운 구조화를 야기하는 작용, 즉 시스템 전체를 상전이시키는 것이다.

시몽동의 정보는 무엇보다 퍼텐셜의 차이, 불일치를 품고 있는 준안정적 시스템과 분리불가능하다. 정보는 어떤 형태에 속하는 것이 아니라, 차라리 형태들의 변화가능성이다. 황의 결정화 사례에서, 구조화하는 결정 씨앗(현실적인 구조)과 구조화될 비결정 환경(아직 나타나지 않은 구조) 사이에, "유비적인" 어떤 관계 맺음이 있어야 결정화가 촉발되는데 바로 그 관계 짓는 작용이 말하자면 정보에 해당된다. 결정 씨앗이 이전 개체화의 결과물로서 결정체의 구조와 형상을 실어 나르는 정보 송신자라면,

---

37 시몽동은 무엇보다 '정보' 개념에 대한 잘못된 이해 때문에, 사이버네틱스가 기계와 생명체를 '자동제어-닫힌계'라는 잘못된 토대 위에서 동일시한다고 비판한다. 시몽동의 정보 개념에 따르면, 기계(기술적 개체)와 생명체(생명적 개체)는 모두 비결정성을 지닌 열린계이며, 다만 정보를 수용하고 변환하는 역량에서 본질적인 차이가 있다. 시몽동에서 기계와 생명체는 환원불가능한 이런 차이를 지닌 채 동등한 위치에서(주종 관계가 아닌!) 서로 협력 작용하는 앙상블의 관계를 갖는다.

과포화 용액은 퍼텐셜 에너지를 지닌 준안정적인 장(場)으로서 새로운 구조를 수용하여 자신의 퍼텐셜 에너지를 문제 해결의 방식으로 방출하려는 정보 수신자라 할 수 있다. 크기의 등급이 서로 불일치하는 이 송신자와 수신자 사이에서 일어나는 정보의 소통은 작은 씨앗에서 출발해서 장 전체로 결정화가 확산되는, 즉 액체상이 고체상으로 상전이되는 개체화 작용으로 나타난다. 이때 정보는 구조화하는 씨앗과 구조화될 준안정적 장이, 즉 불일치한 두 실재들이 결정체라는 개체의 발생을 통해 서로 관계 맺고 소통할 때 비로소 성립하는 것이다. 정보는 에너지적인 양도 아니고 구조적인 질도 아니며, 에너지적 환경과 구조적 씨앗을 소통시키는 '작용'이자 '관계적 활동성'이며, "작용의 '지금 여기'의 특이성, 현실화되고 있는 개체의 순수 사건"[38]이다. 우발적인 사건으로서의 정보 역할을 수행하는 것은 특이성(singularité)이다. 가령, 벽돌의 질료로 사용된 점토 특유의 점성, X선의 회절을 발견할 수 있게 한 결정체, 동소체 황의 결정화를 야기한 결정 씨앗 등 질료적 조건으로 사용된 물질에 '내재하는 형상(forme implicite)'이 특이성으로서 정보 역할을 한다.[39] 이런 특이성은 질료의 개성(個性, eccéité)으로서 인간 지각 수준에서 파악되는 주관적인 성질이 아니라 객관적인 실재다. 그런데 개체화의 발생적 조건으로 이런 특이성을 상정한다면, 개체화 이전의 이 특이성의 발생은 어떻게 설명해야 하는가? 시몽동은 사실 '정보=특이성=씨앗'의 발생적 기원에 대해서는 분명히 말하지 않았다.[40] 어쩌면 말할 필요를 못 느꼈을지 모른다. 정

---

38 Simondon (2005a), p. 51.
39 "내재적인 형상은 그것이 새로운 작용을 인도할 때 정보가 된다. 이 내재적인 형상은 그 나무의 성장에서 과거의 특이성들의 표현이면서, 또한 이 특이성들을 통해서 바람의 작용이나 동물들의 작용과 같은 모든 차원에서의 특이성들을 표현하는 것이기도 하다."(Simondon (2005a), p. 53, 각주 12.)
40 이에 관한 시몽동의 언급들: "저절로 나타나는 결정 씨앗들의 수에 의해 정의되는 그 액체의 결정화 능력"(Simondon (2005a), p. 75.), "비결정 물질 덩어리 안에서 결정 씨앗들의, 오늘날

보가 언제 어디서 출현하는지, 또는 어떤 특이성이 어떤 '지금 여기'에서 정보의 역할을 하게 될지는 미리 알 수 없으며, 개체화가 일어날 때 바로 그때 정보도 출현하기 때문이다.

시몽동에게는 정보의 소통이 곧 개체화고 형상화다. 정보는 불일치한 두 실재들을 매개하고 관계 지으면서 양자의 상호 작용 속에서 개체의 생성을 야기한다. 정보는 개체화 이전에 정해져 있는 것이 아니라, 개체화와 동시에, 개체화를 촉발하면서 개체의 형상으로 표현되는, 개체화의 공식이다.[41] 개체화는 어떤 정보를 의미 있게 수용하여 개체화할 수 있는 준안정적 시스템이 일단 준비되어 있고, 이 수용자의 역량에 따라 정해져 있는 문턱을 넘어서 시스템을 변환시킬 수 있는, 즉 개체화를 촉발할 수 있는 정보가 수용될 때 일어날 수 있다. 여기서 중요한 것은, 결정 씨앗을 정보 송신자로 만드는 것이 바로 정보 수신자의 수용 역량이라는 것이다. 어떤 것이 개체화를 촉발하는 정보로 쓰일지는 형상적 요인보다는 질료적 요인이 결정력을 더 갖는다. 정보를 제공하는 자보다는 정보를 수용하는 자의 능동성이 더 강조된다. 정보는 결코 미리 정해져 있는 것이 아니다. 질료와 형상의 상호 교환 작용에서 형상화가 일어나듯이, 수신자와 송신자의 상호 마주침에서 비로소 정보가 성립되기 때문이다. 정보의 발견과 소통은 준안정적 시스템의 문제 해결을 위한 새로운 개체화의 가능성이자 변환가능성이다. 정보를 이렇게 이해할 때, 물리적 개

까지도 설명되지 않은, 자연발생적인 출현에 의해서, 결정 상태로 이행하는 비결정 물질의 경우."(Simondon (2005a), p. 104.), "그 씨앗들의 본성은 아직 미스터리지만, 그것들의 존재는 확실하다."(Simondon (2005a), p. 105.), "소통의 수립은, 바깥에서 오거나 아래로부터 오는, 바로 우리가 정보라 부를 수 있는, 어떤 특이성의 출현을 상정한다."(Simondon (2005a), p. 82.) 한편, 샤보(P. Chabot)는 이렇게 설명되지 않은 "씨앗들의 기원이 그의 이론의 맹점" (Chabot (2003) p. 83. 각주 1.)이 될 수 있다고 지적하면서도, 정보의 우연성을 강조하여 시몽동이 개연론적인 설명도 하지 않은 점을 옹호해준다.

41 Simondon (2005a), p. 31.

체화, 생명적 개체화, 심리사회적 개체화, 기술적 개체화 등은 전개체적 실재의 상이한 개체화 체제들로서 연속성을 가지면서도 정보 역량의 정도 차이에 따라 불연속성을 지닐 수 있게 된다.

변환: 존재와 사유의 작동 논리

변환은 개체화가 작동하는 존재론적 과정이면서 동시에 그 과정을 파악하는 인식론적 방법이기도 하다.

우리는 변환이라는 말을 물리적이고, 생물학적이고, 정신적이고, 사회적인 하나의 작동(opération)으로 이해한다. 이 작동으로 인해서 어떤 활동이 차츰차츰 어떤 영역의 내부에 퍼져 나가게 되며, 이 퍼져 나감은 그 영역의 여기저기에서 실행된 구조화에 근거하여 이루어진다. 구성된 구조의 각 지역은 다음 지역에 구성의 원리로서 쓰인다. 그래서 이 구조화하는 작동과 동시에 점진적으로 변화가 확장된다. 매우 작은 씨앗에서 출발하여 모액의 모든 방향들로 확장되며 커져가는 결정체는 변환 작동의 가장 단순한 이미지를 제공한다. 이미 구성된 각각의 분자층은 형성 도중에 있는 층을 구조화하는 토대로 쓰인다. 그 결과는 증폭하는 망상(網狀) 구조다. 변환 작동은 진행 중에 있는 개체화다.[42]

변환은 개체화를 표현하고 그것을 사유하게 한다. 따라서 그것은 형이상학적이면서 동시에 논리적인 개념이다. 그것은 개체발생에 적용되고 또한 개체발생 그 자체이다.[43]

---

42 Simondon (2005a), pp. 32-33.
43 Simondon (2005a), p. 33.

물리적 개체화에서 볼 수 있었던 내적 공명과 정보 작용은 모두 변환 과정이다. 가령 어떤 형태의 신호나 에너지를 다른 형태의 신호나 에너지로 바꾸는 변환기의 경우처럼, 변환은 그 자체로는 퍼텐셜 에너지에도 현실화된 에너지에도 속하지 않으면서 어떤 퍼텐셜 에너지를 다른 형태의 에너지로 현실화하는 매개적 작용이다. 관계, 정보, 변환은 차이와 불일치를 매개하는 작용으로서 이를 통해 구조, 개체, 형상이 발생한다.

개체화하는 시스템에 입력된 씨앗과 출력된 결과물 사이에는 변환 작동이 있어서 양자가 동일하지는 않다. 예컨대, 형상이 구조적 씨앗이라면, 질료는 퍼텐셜 에너지를 지닌 준안정적인 장(場)이다. 구조를 실어 나르는 씨앗으로서의 형상이 정보 송신자라면, 질료적 장은 새로운 구조를 수용함으로써 자신의 퍼텐셜 에너지를 문제 해결의 방식으로 방출하려는 정보 수신자라 할 수 있다. 이 송신자와 수신자 사이에서 일어나는 정보의 소통은 준안정적인 장이 점차 형상화(조직화나 구조화)해가는 변환 작동으로 나타난다. 결정 씨앗에서 출발해서 점진적으로 결정화하는 과포화 용액처럼, 또는 작은 소리를 입력받아 큰소리로 증폭하여 출력하는 중계 확장기처럼, 개체화는 불일치한 것들을 관계 맺게 하는 변환이나 변조(modulation) 작용에 해당한다. 먼저 결정화된 것이 아직 결정화되지 않은 모액 안에서 다시 결정화를 촉발하고 확산시키는 씨앗으로 작동하듯이, 개체화된 것은 다시 새로운 개체화 작용을 야기하는 정보로서 사용되며 개체화를 확장시킨다. 요컨대 개체는 개체화를 증폭시키는 정보 매체인 셈이다. 전개체적 실재는 개체화된 실재를 매개로 다시 개체화하며, 따라서 개체화는 실재의 전 영역으로 확장된다. 이와 같이 개체화는 단지 개체의 발생에 그치는 것이 아니라, 이미 만들어진 결정체가 다시 결정화를 촉발하며 상전이를 점차 확산시키듯이, 발생한 개체들을 통해 새로운 개체화를 상위의 다른 차원으로 증폭시켜 나가는 '변환 작동'이기도 하다.

그런데 변환은 또한 이런 발생적 개체화를 인식할 수 있는 사유 방법론이기도 하다.

실재의 어떤 영역을 사유하고자 유비적 변환을 사용할 가능성은 그 영역이 실제적으로 변환적 구조화의 소재지라는 것을 지시한다. 변환은 전개체적 존재가 개체화할 때 출현하는 관계 맺음들의 실존에 상응한다. 변환은 개체화를 표현하고 그것을 사유하게 한다. 따라서 그것은 형이상학적이면서 동시에 논리적인 개념이다. 그것은 개체발생에 적용되고 또한 개체발생 그자체다.[44]

인식론적 의미에서 변환은 귀납, 연역, 변증법과 구분되는 유비적 사유다. 연역과 달리, 변환은 문제 해결의 원리를 다른 곳에서 가져오지 않는다. 과포화 용액이 자기 자신의 퍼텐셜과 자신이 담고 있는 화학적 성분들 덕분에 결정화하듯이, 해당 영역의 긴장들 자체로부터 문제를 해결하는 구조를 가져온다. 귀납과 달리, 변환은 해당 영역에 포함된 실재의 항들에서 독특한 것들은 제거하고 공통적인 것들만 보존하지 않는다. 변환은 해당 영역의 각 항들의 완전한 실재성이 새로 발견된 구조들 안에서 손실되거나 축소되지 않고 배열될 수 있도록 각 항들이 모두 소통할 수 있는 시스템의 차원을 발견한다. 귀납은 내용(정보)의 손실이 필연적이지만, 변환에서는 항들이 동일시되지 않아도, 서로 불일치하면서도, 해(解)로 나타난 시스템에 통합되며, 항들이 품고 있던 내용(정보)이 빈약해지지 않는다. 또 변증법과 달리, 변환은 부정적인 것을 긍정적인 것으로 바꾸어놓는다. 준안정적인 전개체적 존재에 일차적으로 내재하는 양립불가능성과 긴장은 퍼텐셜의 풍부함이 지닌 다른 측면이다. 개체화는

---

44 Simondon (2005a), p. 33.

대립을 해소하여 추상적 단일성으로 회귀하는 종합이 아니라, 대립과 차이를 보존하여 통합하되 바로 그 대립과 차이로 인해 가능한 구체적인 연결망으로서 새로운 관계를 찾아내는 것이다.

변환적 사유는 유와 종에 따라 분류하는 실체론적 사유 방식이 아니라, 관계의 실재를 발견하는 유비적 사유다.[45] 유비는 A와 B 사이의 동일성을 찾는 것이 아니라, A와 B 사이의 관계와 C와 D 사이의 관계, 이 두 관계 사이의 동일성(A : B = C : D)을 찾는 것이며, 이 관계의 동일성은 유사성이 아닌 차이를 전제로 한다. 전자기파의 발견은 이런 변환적 사유의 성공적 사례 중 하나다. 헤르츠파는 가시광선에서 성립한 '파장 길이 : 반사 물질의 분자적 조건'이라는 관계를 다른 크기의 차원에 유비적으로 적용하여 발견해낸 것이다. 가시광선과 헤르츠파는 '파장 길이 : 반사 물질의 분자적 조건' 사이의 관계가 동일할 뿐, 서로 "동일한 것도 이질적인 것도 아닌 인접한 것"[46]이다. '전자기파'라는 것 자체가 동질적인 유가 아니며, 가시광선과 헤르츠파도 동일한 유의 종들이 아니다. 변환적 사유는 이미 주어져 있는 유와 종차에 의해 실재를 분류하는 것이 아니라, 이질적인 항들 사이를 소통시키는 새로운 관계를 발견하는 사유, 관계의 연결망을 점차 확장해가는 사유다.[47]

가령, 시몽동은 물리학에서의 진보 자체가 순수 귀납이나 순수 연역만으로 이루어진 것이 아니라 변환적 사유를 통해서 이루어졌다고 주장한

45 "유비적 사고는 동일성의 관계들이 아니라 관계들의 동일성들을 찾는 것이다. 그러나 정확히 해야 할 것은, 이 관계의 동일성들이 구조적 관계들의 동일성들이 아니라 작동적 관계들의 동일성들이라는 것이다. 여기서 닮음(ressemblance)과 유비(analogie)의 대립이 발견된다. 닮음은 구조적 관계들로부터 주어진다."(Simondon (2005a), p. 563.)

46 Simondon (2005a), p. 107.

47 예컨대, 파장 길이와 반사물질의 분자적 조건 사이의 관계가 '가시광선'을 구성한다면, 가시광선과 헤르츠파 사이의 관계는 '전자기파'를 구성한다. 즉 요소들 사이의 관계가 개체를 형성하고 개체들 사이의 관계가 앙상블을 형성한다. 이렇게 관계는 차이를 보존하는 변환적 통일성이다. 시몽동의 요소-개체-앙상블은 유와 종을 대체하는 변환적 사유의 범주들이다.

다. '입자-파동의 상보성'(보어) 또는 '파동의 특이성으로서의 입자'(드브로이)와 같은, 물리학에서의 물리적 개체 개념 자체가 변환적 사유의 결과라는 것이다. "파동과 입자의 상보적인 개념들의 '종합'은 사실 순수 논리적인 종합이 아니라, 귀납에 의해 획득된 개념과 연역에 의해 획득된 개념의 인식론적인 마주침이다. 그 두 개념들은 변증법적 운동의 견지에서 테제와 안티테제처럼 종합된 것이 아니라, 사유의 변환적 운동에 힘입어 관계를 맺게 된 것이다. 그것들은 이 관계 안에 그것들 각자의 고유한 기능적 특성들을 보존한다."[48]

시몽동의 물리적 개체화론 자체가 물리학적 개체 개념과 철학적 개체 개념 사이에서 변환적 해답으로 제시된 것이라 할 수 있다. 시몽동은 '입자-파동 상보성'(보어) 개념보다는 '파동의 특이성으로서의 입자'(드브로이) 개념을 더 지지하는데,[49] 이런 물리적 개체 개념은 시몽동의 '개체-연합환

---

[48] Simondon (2005a), p. 111. 시몽동에 따르면, 입자실체주의의 '입자 개념'은 귀납적 사유의 산물이고 파동 에너지주의의 '파동 개념'은 연역적 사유의 산물인데, 어느 노선에서도 물리적 개체에 대한 완전한 표상에 이르지 못하게 되었을 때, 둘 사이의 불충분성과 양립가능성을 산출할 수 있는 새로운 시스템의 발명에 호소하게 된다. 이때 상대성이론과 양자역학이 등장하여 입자와 파동의 양립가능성을 마련한다. 상대성이론은 질량불변의 실체론적 입자 개념을 다른 입자와의 관계 속에서 충격 속도에 따라 질량이 바뀌는 비실체적 입자 개념으로 전환시킨다. 양자역학은 연속적인 에너지에 교환가능한 에너지 양의 한계를 설정하여 이 입자의 비실체성을 파동의 에너지로 보완한다. 이렇게 연속적인 파동 에너지 장과 불연속적인 구조 입자 사이에 양립가능한 관계를 마련한 '양자적 작용'은 입자도 파동도 아닌 '관계' 그 자체로서 '실재'한다. 이와 같이 변환은 이질적인 두 항 사이의 새로운 양립가능성을 산출하되, 양자의 차이를 변증법적(추상적·관념적)으로 종합하는 것이 아니라, 차이 관계를 유지하는 앙상블(개체-환경, 구조-장)의 실재성을 발견하는 것이다.

[49] 시몽동은 슈뢰딩거의 불확실성론과 보어의 상보성이론을 확률적 형식주의(관념론)라고 비판한다. 이들에 따르면 물리적 개체는 어떤 땐 이런 측면, 어떤 땐 저런 측면 식으로 비결정적이고 확률적으로 드러날 뿐이며, 입자와 파동 둘 사이의 '관계' 자체는 아무런 실재적 의미가 없는 형식적이고 인위적인 것에 지나지 않기 때문이다. 반면, 드브로이는 입자를 파동의 특이성으로 간주하고 파동과 입자로 이루어진 그 전체가 하나의 물리적 실재를 이루는 것으로 이해했는데, 여기서는 관계가 존재의 일부로서 실재하며, 실재의 상보적인 두 측면들이 아니라 대상 안에 동시에 주어진 두 실재를 파악하게 하기 때문이다.

경'의 앙상블이라는 물리적 개체 개념과 가깝다. 그렇지만 시몽동의 물리적 개체 개념이 물리학에서의 물리적 개체 개념으로 환원되는 것은 결코 아니다. 시몽동은 물리학의 개념들 역시 "오로지 개체화된 실재에만 적합하고, 전개체적 실재에는 적합하지 않다."고, 입자와 파동은 오히려 "전개체적인 것을 표현하는 두 가지 방식"에 지나지 않는다고, 그러나 물리학의 흐름이 점차 "전개체적인 것의 이론을 향해 나아간다."는 점은 인정할 만하다고 주장한다.[50] 시몽동은 자신의 '전개체적 실재'가 오히려 양립불가능한 것으로 남아 있는 양자역학과 파동역학의 수렴가능성을 보여줄 수 있는 근원적인 개념이라고 자부한다. 한마디로, 시몽동의 물리적 개체화론 자체가 개체발생 문제에서 물리학의 불충분성과 철학의 불충분성을 극복하는 새로운 해법으로서 이질적인 두 영역의 변환적 마주침을 입증하는 사례다. 시몽동은 이 물리적 개체화론을 패러다임 모델로 삼아 점진적으로 생물학적 개체화, 심리사회적 개체화, 기술적 개체화 등에 변환적으로 사용하면서 백과사전적인 지식의 거대한 시스템을 준안정적으로 구축했다.

시몽동의 변환 개념은 나아가 '인식'이란 개념 자체를 갱신한다. 인식은 객관과 주관이라는 두 실체 사이의 관계가 아니라, 객관의 영역에 있는 관계 양상(구조-장, 개체-환경)과 주관의 영역에 있는 관계 양상(수학적 도식들) 사이의 관계라는 것이다. 관계라는 것은 그 자체가 객관의 영역에 있든 주관의 영역에 있든 준안정적이기 때문에, 두 관계 사이의 관계인 인식 역시 절대적인 것이 아니라 준안정적일 수밖에 없다. 그러니까 인식은 절대적인 실체에 대해 맞거나 틀리는 것의 문제가 아니며, 그래서 상대적 인식에 그친다고 무력감을 느껴야 될 것이 아니라, 단지 더 안정적이거나 덜 안정적인 것의 문제인 것이다.

---

50 Simondon (2005a), p. 27.

참과 거짓은 두 실체들처럼 대립하는 것이 아니라, 안정적인 상태 안에 담겨진 관계가 준안정적인 상태에 담겨진 관계에 대한 것처럼 대립한다. 인식은 객관 실체와 주관 실체 사이의 관련이 아니라, 하나는 객관의 영역에 있고 다른 하나는 주관의 영역에 있는 그 두 관계들 사이의 관계다. 이 연구의 인식론적 가정은 두 관계들 사이의 관계가 그 자체로 하나의 관계라는 것이다.[51]

존재와 마찬가지로 사유도 발생적·역사적 측면을 포함하며, 안정성의 정도차를 지니고, 점진적으로 개체화하는 것이다. 물론 이것이 프래그머티즘은 아니다. 관계의 발생이 유용성에 의해 정당화되는 건 아니기 때문이다. 시몽동의 입장은 한마디로 "항들의 인식에 대해서는 유명론, 관계의 인식에 대해서는 실재론"[52]이다.

요컨대, 변환 작동은 시스템에 내재하는 양립불가능하고 불일치하는 것들 사이의 내적 긴장이 과포화되었을 때 새로운 차원(양자의 상위 차원)에서 양자 사이에 공존과 소통이 가능한 관계를 창조하면서 문제를 해결하는 것으로서 개체화의 본질이자 발명적 사유의 특징이다.

개체화론과 기술철학의 관계

시몽동의 철학은 그의 주요 저서에 상응하여 크게 개체화론과 기술철학으로 특징지어진다. 물론 개체화론 자체도 자연과학적인 '물리-생물학적 개체화론'과 인문사회과학적인 '심리-집단적 개체화론'으로 구분될 수 있다. 시몽동은 놀랍게도, 통상적인 분류에 따르자면, 자연학, 인문사회과

---

51 Simondon (2005a), p. 83.
52 Simondon (2005a), p. 84.

학, 기술과학 사이에, 더 세분하자면, 물리학, 생물학, 심리학, 사회학, 기술공학이라는 상이한 학문적 영역들 사이에, '개체화'라는 하나의 논점을 관통시켜 백과사전적 종합의 사유를 범례적으로 보여주고 있다. 분과 학문들의 고도화된 전문성을 넘어서 새로운 융·복합적 사유의 가능성을 찾으려는 오늘날의 학문 경향에 비추어볼 때 그의 사유가 주목받을 수밖에 없는 이유다. 특히 시몽동은 기술에 대해 부수적으로 다루었던 전통적인 철학적 태도와 달리 존재론적 탐구와 동등한 위상에서 기술에 대해 탐구했다는 점에서, 심지어 기술철학을 철학의 본령으로 삼아야 한다고까지 주장했다는 점에서도, 현대 기술 사회에 상응하는 그의 철학의 현재적 의의를 찾을 수 있다.

시몽동의 개체화론은 1958년에 제출된 박사학위 주논문『형태와 정보 개념에 비추어본 개체화』에 실려 있다. 그의 기술철학은 이 주논문과 함께 제출된 부논문『기술적 대상들의 존재 양식에 대하여』에 담겨 있다. 그의 개체화론과 기술론은 동시에 구상되어 제출된 것으로서, 양자 사이의 관계는 두 텍스트에 나타난 상호 참조의 부분들에서 그 긴밀성을 엿볼 수 있다.

가령,『기술적 대상들의 존재 양식에 대하여』는 기술적 대상들과 기술성의 출현을 통상적인 인류학적인 관점이 아니라 독특한 발생적 생성의 존재론적 관점에서 해명하는데, 이것은『형태와 정보 개념에 비추어본 개체화』에서 논의되었던 개체발생론을 명시적으로 전제하는 것이다.[53] 또한『기술적 대상들의 존재 양식에 대하여』제3부에서는 인간과 세계가 서로 합일되어 있던 원초적인 마술적 관계 양상이 상전이하면서 기술과 종교, 과학과 윤리의 상들이 출현한다는 문화 상전이론이 전개되는데, 이

---

[53] "여기서 발생이라는 말은『형태와 정보 개념에 비추어본 개체화』연구에서 일반적인 개체화 과정으로 정의했던 바로 그 의미로 다루어진다."(시몽동 (2011), p. 221.)

는『형태와 정보 개념에 비추어본 개체화』에서 다루었던 '존재의 상전이론'에 유비적인 것이다.

　마찬가지로 그의 개체화론을 이해하기 위해서는 그의 기술에 대한 이해를 참조하는 것이 또한 필수적이다. 개체발생 과정을 은폐하는 질료형상도식을 비판하기 위해 사용한 구체적인 기술적 작용의 사례는『형태와 정보 개념에 비추어본 개체화』제1부 1장과『기술적 대상들의 존재 양식에 대하여』의 결론 모두에서 동일하게 등장한다. 이는 개체화 과정을 이해하기 위해서는 기술적 활동의 작동 방식에 대한 이해가 선행되어야 함을 함축한다.

　개체화 과정을 특징짓는 정보와 변환 개념은 무엇보다 기술적인 토대를 갖는다. 정보의 소통과 변환 작동은 기술적인 것이기도 하고, 존재론적인 것이기도 하고, 인식론적인 것이기도 하다. 존재의 생성과 인식 작용을 해명하는 데 탁월한 범례를 기술적 활동에서 찾는다는 사실 자체가 시몽동 철학의 독특함을 말해주며, 그의 철학 안에서 기술론이 갖는 중요성을 보여준다.

2

기술적 대상의 존재 양식

반(反)기술적 문화중심주의와 기술만능주의의 양극단을 넘어서

문화는 균형 잡혀 있지 않다. 왜냐하면 문화는 미학적 대상들과 같은 어떤 대상들은 인정하고 그들에게는 의미작용들의 세계에 속하는 시민권을 부여하는 반면, 다른 대상들, 특히 기술적 대상들은 단지 사용과 유용한 기능만을 지녔지 의미작용들은 지니지 않은, 구조 없는 세계 속으로 밀어 넣어버리기 때문이다. 불완전한 문화가 현저하게 드러내는 이런 방어적인 거부 앞에서, [역으로] 기술적 대상들을 인식하고 그들의 의미작용을 감지하는 인간들은 미학적 대상이나 신성한 대상의 지위 외에 현실적으로 높이 평가받는 유일한 지위를 기술적 대상에다 부여하면서 자신들의 판단을 정당화하고자 한다. 이로부터 기계에 대한 우상숭배에 불과한, 그리고 이 우상숭배를 통한 동일시를 수단으로 무제약적인 능력을 얻고자 하는 테크노크라트의 열망에 지나지 않는 과도한 기술만능주의가 탄생한다. 권력에 대한 욕망은 기계를 패권의 수단으로 삼고, 이 기계를 가지고 현대식 미약(媚藥)을 만들어낸다. 자신의 동료들을 지배하고자 하는 인간은 안드로이드 기계를 불러낸다. 그는 그 기계를 앞세워 뒤로 물러나면서 자신의 인간성을 그 기계에게 양도한다. 그는 의욕하는 기계, 살아 있는 기계를 만들 수 있다고 꿈꾸면서 생각하는 기계를 만들어내고자 한다. 바로 그 기계 뒤에서 아무런 불안 없이, 모든 위험에서 벗어나서, 무기력감도 모두 지운 채로, 자신이 발명한 그것을 통해 간접적으로 승승장구하며 편안히 쉬기 위해서 말이다. 하지만 이 경우, 상상의 힘으로 인간의 분신이 된 그 기계, 즉 내면성이 박탈되어 있는 그 로봇은 순수하게 신화적이고 공상적인 어떤 존재자를 불가피하게도 아주 분명하게 나타내고 있다. 우리는 그런 로봇은 존재하지 않는다는 것을 정확히 보여주고자 한다.[1]

시몽동의 기술철학은 기술을 폄하하고 배제하는 문화중심주의와 테크노크라트적 기술만능주의의 양극단을 모두 비판한다. 편협한 문화중심주의는 기술적 실재 안에 녹아들어 가 있는 인간의 사유와 몸짓을 보지 못하고 기술적 대상을 비인간적인 것으로 배척한다. 과도한 기술만능주의는 살아 있는 인간의 생각과 행동을 모두 대체할 수 있다고 자동 로봇을 인간과 동일시한다. 시몽동에 따르면, 두 입장은 모두 기술의 본질에 대해, 또 기술적 대상과 인간의 관계에 대해 적합한 인식을 결여하고 있다. 특히 양극단 모두 기술의 목표를 '자동성'의 실현으로 간주한다는 점에서 공통의 오류를 전제하고 있다.

기계를 숭배하는 자들은 일반적으로 기계의 완전성의 정도가 자동성의 정

---

1 시몽동 (2011), pp. 10-11.

도에 비례하는 것처럼 주장한다. 실제로 경험되는 사실을 넘어서, 그들은 전부 기계들로 이루어진 하나의 기계를 구성하는 방식으로 자동성의 증가와 개선을 통해 모든 기계들이 서로 연결되어 하나로 결합될 수 있으리라고 상정한다. 그런데 실제로 자동성은 기술적 완전성에서 아주 낮은 정도에 해당한다. 하나의 기계가 자동적으로 되기 위해서는 작동가능성 대부분과 가능한 사용 대부분을 희생해야만 한다. 자동성, 그리고 오토메이션[자동화]이라 부르는 산업 조직화의 형태로 기계를 활용하는 것은 기술적인 의미작용보다는 경제적이거나 사회적인 의미작용을 더 갖는다. 기술성의 정도를 높이는 것이라고 말할 수 있는 기계들의 진정한 개선은 자동성의 증대에 상응하는 것이 아니라, 오히려 기계의 작동이 어떤 비결정의 여지를 내포한다는 사실에 상응한다. 기계가 외부 정보를 감지할 수 있도록 만드는 것이 바로 이 비결정의 여지다. 하나의 기술적 앙상블이 실현될 수 있는 것은 바로 정보에 대한 기계들의 이런 감수성에 의해서지 자동성의 증가에 의해서가 아니다. 미리 결정되어 있는 작동만 하도록 자기 자신 속에 완전히 닫혀 있는 전적으로 자동적인 기계는 오로지 피상적인 결과물들만 제공할 수 있을 것이다. 고도의 기술성을 부여받은 기계는 열린 기계다. 그리고 열린 기계들의 앙상블은 인간을 상설 조직자로, 기계들을 서로서로 연결시켜주는 살아 있는 통역자로 상정한다. 노예 집단의 감시자이기는커녕, 인간은 마치 연주자들이 오케스트라의 지휘자를 필요로 하듯이 그를 필요로 하는 기술적 대상들 모임의 상설 조직자다.[2]

자동성은 외부 세계와 관계없이 작동할 수 있는 닫힌 시스템의 독립적인 실체성을 전제한다. 그러나 관계론자인 시몽동의 관점에서 볼 때 완벽하게 자동화된 시스템은 근본적으로 불가능하다. 인간이든 기계든 모

---

2 시몽동 (2011), p. 13.

든 개체는 외부 환경과의 관계 속에서 조절되고 변환되는 준안정적 시스템이기 때문이다. 인간의 손을 떠나 작동할 수 있는 자동 로봇에 대한 두려움이나 열망은 결국 개체화된 실재인 기술적 대상의 존재 방식에 대한 부적합한 인식에서 비롯한다. 시몽동의 기술철학은 기술적 실재의 본질과 기술적 대상들의 존재 양식에 대한 정확한 인식, 나아가 기술적 대상들과 인간 사이의 적합한 관계 맺음에 대한 의식화를 통해서 기술의 문화적 가치를 인정하는 균형 잡힌 문화를 실현하고자 한다.

발생적 생성 추적하기: 탐구 방법의 문제

시몽동의 기술철학은 기술적 대상들의 존재 가치에 대한 의식화를 목표로 한다.[3] 이 작업은 우선 기술적 대상들의 발생과 진화를 추적하여 기술적 대상들의 존재 방식을 파악하고, 이를 토대로 기술적 대상들과 인간 사이의 관계가 갖는 시대적 의미를 해명하며, 나아가 기술성 자체의 발생적 본질을 인간과 세계의 관계 양상 전체의 맥락에서 고찰하는 것으로 이루어진다. 여기에 적용된 시몽동의 사유 방법은 기술적 존재의 '발생적 생성(devenir génétique)'을 추적하는 것이다.

『기술적 대상들의 존재 양식에 대하여』 제1부의 표제는 '기술적 대상들의 발생과 진화'다. 또 제3부는 인간과 세계가 맺는 관계의 여러 양상들

---

3 "이 연구는 기술적 대상들의 존재 가치를 일깨우고자 마련되었다. 문화는 기술에 대항하는 방어 시스템으로 구성되었다. 그런데 이 방어는 기술적 대상들이 인간적 실재를 포함하지 않는다고 상정하면서 인간을 방어하는 것처럼 나타난다. 우리가 해명하고자 하는 것은, 그런 문화는 기술적 실재 안에 들어 있는 인간적 실재를 간과하고 있는 것이며, 또한 문화가 자신의 역할을 제대로 수행하기 위해서는 인식과 가치의 형태 아래에 기술적 존재자들도 편입시켜야만 한다는 것이다. 기술적 대상들의 존재 양식에 대한 각성은 철학적 사유에 의해서 실행되어야만 한다. 철학은 과거에 노예제를 철폐하고 인격의 가치를 주장하기 위해 했던 것과 유사한 의무를 이 작업에서도 다해야 한다."(시몽동 (2011), pp. 9-10.)

과 기술성의 발생을 "발생적 생성이라는 가설"[4]에 입각해서 고찰하고 있다. 여기서 발생은 개체화와 같은 의미를 갖는다.

여기서 발생이라는 말은 『형태와 정보 개념에 비추어본 개체화』 연구에서 일반적인 개체화 과정으로 정의했던 바로 그 의미로 다루어진다. 퍼텐셜로 풍부하고 단일성 그 이상이며 내적 양립불가능성을 감춘 채 원초적으로 과포화되어 있는 실재에서 양립가능성이 발견되고 구조의 출현으로 인한 해(解)를 얻어 하나의 시스템이 생성될 때, 바로 그때 발생이 존재한다.[5]

시몽동이 기술적 대상의 본질을 파악하기 위해서 기술적 대상의 '발생적 생성'을 추적하겠다는 것은 결국 개체화의 관점에서 기술적 대상을 해명하겠다는 것이다. 이는 기술적 대상들을 이미 확립되어 있는 유와 종의 기준에 따라 분류하는 방식이 아니다. 기술적 대상을 '유와 종'으로 분류하는 방식은 기술적 대상의 본질을 인간의 도구적 사용으로 환원시키는 것이다.[6] 그러나 발생적 생성을 추적하는 것은 하나의 기술적 대상이 어떤 과정을 거쳐서 그러한 구조의 개체성과 특수성을 갖추게 된 것인지, 그 발생적 진화의 내력 자체를, 시간적·위상학적 차원에서 다른 것들과 주고받은 관계 속에서 파악하는 방식이다.

기술적 대상의 발생은 미학적 대상이나 생명체와 같은 다른 유형의 대상들의 발생과는 그 결정된 양상들에서 구분된다. 발생의 그 특수한 양상들은

---

4 시몽동 (2011), p. 221.
5 시몽동 (2011), p. 221.
6 "사용이라는 것은 이질적인 구조들과 작동들을 유(類)와 종(種) 아래로 모으는데, 이 유와 종은 [한편의] 기계의 작동과 [다른 편의] 다른 작동, 즉 행동으로 인간 존재가 수행하는 작동 사이의 관계 맺음에서 의미작용을 얻는다."(시몽동 (2011), p. 22.)

정태적인 특수성과 구분되어야만 한다. 정태적인 특수성은 대상들의 다양한 유형의 특성들을 고려하면서 발생 이후에나 확립될 수 있는 것이다. 발생적 방법의 적용은 정확히 말하자면 대상들의 총체를 담론에 부합하는 유와 종으로 분배하기 위해 발생 이후에 개입하는 분류하는 사유를 사용하지 않으려는 목적을 갖는다. 한 기술적 존재자가 거쳐온 진화는 이 존재자 안에 기술성의 형태로 본질적인 것으로 남아 있다. 기술적인 존재자, 즉 기술성을 운반하는 존재자는 우리가 수집적(analectique)이라 부를 방식에 따라 그 존재자의 진화의 시간적 의미를 그 존재자 자체 안에서 파악하는 인식의 경우에만 적합한 인식의 대상이 될 수 있을 뿐이다. 이때 적합한 인식이란 기술 교양/기술 문화(culture technique)를 말하는 것이고, 이는 작동으로부터 분리된 도식들을 현실성(actualité) 속에서 파악하는 데 그치는 기술적 지식과는 구분되는 것이다. 기술성의 수준에서 기술적 대상과 다른 존재자 사이에 수직적으로뿐 아니라 수평적으로도 존재하는 관계들에는 유와 종에 의해 진행하는 인식이 적합하지 않다. 따라서 우리는 어떤 의미에서 기술적 대상들 사이의 관계가 변환적인지 보여줄 것이다.[7]

기술적 대상들은 인간의 사용 목적에 종속된 단순 도구가 아니다. 인간과 기계는, '생물학적 창조'와 '기술적 발명'이라는 상이한 영역에서의 과정이긴 하지만, '유비적으로' 동일한 개체화 과정을 거쳐 산출된 개체들이다. 개체화론에 따르면, 개체는 서로 분리되어 있는 질료와 형상이 결합하는 방식으로 형성되는 것이 아니라, 개체화되지 않은 전개체적인 실재로부터 내적 문제를 해결하기 위한 해(解)로서의 개체화 작용에 의해 개체화되는 것으로 발생하는 것이다. 개체는 자신의 발생적 조건을 구성하는 환경의 이질적 요소들과 분리될 수 없는 '관계적 실재'다. 개체

---

7 시몽동 (2011) p. 23, 각주.

의 형태나 기능적 작동은 양립불가능하고 불일치하는 것들의 상호 소통과 공존을 새로운 관계 구조로 실현시키는 것이다. 따라서 기술적 존재의 경우에도, 기술적 개체와 연합환경(지리적 · 기술적 환경) 사이의 분리불가능한 관계를 고려하면서, 문제적인 조건과 이에 대한 해답으로서의 구조화라는 관점에서 기술적 대상의 발생을 추적해야 왜 그러한 구조나 형상으로 그 기술적 대상이 존재하고 작동하는지를 제대로 파악할 수 있다는 것이다.

지금껏 기술적 대상들은 인간을 위한 도구적 사용가치 이상으로는 고려되지 않았다. 기술적 활동 역시 인간적 목적(상업적 · 소비적 관심)에 따라 전문화되었을 뿐이다. 시몽동은 인간과 기술적 대상 사이의 적합한 관계 방식을 수립하기 위해선 무엇보다 기술적 대상들 고유의 존재 방식에 대한 이해가 선행되어야 한다고 본다. 기술적 대상들은 단순한 사용도구가 아니라 생명체와 마찬가지로 자기 나름의 발생과 진화를 겪어 개체화된 것들이다. 자동차 엔진도, 오디오 램프도, 핸드폰도 지금의 구조를 갖추기까지 오랜 세월 수많은 기술적 · 인간적 · 지리적 환경 요소들과의 관계 속에서 영향을 주고받으며 발전해온 것이다. 기술의 본질적인 특성은 현재 주어진 구조의 '지금 여기'에서의 사용가치로 환원될 수 없는, 시공간을 가로질러 증폭 · 확산되는 '변환적 가치'를 지닌다. 역학적이고 전기적이고 열적인 작동 도식들을 상이한 정도로 동시에 갖추지 않은 기계들이 거의 없듯이, 기술적 대상들은 유와 종으로 분류할 수 있는 전문화된 기능성보다는 여러 과학적 원리들과 작동 도식들을 상호 협력적으로 포섭하여 구조화하고 있는 '열린 복수성' 자체가 특징적이다.[8] 하

8 "별로 크지 않은 기술적 앙상블조차 매우 상이한 과학 영역들에 관련된 작동 원리들을 갖는 기계들을 포함하기 때문이다. 이른바 기술의 전문화는 대부분 고유한 의미에서의 기술적 대상들에 대한 외적 관심들(상업의 특수한 형태, 대중과의 관계들)에 해당하지, 기술적 대상들 안에 포함되어 있는 작동 도식들 같은 것에 해당하지 않는다. 기술자들로부터 자신을 구분하고자 하

나의 기술적 대상은 따라서 하나의 다양체라고 할 수 있는데, 이 다양체는 또한 시간을 가로질러 다른 기술적 대상들과도 관계 맺으며 기술성을 증폭·확산시킨다는 특징을 갖는다. 이와 같이 기술적 대상들의 존재 의미를 도구적 가치가 아니라 변환적 가치에서 찾는 것이 시몽동의 혁신적인 시각이다.

따라서 기술의 변환적 본질을 추적하는 발생적 방법론에 의거해볼 때, 시몽동의 기술철학이 "기계에 관한 일반 현상학"[9]을 전개하고자 한다는 일부의 주장은 오해의 소지가 있다.

사실, 시몽동이 『기술적 대상들의 존재 양식에 대하여』에서 '현상학'이란 말을 두 번 사용하기는 한다. 한번은, "기술만능주의는 그 작동들의 실행을 지배하는 조건들과 도식들의 본성을 탐구하는 심층 연구라기보다는 현상학에 더 가깝다."[10]라는 문장에서인데, 이는 기계들의 작동에서 자동성(자동-조절 메커니즘)에만 주목한 사이버네틱스의 한계를 지적하기 위해 사용된다. 여기서 '현상학'의 의미는 기술적 대상들의 진정한 본성 —시몽동의 관점에서는 발생과 진화의 변환적 과정 속에서만 파악될 수 있는 관계적 특성— 을 파악하는 데 불충분한 피상적인 방법, 다시 말해 현시점에 주어져 있는 구조적 현상에 대한 단순한 기술(description)을 암시한다. 다른 한번은, 기술적 대상을 '사용과 노동'이라는 인간적 관점이 아니라 '작동기능(fonctionnement opératoire)'이라는 기술적 관점에서 파악해야 한다는 점을 강조하는 맥락에서, "기술적 대상들의 존재 양식

는 교양인이 기술자들을 경멸하는 편협한 시각을 갖도록 만들어준 것이 바로 기술 외적인 방향에 따라 이루어진 전문화다. 문제가 되는 것은 [전문화의] 의도들이나 목적들의 편협함이지, 기술들에 대한 직관이나 정보의 편협함이 아니다. 역학적이고 열적이고 전기적인, 이 모두를 어느 정도씩 동시에 갖추지 않은 기계들은 오늘날 매우 드물기 때문이다."(시몽동 (2011), pp. 15-16.)

9 Schmidgen (2005), pp.11-18.
10   시몽동 (2011), p. 215.

에 대한 연구는 그것들의 작동 결과들에 대한 연구, 그리고 기술적 대상들을 대면하는 인간의 태도들에 대한 연구에 의해 연장되어야만 할 것이다. 기술적 대상의 현상학은 그래서 인간과 기술적 대상 사이의 관계의 심리학으로 연장될 것이다."[11]라고 언급하는 부분에서 등장한다. 여기서 '기술적 대상의 현상학'은 문맥상 '기술적 대상들의 존재 양식에 대한 연구'에 상응하는 것처럼 보인다. 이때 '현상학'은 기존의 판단 기준이나 편견을 에포케하고 사태 자체를 직시하여 대상의 본질을 파악하는 본질 탐구의 방법으로서 기술적 대상들의 존재 양식을 파악하는 데 적절한 것으로 암시된다. 두 경우를 고려해 살펴보면, 결국 시몽동은 '현상학'이란 말을 부정적으로도 긍정적으로도 사용하는 모호한 모습을 보인다고 할 수 있다.

그러나 앞서 살펴보았듯이, 기술적 대상들의 존재 양식에 대한 연구는 "발생적 방법"[12]에 따라 진행되며, 기술에 관한 존재론적 탐구 전체는 "발생적 해석"[13]에 의거하고 있다. 이 발생적 방법에 따라 밝혀진 기술의 존재론적 본성은 무엇보다 기술에 대한 현상학적 이해와는 거리가 멀다. 가령, 현대 기술에 대한 현상학적 이해는 기술의 반-인간화 경향에 대한 방어적인 태도가 대표적이다. 후설은 자연의 수학적 이념화에 기초한 근대 과학과 더불어 기술이 생활 세계와의 친밀성을 잃어버리고 고도의 정밀함과 완전성을 확보하는 수단으로 전락했다고 비판한다. 하이데거 역시 현대 기술이 자연과 인간을 한갓 부품으로 대상화하고 닦달하게 만든다고 지적하며, 나아가 이러한 현대 기술의 등장은 인간의 의지로 어찌할 수 없는 역사의 운명이라는 것도 깨닫지 못한 채 인간이 기술의 주체

---

11 시몽동 (2011), p. 350.
12 시몽동 (2011), p. 23.
13 시몽동 (2011), p. 221.

인 양 자신의 비인간화와 존재 망각에 오히려 동조하고 있는 것이 더 큰 위험이라고 주장한다. 그러나 시몽동은 기술에 대한 방어적 태도는 기술의 본성에 대한 잘못된 이해에 기반하며 기술의 본성을 제대로 이해하면 기술과 인간의 관계는 상호 협력적 공존과 공진화의 관계임이 드러난다고 주장한다.

시몽동의 관점이 현상학적이지 않다는 것은 '기술적 대상(objet technique)'의 의미에서도 드러난다. '대상'으로 번역된 'objet'는 칸트나 후설의 경우처럼, 인식 주체에 의해 표상되는 인식론적 의미의 대상, 또는 의식 주체에 의해 의미 부여되고 구성되는 현상학적 의미의 대상이 전혀 아니다. 시몽동은 주체에 의한 대상의 인식가능성과 존재 조건보다 주체와 대상이라는 '관계' 자체가 어떻게 발생하게 되는지에 관심을 갖는다. 시몽동에게서 "주체로서의 존재와 대상으로서의 존재는 동일한 원초적 실재로부터 비롯한다."[14] 주체와 대상은 전개체적 실재로부터 개체화 작용을 거쳐 동시에 발생하는 것이다. 말하자면 단일한 실재가 두 항으로 분열하면서 주체와 대상이라는 관계 구조로 변하는 것이다. 여기서 '원초적 실재'는 근원적인 자연으로서 전개체적 실재에 해당하는 존재 자체이지, 현상학적 의미에서의 초월론적 주체가 전혀 아니다.[15] 원초적 실재인 전개체적 존재가 이항대립 구조로 상전이하면서 주

14　Simondon (1989), p.127.
15　Barthélémy (2005), pp.48-59 참조. 시몽동에게서 주체와 대상의 관계는 개체화 작용인 존재의 상전이(相轉移) 결과로서 발생하는 것이다. 바르뗄레미에 따르면, 시몽동이 말하는 원초적 실재는 정적 현상학의 초월론적 주체도 아니고 발생적 현상학의 초월론적 주체도 아니다. 시몽동은 존재의 생성 자체를 시간적 변이가 아니라 시스템의 상전이로 이해하며, 시간도 현상학에서의 초월론적 시간과 달리 원초적 실재의 상전이의 한 차원으로 본다. 시몽동의 이 '원초적 실재'가 갖는 현상학적 존재와의 차이에 대해서는 시몽동의 '전개체적 실재'를 뒤프렌의 '대자연'과 메를로퐁티의 '살'과 비교 고찰하고 있는 김화자의 논문을 참조할 수 있다.(「기술적 대상의 존재: 디지털 이미지의 존재론을 위한 예비적 고찰」,《한국미학예술학회지》통권 제32호, 2010년, 12월, pp. 277-309.)

체화(subjectivation)와 대상화(objectivation)가 동시에 발생한다. 예컨대 인간 생명체와 그에 연합된 환경이 주체와 대상의 구별 없이 합체되어 있다가, 인간은 신령한 사제의 형태로 '주체화'하고 자연 환경은 운반할 수 있는 사물들로 '대상화'하게 되면서, 주체와 대상이라는 관계 방식이, 마치 동일한 전개체적 실재가 상전이하면서 양분되듯이, 발생한다.(대상성과 주체성의 동시 발생에 대해서는 기술성과 종교성의 상전이를 다루는 5장에서 다시 설명될 것이다.) '기술적 대상'은 이런 의미에서 주체화와 동시에 발생한 대상화의 결과물이며, 주체에 '의해서'가 아니라 주체와 '동시에' 동일한 존재론적 원천으로부터 갈라져 나온 존재자다.

'기술적 대상'은 가령 소변기를 화장실에서 떼어내어 '오브제(objet)'로 사용한 뒤샹의 「샘」이라는 예술 작품처럼, 본래의 맥락에서 분리되어 독자성을 띠게 된 기술적 '오브제'의 뉘앙스를 갖는다. 기술적 존재는 처음엔 인공적으로 생산되었으나 점차 자연물에 가까워질 정도로 '구체화'하면서 애초의 생산자나 제작자의 손을 떠나 자유롭게 돌아다닐 수 있는 개체성을 띠게 된다. 마치 부모가 낳은 아이가 자라면서 부모로부터 독립하듯이, 구체화되면서 개체성을 띠게 된 기술적 존재는 자유롭게 돌아다니면서 자연 세계나 인간 세계의 다른 존재자들과 다양한 관계들을 맺는다. "기술적 존재는 자신의 내적 조작들(자기에 대한 관계), 그리고 유기체와 환경 사이의 관계(세계에 대한 관계)를 조정하면서 하나의 대상이 된다. (…) 기술적 존재는 인간에 대한, 그리고 세계에 대한 관계를 개체화하면서 스스로를 대상화한다."[16] 기술적 존재의 자기 관계에 해당하는 내적 조작의 예로는 내연 기관의 '냉각핀'이 구체화되는 것(냉각 기능과 실린더 헤드의 변형 방지 기능을 동시에 하도록 단일한 구조로 발전)을 꼽을 수 있고, 세계에 대한 관계에 해당하는 외적 조정의 예로는 환경과의 인과관

16 Guchet (2010), p.159.

계에서 과진화가 아닌 관계적 적응을 구체화한 '갱발 터빈'의 경우(바닷물을 이용하여 발전기를 돌릴 수 있는 환경 조건 자체를 창조)를 들 수 있다. 이와 같이 기술적 대상은 주체에 의해 단번에 완성되는 것이 아니라 내적·외적 관계망 속에서 개별적인 존재로 발생하고 구체화하는 것이며, 자신의 개별적인 구조나 작동 방식으로 인간과 관계 맺고 세계와 관계 맺으면서 자신의 존재 방식으로 점차 대상화하는 것이다.

이런 점에서 보면, 'objet technique'는 '결정체(물리적 개체화의 결과물)'나 '생명체(생명적 개체화의 결과물)'에 유비될 수 있는 '기술체(기술적 개체화의 결과물)'로 번역하는 것이 나을지도 모른다. 그럼에도 불구하고 'objet technique'를 '기술체'가 아니라 '기술적 대상'이라 번역한 것은, 대상(objet)과 대상화(objectivation)의 관계, 그리고 대상화(objectivation)와 주체화(subjectivation)의 관계를 놓칠 수 없기 때문이다. 대상은 더 근본적인 대상화하는 과정 속에서 포착되는 것이고, 또 대상화는 주체화와 대상화가 동시에 발생하는 더 근본적인 과정 속에서 포착되는 것이다. 시몽동에게서 가장 중요한 존재론적 통찰은 '항들과 동시에 발생하는 관계'의 실재성이다. 주체와 대상은 실체적으로 먼저 주어져 있으면서 서로 관계 맺는 것이 아니라, 동일한 원천에서부터 점차 주체-화하고 대상-화하면서 주체와 대상이라는 관계 항들로 발생하는 것이다. 요컨대 시몽동의 관점이 현상학적이지 않다는 것은, 대상의 존재 조건이나 인식 가능성을 주체에게서가 아니라 주체 이전의 발생적 과정과 생성 조건에서 찾는다는 데 있다. 시몽동은 바로 이런 관점에서 기술적 대상들과 기술성의 발생적 생성을 추적하여 인간중심적이고 인간 지배적인 기술 이해를 넘어서 인간과 기계가 동등한 위상으로 만날 수 있는 존재론적 가능성을 발견한다.

기술적 대상의 발생: 개체화 또는 구체화

기술적 대상은 인공물도 아니고 자연물도 아니다. 인공물이 자연물로부터 '추상화'되는 것이라면, 기술적 대상은 거꾸로 '구체화'하면서 오히려 자연물에 근접해간다. 기술적 대상은 인공물처럼 '지금, 여기'에서 조립될 때 단번에 완성되는 것이 아니라, 시간의 흐름에 따라 형태 변화하고 진화하는 생명체처럼 그 나름의 발생과 진화를 겪는다. 기술적 대상의 형태나 구조는 그 자체로 비결정적이고 준안정적인 것으로서, '기능적 작동'을 점점 더 잘 구현하는 방향으로 '구체화'하면서 자연물의 완전성을 닮아간다. 그러나 기술적 대상이 자연물과 동일시될 수는 없다. 시몽동은 기술적 대상을 생명체와 '유비적'으로 고찰한다. 인공물과 자연물 사이에 놓인 기술적 대상은 '구체화하는 것-자연화하는 것'이라는 점에서 '구체적인 것-자연적인 것'인 생명체와는 본질적인 차이를 유지한다. 사이버네틱스가 '자동성'의 관점에서 기계와 생명체를 동일시했다면, 시몽동은 '자신의 연합환경에 열려 있음'이라는 관점에서 기계와 생명체의 유사성을 볼 뿐이다. 시몽동에 따르면, 사이버네틱스가 특권화된 모델로 삼는 자동 로봇은 기술적 대상의 전형이 아니다. 자동 로봇은 인간을 필요로 하지 않는 닫힌 시스템이며, 자동성은 기술적 완전성에서 아주 낮은 정도에 해당한다. 진정한 기계는 생명체와 마찬가지로 비결정성과 외부 정보에 대한 감수성을 지닌 열린 시스템이며, 따라서 인간을 배제하지 않는다.

기술적 대상 그 자체를 기능적인 중층 결정과 구체화(concrétisation)의 과정을 통해 정의해볼 수 있다. 이 과정은 기술적 대상이 전적인 사용 기구로 생각될 수 없음을 증명하며, 어떤 진화의 끝에서 그 대상 고유의 일관성을 그 대상에게 제공한다. 이 발생의 양상들은 기술적 대상의 세 수준들인 요소, 개체, 앙상블과 그것들의 비-변증법적인 시간적 상호 조정을 파악할 수

있게 한다.[17]

　기술적 대상의 단일성, 개체성, 특수성은 그것의 발생이 지닌 일관성과 수렴의 특성들이다. 기술적 대상에게 발생은 존재의 일부를 이룬다. 기술적 대상은 자신의 생성에 앞서 있지 않은 것이지만 그 생성의 각 단계에 현존하는 것이다. 기술적 대상 하나가 생성의 단위다. 가솔린 모터는 단순히 시공간상에 주어진 이러저러한 특정 모터에 불과한 것이 아니라, 최초의 모터들에서부터 오늘날 우리가 알고 있고 여전히 진화하고 있는 모터들에까지 이어지는 일련의 계속성과 연속성이 있다는 사실을 보여준다. 이런 까닭에, 계통발생적 계열에서처럼, 진화에서 정해진 한 단계는 형태들의 진화 원리에 속하는 역동적 도식들과 구조들을 자체 안에 품고 있다. 기술적 존재는 자기에 대한 적응과 자기에로의 수렴을 통해서 진화한다. 즉 그것은 내적 공명의 원리에 따라 내부에서 스스로를 통합한다.[18]

　기술적 대상들의 발생과 진화는 인간의 필요나 유용성 때문이 아니라 시스템 내부에 제기된 양립불가능성과 과포화된 불일치의 문제들을 해결하려는 내적 필연성에 따라 전개된다. 다시 말해, 기술적 실재의 개체화는 '구체화'로 드러난다. 구체화는 기술적 대상들이 내적 환경(기술적 요소들의 환경)과 외적 환경(지리적·인간적 환경)과의 관계 속에서, '추상적인 양태'로부터 '구체적인 양태'로, 다시 말해 구성 요소들의 부정합적인 조합과 분리된 기능들의 복잡한 작동 방식으로부터 구성 요소들의 상호 협력적이고 다기능적인 융합과 단순화된 작동으로 변화하는 과정을 말한다. 가령, "오늘날의 엔진에서 각각의 주요 부품은 에너지의 상호 교환

17　시몽동 (2011), p. 18.
18　시몽동 (2011), pp. 23-24.

을 통해 다른 부품들과 더할 나위 없이 잘 연결되어 있다. 연소실의 형태, 밸브들의 크기와 형태, 피스톤의 형태가 수많은 상호 인과 작용이 존재하는 동일한 시스템의 부분을 이룬다. (…) 오늘날의 엔진은 구체적인 엔진인 반면, 옛날의 엔진은 추상적인 엔진이라고 말할 수 있을 것이다. 옛날 엔진에서는 각각의 요소가 사이클 안에서 특정한 순간에 개입하고 다른 요소들에게는 작용하지 않는 것으로 간주된다. 이 엔진의 부품들은 서로를 알지 못하면서 각자 자기의 역할에만 충실히 일하는 사람들과 비슷하다."[19]

　시몽동의 예를 들자면, 라디오 램프(전극관)는 단번에 완성된 기술적 대상이 아니다. 최초에 '비대칭적 컨덕턴스'라는 기술적 본질이 2극관의 등장과 더불어 발생했고, 이 기술적 본질을 점점 더 구체화하는 방식으로 3극관, 4극관, 5극관이 등장했다. 2극관에다가 전류 '제어그리드'를 넣은 것이 3극관이고, 3극관의 작동을 방해하는 내적 장애(발진 현상)를 해결하기 위해 '스크린그리드'를 넣은 것이 4극관, 4극관의 내적 결함인 2차 전자 방출 현상을 억제하기 위해 '억제그리드'를 넣은 것이 5극관이다. 5극관에서는 세 그리드의 기능이 상호 협력적으로 수렴되어 작동한다. 전극관은 이렇게 3극관에서 5극관으로 기술적 문제를 해결해가는 방향으로 진화해 나가면서, 구성 요소들 간의 상호 작용에서 비결정의 여지를 줄이고 양립불가능할 정도로 분기된 여러 기능들의 과포화 상태를 중층 결정적이고 다기능적으로 수렴하여 단순화된 구조로 구체화했다. 기술적 진보란 기능들의 '분리'와 '포화'가 기능적 상호 협력 효과들의 발견으로 이어질 때, 즉 3극관의 제어그리드가 5극관에서 세 개의 그리드로 '분화'하면서 "각각의 구조적 요소가 단 하나의 기능이 아닌 여러 기능들을 수행"하는 방식으로 '구체화'할 때 이루어진다.

---

19 시몽동 (2011), pp. 24-25.

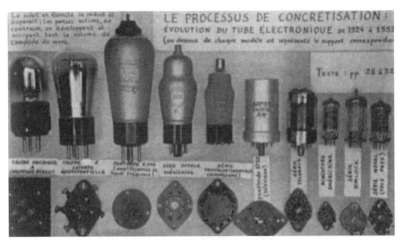

전극관의 구체화 과정(1924~1952)

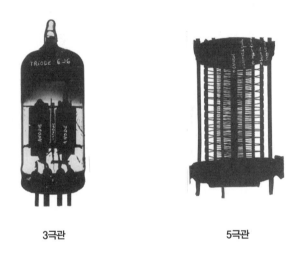

3극관   5극관

　구체화하는 기술적 대상은, 따라서 인공적인 조립물이라기보다는 과
학적 인식에 부합하며 객관적 자연법칙에 따라 상호 작용하는 물리화학
적 시스템이라 할 수 있다. 과학의 발달은 물론 구체화하는 기술의 발달
에 기여한다. 그렇다고 해서 기술이 전적으로 과학에 의존하는 것은 아
니다. 과학적 인식이 포착하지 못하는 기술적 발명의 예측불가능성이 있

기 때문이다. 오히려 새로운 기계야말로 어떤 구조나 작동 방식의 객관적 실재성을 입증하면서 과학적 지식의 발달에 기여하기도 한다. 기술적 발명과 과학적 인식의 이런 상호 협력적인 수렴이 기술적 대상의 구체화와 자연화를 촉진한다.[20] 이런 구체화는 인간적 의도, 사회경제적 요인, 상업적 이유 등과는 독립적으로 기술적 요인에 따라 진행된다.

만일 기술적 대상들이 적은 수의 특수한 유형들을 향해 진화한다면, 이는 내적 필연성 덕분이지 경제적인 영향들이나 실천적인 요구들 때문이 아니다. 즉 일관 조립 작업이 규격화를 산출하는 것이 아니라, 오히려 내생적인 규격화가 일관 조립 작업을 존재하게 하는 것이다. (…) 가내 수공업이 기술적 대상들의 진화에서 원초적인 단계, 즉 추상적인 단계에 해당한다면, 산업은 구체적인 단계에 해당한다.[21]

기술적 대상의 구체화는 요소들의 다기능적 수렴을 의미한다. 구체화-수렴 과정의 점진적인 자동화가 기술적 진화의 '내적 필연성'을 특징짓는다. 따라서 장인의 기술적 대상이 추상적인 것이라면 산업의 기술적 대상은 구체적인 것이다. 그런데 이를 1960년대 대부분의 기술철학자들과 문명사가들이 비판하던 산업화를 시몽동이 지지한 것이라고 이해하면 안 된다. 가령 각 부품들이 표준화되어 있지 않으면 프린터기 한 대도 만들기 어렵다는 의미에서, 구체적인 것은 표준적 규격화를 통해 산업화될 수

---

20 이런 점에서 보자면, 구체화하는 기술적 대상들을 다루는 시몽동의 '일반 기술공학(technologie générale)이나 기계학(mécanologie)'은, 과학과 기술의 상호 작용을 강조하기 위해 오늘날 라투르(B. Latour)와 같은 과학기술 사회학자들이 주장하는 '기술과학(techno-science)'을 선구적으로 예견한 것이라고 볼 수 있다. 라투르는 특히 실험실 기계들의 안정화와 과학적 사실의 구성이 동시적임을 기술과학 개념으로 설명하고 있다.(이중원, 홍성욱 외 (2008), pp.128-131 참조.)
21 시몽동 (2011), p. 30.

있을 정도로 안정적 구조화를 구축한 것이라는 의미로 이해해야 한다.

물리적 개체화나 생명적 개체화와 마찬가지로 기술적 개체화의 경우에서도, 개체는 양립불가능하고 불일치하는 것들 사이의 관계 문제를 새로운 구조화로 해결하면서 또한 자신의 존재 조건으로 연합되어 있는 환경과의 관계 속에서 '개체-연합환경'의 쌍으로 발생한다.[22] "모든 개체들과 마찬가지로, 구체적인 기술적 대상은 자기에 대한 관계와 세계에 대한 관계 사이의 관계로서 정의된다."[23]

예를 들어, 수력 발전기의 일종인 갱발(Guimbal) 터빈은 개체와 연합환경이 동시에 창조되는 개체발생의 모범 사례로서, 기술적 환경과 자연적 환경 사이의 양립불가능성과 불일치를 해결하는 새로운 기술-지리적 환경과 동시에 그러한 환경 속에서만 작동할 수 있는 새로운 구조를 발명함으로써 발생한 것이다. 이 터빈은 수압관 안에 잠겨 있고, 압축 기름통 속에 넣은 작은 발전기와 연결되어 있다. 바닷물은 터빈과 발전기를 돌리는 에너지도 가져오고 발전기의 열을 식히는 냉각 기능도 한다.(물의 다기능성) 압축된 기름은 발전기를 부드럽게 돌아가게 하면서 절연 기능과 방수 기능도 한다.(기름의 다기능성) 물방수와 전기 절연의 문제를 해결하면서 물과 기름의 이중 매개로 냉각 효율을 높인 것이 또한 수압관 속에 들어갈 정도로 발전기의 크기를 축소시킬 수 있게 했다.(발전기가 작으면 과열 위험이 크다.) 이와 같이 물과 기름이 양립불가능성을 극복하고 상호 협력적이고 다기능적으로 작동할 수 있는 새로운 관계망의 발명과 더불어 수압관 속에 들어가 작동할 수 있는 발전기의 형태적 조건이 동시에 발명되면서 갱발 터빈은 기술적 개체로서 존재할 수 있게 된 것이다.

---

22 기술적 대상의 개체화는 심리적-집단적 개체화와 마찬가지로 이미 개체화된 존재인 생명체를 전제한다. 따라서 시몽동은 기술적 '개체화'도 일차적인 생명적 개체화 이후에 출현하는 이차적 개체화라는 의미로 '개별화'라 언급하기도 한다.

23 Guchet (2010), pp. 157-158.

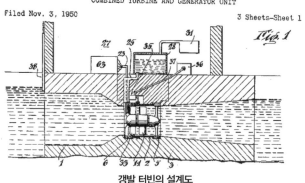

April 7, 1953   J. C. GUIMBAL   2,634,375

COMBINED TURBINE AND GENERATOR UNIT

Filed Nov. 3, 1950   3 Sheets—Sheet 1

갱발 터빈의 설계도

갱발 터빈이라는 기술적 개체의 발명은 그 개체의 기술적 작동의 조건이 되는 기술-지리적 환경을 동시에 창조하면서 실현된다. 존재와 존재의 조건이, 다시 말해 개체와 그 연합환경이 동시에 발생하는 것이다.

아리스토텔레스가 '벽돌의 예'를 통해 질료형상도식(진흙과 주형틀)에 따른 개체발생과 기술에 대한 인간중심적 이해(인간 의도의 실현)를 보여주었다면, 시몽동은 '갱발 터빈의 예'를 통해 불일치의 조절과 내적 문제 해결을 위한 소통과 공명으로서의 관계 구조 발명이라는 새로운 개체발생과 기술에 대한 반-질료형상적·반-인간중심적 이해를 보여준다. 갱발 터빈과 같은 기술적 개체는 기존에 불일치하고 양립불가능했던 것들 사이에서 찾아낸 소통가능성과 새로운 관계 맺음을 물리적으로 실현한 것으로, 그러한 구조나 형태의 발생 자체가 정보화의 결과다. 변환과 정보의 관점에서 보자면, 구체화된 기술적 대상들의 구조와 작동 방식 자체는 내적으로는 다른 기술적 대상들과, 외적으로는 자연 환경과 변환적이고 정보 소통적인 관계 맺음을 구현하고 있는 것이다. 생명체와 마찬가지로 기술적 대상도 안과 밖 사이의, 그리고 입력과 출력 사이의 불일치와 양립불가능성을 탁월하게 조절하고 있는 변환기인 셈이다. 기술적 대상들은 기술과 자연 사이에 소통을 실현하고 있는 정보 매체다.

데카르트적 기계, 구체화하는 기계, 사이버네틱스 기계

시몽동의 주장대로, 기술적 대상들이 인간의 의지와 독립적인 자기 고유의 존재 방식을 갖는다는 것은 두 가지 의문을 제기할 수 있다.

첫째, 시몽동은 사실상 기술 발달 과정에 개입하는 수많은 기술 외적 요인들, 즉 정치적 · 경제적 · 군사적 · 상업적 요인들에 대해서 지나치게 눈을 감고 있는 건 아닐까? 가령, '기술의 사회적 구성론'에 따르면, 기술은 자체의 논리에 의하여 단선적으로 발전하는 것이 아니라 정치-경제-문화와 같은 사회적 요인들의 개입에 따라 기술화의 속도와 방향, 기술의 형태, 기술의 결과가 달라질 수 있기 때문이다. 또는 보드리야르처럼, "근본적인 진리에 근거를 두고 있는 기술적 모델은 우리의 관심을 끌지 못한다."[24]고 시몽동 입장을 비판할 수도 있다. 현대 사회에서는 기술적 대상들의 본질적인 측면(기능적 작동과 구조적 정합성의 구축)보다 비본질적인 측면(기호로서 소비되는 사회적 · 심리적 요인)이 지배적으로 고려되어야 한다고 보기 때문이다.

물론 시몽동은 그런 비-기술적 요인들의 간섭이 없다거나 중요하지 않다고 주장하지 않는다. 가령 소비자의 취향과 같은 상업적 요인과 부딪쳤을 때 구체화의 기술적 필연성은 실현되지 않을 수 있다. 그래서 기술

---

24 보드리야르 (2011), p. 11. 보드리야르의 『사물의 체계』(1968)는 기본적으로 시몽동의 『기술적 대상들의 존재 양식에 대하여』(1958)에 제시된 기술적 대상들의 본질에 대한 이해를 중요한 논거로 참조하고 있다. 보드리야르가 시몽동의 불충분성을 지적하는 점은 현대 사회의 소비와 유행의 측면에서 대상들의 일상적인 시스템을 고찰할 때 이런 기술적 · 구조적 분석만으로는 부족하다는 것이었다. 그러나 보드리야르의 기호학적 분석과는 다른 맥락에서 시몽동 역시 대상들의 일상적 측면에 대한 기술미학적 분석을 시도했다. 시몽동의 기술미학에 대해서는 이 책 5장에서 자세하게 다루어진다.

적 조건보다는 비-기술적 조건들의 영향을 많이 받는 자동차 관련 기술들이 기술적 대상들의 본질적 측면을 규명하는 데 부적합하다고 시몽동은 보았다. 그러나 시몽동의 의도는 정작 그런 요인들 때문에 오히려 기술의 실재적 본성이 간과되어왔음을 부각시키는 데 있다. 시몽동은 기술과 사회의 일반적 관계보다는 기술적 실재의 개체화에 초점을 맞추고 있다. 따라서 시몽동이 '블랙박스'에서 건져낸 기술적 대상의 본질적 특성은 인간을 위해 결정된 도구로서의 사용가치보다는 자연적이고 인간적이고 기술적인 여러 조건들과의 관계 속에서 구체화되는 '기능적 작동'에 있다. 어떤 기술적 대상의 형태로 구조화된 기능적 작동에는 자연과 인간 두 힘들 간의 상호 조절 노력이 들어 있다. 기술적 대상의 구조는 자연적 실재와 인간적 실재를 모두 반영한다. 기술적 대상들의 계통발생적 기원에 인간 생명체에 의한 기술적 본질의 발명이 있다는 점에서, 그리고 기술적 대상들의 구체화에 인간의 기술적 활동이 요구된다는 점에서, 기술적 대상 안에는 이미 인간적인 것이 들어 있다. 한마디로 기술적 대상은 자연법칙에 따르는 물리화학적 시스템으로서 자연적인 것과 분리되지 않는 것이면서 동시에 인간의 기술적 활동이 스며들어 있는 발명물이라는 점에서 인간적인 것과도 분리되지 않는 것이다. 기술적 대상들은 그 자체로 자연과 인간의 혼합물이며, 그 구조와 작동을 통해서 자연과 인간의 관계를 매개한다. 시몽동은 기술적 대상의 기능과 구조의 발전이 오로지 인간적 의도만으로 이루어지는 것은 아니며, 양립불가능하고 불일치하는 힘들 사이의 변조와 변환의 관계 맺음을 통해 이루어진다는 점을 강조하는 것이다.

둘째, 시몽동은 기술적 대상들의 절대적 자율성을 주장하는 것인가? 기술이 발달하면 인간의 통제를 벗어나는 기술적 대상들이 결국 인간을 위협하게 될 것인가? 시몽동의 구체화하는 기계는 물론 데카르트적 기계로 환원되지 않는다. 데카르트적 기계는 인간의 의도대로 작동하는 안정적인 실체로서 기계적 메커니즘을 구조화하고 있기 때문이다. 오히려 시몽동의 기계는 피드백 메커니즘을 통해 자기-조절하는 자동화 시스템으로서의 사이버네틱스적 기계와 유사해 보인다. 그렇다면 시몽동의 구체화하는 기계가 장차 자동성이 극대화되어 인간의 개입이나 통제를 벗어나 예측불가능하게 작동할 수 있는 이른바 '폰 노이만적 기계'가 될 거라고 할 수 있을까?[25]

시몽동이 당대의 사이버네틱스로부터 상당한 영향을 받았음에도 불구하고 사이버네틱스와 자신을 차별화하고자 애쓴 논점 중 하나가 바로 여기다. 시몽동 기계의 자율성은 결코 타자(인간)를 배제하지 않는다. 시몽동의 기술적 대상들은 고유의 개체화 과정과 존재 방식을 지니지만 본질적으로 인간을 필요로 한다. 언젠가는 기계가 인간을 위협하고 대체할 거라는 생각은 사실 SF 영화의 상상력에 지나지 않는다. 기계는 완결되지 않는 구체화 과정을 겪는다는 점에서 비결정성을 지닌 생명체를 닮았지만, 결정된 구조나 형태로 구성 요소들이 상호 인과 작용하는 체계이지 그 구조 자체를 변경하기 위해 스스로 정보를 생산하고 소통시키는 자발적 역량은 결여되어 있기 때문에 생명체와 동일시될 수는 없다.

시몽동은 타자와의 관계를 전제하는 '정보'와 '소통'의 관점에서 기계와 인간의 관계를 바라본다. 기술적 실재의 경우에 '구체화'로 나타나는 기술적 개체화 작용은 본질적으로 이미 '정보'를 전제한다. 기술적 존재가 본성상 '구체화'를 겪을 수밖에 없다는 사실은 이미 인간의 개입을 전제한다. 구체화는 물질적 인과성만으로는 산출될 수 없는 것이며 내적

---

25 Bensaude-Vincent & Guchet (2007), pp. 71-89. 이 논문은 '데카르트의 역학적 기계'와 '폰 노이만의 복잡하고 통제되지 않는 기계' 사이에 '시몽동의 구체적 기계'를 자리매김하면서, 시몽동의 기계가 나노 기계를 이해하는 데 현실적으로 적합하다는 점을 주장하고 있다. 시몽동의 고전적인 기계 개념을 첨단 나노 기술과 관련시켜 그 현대적 시사성을 구체적으로 논의하고 있다는 점에서 주목할 만한 글이다.

비결정성의 여지를 조절할 정보의 소통과 이에 따른 구조 변화를 동반하기 때문이다. 여기서 시몽동이 말하는 정보는 미리 정해진 신호를 송신자로부터 수신자로 일방적으로 전달하는 것이 아니라, 서로 불일치하는 두 항이 동시에 참여하는 하나의 긴장된 앙상블이 형성될 때, 따라서 새로운 구조로 시스템 전체를 변화시킬 수 있을 때 성립할 수 있는 것이다. 정보는 단순한 메시지의 전달이라기보다 이질적인 것들 사이에서 새로운 구조와 형태를 발명하는 작용이다. 정보를 새로운 구조화나 형태화와 연결시켜 이해하는 이와 같은 시각에서 구체화를 고려하면, 시몽동적 기계들은 인간과의 관계를 떼어내어 생각할 수 없다. 왜냐하면 생명체와 기계는 본질적으로 '변환기'의 공통된 특성을 지니지만, 다시 말해 둘 다 퍼텐셜 에너지(input)를 다른 형태로 현실화(output)하는 변조 작용을 할 수 있지만, 자신의 형태나 구조 변화를 위한 정보의 생성과 소통에서는 양자 간에 본질적인 역량 차이가 있기 때문이다. 즉 기계들은 인과 도식에 따라 결정되어 있는 작동을 하므로 주어진 정보를 처리하는 능력은 있지만, 문제를 제기하고 제기된 문제의 해결책을 찾기 위해 스스로 형태를 변화하는 자발적 역량은 없기 때문이다. 기술적 대상들이 그 자체로 정보의 구현물이긴 하지만, 불일치하는 것들 사이에서의 구조화, 즉 무의미한 것들 사이에서의 정보화를 창출하는 것은 생명체의 역량에 속한다. "기계들에게는 문제들이라는 것이 없고, 다만 변환기들이 변조하는 데이터들이 있을 뿐"이지만, "생명체는 그 자신에게 스스로 정보를 제공하는 역량", "해결해야 될 문제들의 형태를 변경하는 역량"을 지니고 있기 때문이다.[26] 따라서 생명체로서의 인간이 기술적 요소들이나 기계들 사이에 상호 정보를 소통시켜주고 기술적 작동을 새롭게 구조화하는 '발명가'이자 '조정자'로서 기술적 대상들에게 필수적이다. 도구나 연장의 '요소' 수

---

26 시몽동 (2011), p. 207.

준으로부터 구체화된 기계의 '개체' 수준으로, 다시 기계 개체들의 연결 망인 기술적 '앙상블'의 수준으로 기술성이 점차 진화해 나갈 때, 기술적 대상들의 형태를 변화시키고 기계들 간의 관계를 새롭게 조정하는 것은 바로 '기술적 인간'이다. 따라서 마치 오케스트라와 지휘자처럼, "인간은 자기 주위에 있는 기계들의 상설 발명가이자 조정자로서 존재"하며 기술 적 대상들과 인간은 각자 고유의 존재 방식과 기능적 역할이 있는 동등 한 위상의 존재자들로서 상호 협력적으로 관계 맺는다.

가령, 시몽동이 인간과 기계의 상호 협력적 관계의 예시로 든 '초창기 전화기(기계의 신호를 보고 호출된 교환원이 연결시켜주는 전화)'의 경우는 기계 의 기억과 인간의 기억 사이의 본질적인 차이를 전제로 한다. 인간의 기 억이 구조와 형태를 선별하며 이전 것과 이후 것의 통합과 이에 따른 해 석을 가능하게 하는 가소성을 지닌다면, 기계의 기억은 무질서하고 구조 화되어 있지 않은 대량의 자료들을 무차별적으로 저장할 수 있는 능력이 탁월하다. '호출 전화'라는 1950년대 발명된 이 기술적 실재는 이질적인 두 기억의 상호 협력 작용 속에서 "동일한 자기 조절 작용 기능들이, 인 간에 의해서만 또는 기계에 의해서만 실행될 때보다 인간-기계 쌍에 의 해 더욱 섬세하게 훨씬 더 잘 실행될 때"[27] 출현할 수 있었던 것이다. 운 전자의 기억만으로도 힘들고 내비게이터에만 의존해서도 힘든 최적의 길 찾기를 가장 잘할 수 있는 것이 바로 '운전자-내비게이터 앙상블'인 것과 같은 이치다.

---

27 시몽동 (2011), p. 174.

기술적 실재의 진화: 이완 법칙

통상 기술적 대상의 진화에는 '연속적이지만 부수적인 개선'과 '불연속적이지만 주요한 개선'의 두 가지 방식이 교차한다.

하나는 작동의 상호 협력 효과를 본질적으로 증가시키면서 기능들의 분배를 변경하는 것이고, 다른 하나는 이 분배를 변경하지 않으면서 남아 있는 대립들의 해로운 귀결들을 축소시키는 것이다.[28]

연속적이지만 부수적인 개선의 경우는 기술적 대상의 작동에서 불편함을 축소시키는 것이다. 가령, 엔진 속에 규칙적으로 윤활유를 넣는다거나, 저항력이 더 강한 금속을 사용한다거나, 캐소드의 피막을 어떤 산화물로 싼다거나 하는 식이다. 불연속적이지만 주요한 개선의 경우는 장애를 산출하는 구조 자체를 변경하고, 상호 협력 효과를 높이는 방식으로 기능들을 재배치하는 것이다. 3극관에서 5극관으로, 크룩스관에서 쿨리지관으로, 가스모터에서 디젤모터로의 변이처럼, 기술적 대상의 구체화가 바로 이 경우에 해당한다.

기술적 대상을 특수하게 만들어주는 구조의 개조들이야말로 그 대상의 생성에서 본질적인 것을 구성한다. 비록 과학들이 어떤 시기에는 발전하지 않을지라도, 특수성을 향한 기술적 대상의 진보는 달성될 때까지 계속될 수 있다. 이 진보의 원리는 사실상 기술적 대상이 자신의 작동 안에서, 또한 이 작동의 활용 결과에 대한 반응 안에서 자기 자신을 스스로 만들어내고 조건 짓는 방식 바로 그것이다. 기술적 대상은, 하위 부품들을 조직화하는 추상적 작업에서 비롯된 것으로, 상당수의 상호 인과 작용하는 관계들의 무대

---

28 시몽동 (2011), p. 56.

다. 바로 그 관계들이야말로, 기술적 대상이 활용 조건들에서의 어떤 한계들에 입각해서 자기 고유의 작동 내부에 있는 장애물들을 발견하도록 만드는 것이다. 진보를 이루기 위해 극복해야 할 일련의 한계들은 하위 부품들의 시스템이 점진적 포화 상태에 이르러 발생시키는 양립불가능성들, 바로 그 안에 있다. 그러나 대상의 본성 자체 때문에 그런 극복은 어떤 도약에 의해서만, 즉 기능들의 내적 배치를 변경하고 그것들의 시스템을 재배열함으로써만 이루어질 수 있다. 다시 말해 장애물이었던 것이 또한 실현 수단이 되어야 하는 것이다.[29]

양립불가능할 정도로 포화된 요소들 간의 갈등과 내적 장애를 새로운 구조의 실현 조건으로 전환시키는 것, 분리된 기능들 간의 추상적 관계를 다기능적 상호 협력 체계로 구체화하는 것, 바로 이것이 '불연속적이지만 주요한 개선'에 해당하는 경우로서 기술적 진화의 계기가 될 수 있다. 기술적 대상의 구체화, 다시 말해 기술적 개체의 발명이야말로 거시적인 차원에서 기술적 실재의 진화를 바라볼 때 양자적 도약의 계기를 마련하는 것이다. "기술적 대상의 개선에서 진정한 단계들은 돌연변이들에 의해서, 그러나 방향을 지닌 돌연변이들에 의해서 이루어진다."[30]

시몽동에 따르면, 기술적 대상들의 진화는 생명체의 진화와 차별화되는 '이완(relaxation) 법칙'을 따라 전개된다. 생명체가 '기관-개체-집단'의 수준을 갖듯이, 기술적 대상들도 '요소-개체-앙상블'의 세 수준에서 고려될 수 있다. '요소'가 개체를 구성하는 부품들, 연장이나 도구들에 해당한다면, '개체'는 자신의 '연합환경'과 순환적 인과관계를 통해 독자적인 기능적 작동과 단일성을 갖게 된 기계들이라고 할 수 있으며, '앙상블'은

29 시몽동 (2011), p. 37.
30 시몽동 (2011), p. 60.

이 기술적 개체들이 느슨한 연대로 집단적 연결망을 이루고 있는 공장이나 실험실이라고 볼 수 있다. 생명체의 경우에는 요소적 기관들이 개체로부터 분리될 수 없지만, 기술적 대상들의 경우에는 요소들이 자유롭게 분리되어 새로운 개체를 구성할 수 있다는 특징이 있다. 즉 공장에서 생산된 부품들은 정해진 용법에 따르지 않고 새로운 발명의 계기가 될 수 있다. 기술적 '앙상블'에서 기술성을 실어 나르는 '요소'들이 산출되면, 이 요소들 간의 관계 맺음을 통해 새로운 '개체'가 발명되고, 이 개체들 간의 관계 맺음을 통해 다시 새로운 기술적 '앙상블'이 구현된다. 과거 기술적 앙상블의 축적물인 요소들(부품)이 새로운 구조의 개체(기계)로 발명되면 이 개체들로 조직화된 새로운 앙상블(공장)이 구성되며 여기서 다시 새로운 요소들이 산출된다.

기술적 대상들의 진화에서, 이전의 앙상블들로부터 이후의 요소들에로 가는 인과 작용의 이행을 목격할 수 있다. 개체 안에 도입되어 개체의 특성들을 변경하는 그 요소들은 기술적 인과 작용이 요소들의 수준에서 개체들의 수준으로, 다시 이 개체들의 수준에서 앙상블들의 수준으로 올라가게 만든다. 이로부터 다시 새로운 순환이 만들어지는데, 여기서는 기술적 인과 작용이 제작 과정을 통해서 요소들의 수준으로 내려온 다음, 다시 새로운 개체들의 수준에서 재생되고, 그 다음 다시 새로운 앙상블들의 수준에서 재생된다. 그러므로 인과 작용의 계보는 이런 식으로 직선이 아닌 톱니 모양으로 존재하며, 동일한 실재가 요소의 형태로 있다가, 그 다음 개체의 특성으로, 마지막엔 앙상블의 특성으로 존재하게 되는 것이다.[31]

예컨대, 18세기의 수공업적 공장(앙상블)에서 만들어진 스티븐슨의 연

---

31 시몽동 (2011), p. 100.

동 장치와 연관식 보일러(요소들)가 19세기 초 기관차(개체)라는 새롭게 발명된 구조 속으로 들어가고, 다시 높은 효율의 이 열역학적 개체들이 철도에 의해 연결된 거대한 산업 집중화(앙상블)를 산출하면 이 열역학적 앙상블에서 다시 구리 케이블이나 사기 절연체와 같은 새로운 전기 기술적 요소들이 발생한다. 이렇듯 기술적 대상들은 '앙상블→요소→개체→다시 앙상블 …'의 방식으로 세 수준들을 오가며 직선 모양이 아니라 톱니 모양으로 정보로서의 기술성을 운반하며 변환적으로 진화 발전해 나간다. 이완 법칙에 따른 기술적 대상들의 진화는 요소적 수준(과거)과 앙상블적 수준(미래) 사이에 새로운 개체의 발명을 통해 불연속적으로 도약하며 진행된다. 바꿔 말하자면, 서로 불일치하는 요소적 수준(과거)과 앙상블적 수준(미래)을 매개하며 소통시키는 것이 바로 새로 발명된 개체인 셈이다.

생물학적 진화와 다른 기술적 진화의 특징은 무엇보다 생물학적 기관들과 달리 기술적 요소들이 갖는 분리와 결합의 자유로움에서 비롯한다. 기술성을 정보처럼 전파하는 기술적 요소들은 개체화하면서(개체를 발생시키면서) 불연속적인 도약을 통해 기술적 연속성을 유지하는 변환적 진화의 방식을 가능하게 한다. 변환적 진화는 하위 수준의 내적 문제를 상위 수준에서의 구조화를 통해 해결하는 방식, 또는 이전의 정보를 새로운 크기의 차원에서 증폭 소통시키는 비-변증법적인 방식, 즉 대립을 해소하여 추상적 단일성으로 회귀하는 종합이 아니라 대립과 차이를 보존하여 통합하되 바로 그 대립과 차이로 인해 가능한 새로운 관계 구조를 발명하는 방식을 말한다. 바로 이런 의미에서, 기술적 대상들은 요소, 개체, 앙상블의 수준에서 다른 기술적 대상들과 변환적 관계를 맺고 있다.

3

발명

시몽동과 베르그손

시몽동은 발명을 기술적 차원에서 존재론적 차원으로 확장시켜 사유한 최초의 철학자다. 그는 발명을 발생적 생성의 일반적 작동으로 이해한다. 그의 전 철학을 특징짓는 핵심 키워드 '변환 작동'이 곧 발명 활동이다. 그의 철학을 한마디로 '발명철학'[1]이라 정의해도 무방하다. 마수미(B. Massumi)는 언어학적 모델에 의거한 1990년대 구성주의(constructivism) 철학의 경향 ―주로 인간 주체의 사회문화적 구성 문제에 몰두했던― 으로부터 시몽동의 '발명주의(inventivism)'를 차별화하면서 정보이론과 동연적인 새로운 자연철학의 가능성을 시몽동 효과로 진단하기도 했다.[2] 시몽

---

1 Simondon (2005b), p. 14.
2 Boever (2012), pp. 21-22.

동에서 발명은 개체화의 존재론적 양상일 뿐만 아니라, 세계와 관계 맺는 인간의 기술적 활동으로서 본질적인 것이면서, 동시에 기술적 대상들의 존재론적 조건이다.

여기서는 시몽동의 발명 개념에 대한 이해를 돕기 위해 베르그손의 것과 비교해볼 것이다. 베르그손 역시, 그 유명한 "시간은 발명이다. 그렇지 않으면 그것은 아무것도 아니다."라는 핵심 주장에서 볼 수 있듯이, 발명을 기술적 차원에 국한되지 않는 존재론적 창조의 본성으로 포착하고 있기 때문이다. 그에 따르면 기술은 생명 진화의 연장선에 있는 인간 지성의 도구 제작 능력이지만, 발명은 단지 기술적 도구들의 창안에 국한되는 것이 아니라, 실재의 전 영역에서 새로운 존재자를 창조하는 지속의 존재론적 본성에 속한다. 그러나 시몽동의 시선에서 보자면, 베르그손은 여전히 자연과 인공, 생명과 물질의 전통적인 구분 아래 호모 파베르로서의 인간적 관점에서 기술과 발명을 이해하고 있다. 베르그손은 기술에 대한 인류학적이고 실용주의적인 전통적 이해를 전제로, 창조를 설명하기 위해 발명을 차용하고 있을 뿐, 발명의 기술적 본질 자체에 대한 분석은 시도하지 않았다. 사실, 시몽동 철학의 키워드를 '발명'이라 한다면, 베르그손 철학의 키워드는 '창조'라고 해야 할 것이다. 베르그손적 창조와 시몽동적 발명은 각각 19세기 말 생물학적 진화의 시대와 20세기 중후반 정보 기술의 시대를 특징짓는 사유의 역사적 패러다임을 반영하는 것이기도 할 것이다. 시몽동이 자신의 저서들에서 직접적으로 언급하며 비판적 대응을 한 유일한 철학자가 베르그손이다. 시몽동이 베르그손과 맺고 있는 연속과 불연속의 지점을 발명 개념을 통해 살펴보는 것도 유용할 것이다.

베르그손과 발명: 창조와 제작 사이

베르그손은 사실 '기술(technique 또는 technologie)'에 대해 특별히 고찰하지 않았다. '기술'이라는 용어의 명시적 언급조차 그의 텍스트들에서 찾기 어려우며, 기술에 대한 그의 생각은 주로 '제작', '기계적 발명', '기계주의' 등의 표현과 더불어 언급되고 있을 뿐이다. 베르그손에게 기술은 지속과 생명으로 정의되는 실재의 연속적인 질적 변화와 생성의 운동성을 인간적 입장에서 조작하는 작용에 지나지 않는다. 『창조적 진화』(1907)에서 기술은 자연과 인공의 전통적 구분 아래, 생명 진화의 과정에서 산출된 인간 지성의 생물학적 기능으로 설명되고 있다. 『도덕과 종교의 두 원천』(1932)에서는 인류 문명을 위기로 몰아넣는 산업화된 기술 발달에 대한 불안한 평가가 두드러진다. 기술에 대한 이러한 인류학적 · 도구주의적 이해와 기술의 영향력에 대한 비판적 진단은 사실 19세기 말, 20세기 초 기술에 대한 이해의 전반적 경향에 속한다고 할 수 있다. 그렇다면 '발명'에 대한 그의 생각은 어떨까. 베르그손은 '발명'이라는 말을 '기술'보다 상대적으로 많이 사용한다. 그는 도구나 기계를 만드는 기술적 영역에서만이 아니라 시를 짓고 그림을 그리는 예술적 영역, 나아가 이러한 인간적 영역 자체를 넘어서 생명체를 탄생시키는 자연적 영역에서도 '새로운 무언가를 만들어내는 일'에 발명이란 말을 즐겨 사용한다. 그러나 발명 그 자체가 주제적으로 고찰되진 않아서 발명 개념을 중심으로 그의 텍스트들을 따라가다 보면 발명의 의미가 상당히 모호한 위치에 놓여 있음을 발견하게 된다.

『창조적 진화』의 문제의식 안에서는 '창조(création)'와 '제작(fabrication)'의 대립이 중요하다. 우선, 이 '창조'는 기독교적 의미에서의 '신적 의지에 의한 무로부터의 창조'도 아니고, 플라톤적 의미에서의 '원본적 모델을 복사하는 생산'도 아니다. 베르그손에게 '창조'는 연속적인 질적 변화 속에서의 '예측불가능한 새로움의 생성'을 의미한다. 이러한 창조의 의미는 베르그손의 형이상학적 실재인 지속과 생명의 본질에 근거한다. 지속은 공간화된 시간으로는 포착할 수 없는 '끊임없는 질적 변화의 연속'으로서 과거 전체가 현재 속에 연장되어 예측불가능한 미래를 개방하는 실재적 시간을 의미한다. 생명은 근원적인 잠재적 생명성이 다양한 생명종들로 현실화하는 진화 과정에서 보이듯이 물질의 흐름을 거슬러 올라가면서 새로운 형태들을 만들어내는 역동적인 힘이다. 이른바 '생명의 약동(élan vital)'은 그 자체로 "창조의 요구"[3]에 다름 아니다. 말하자면, 지속과 생명은 인간의 경험적 인식을 넘어서 있는 근원적 실재로서, 잠재적인 과거 전체와 연속적이면서도 이전 것으로 환원불가능하고, 또 미리 결정되어 있지 않아 예측불가능한 새로운 것을 출현시키는 생성의 운동성이다. '창조'는 이러한 역동적 실재의 본질적 특성을 표현한다.

반면, 창조와 대립하는 '제작'은 미리 정해진 어떤 목적에 따라 기존에 존재하던 요소들을 다르게 재배열하거나 재구성하는 것이다. 제작은 유동적 실재의 변화와 생성을 추상시키고 '모든 것이 한꺼번에 다 주어져 있다.'는 전제 아래 이루어진다. 배아의 분화 과정처럼 유기적인 조직화(organisation)가 '일자에서 다자로' 연속적인 질적 변화 속에 진행된다면, 제작은 '다자에서 일자로' 질적 변화 없이 부분들의 조립으로 이루어진다. 이러한 제작의 의미는 특히 인간 지성의 본질로부터 비롯한다. "지성을 그 본래적인 행보로 나타나는 것 안에서 고찰할 경우 그것은 인공적 대상들을 제작하고, 특히 도구를 만드는 도구들을 제작하며, 그 제작을 무한히 변형시키는 능력이다."[4] 물질의 저항을 다스리고 지배하면서 나아가야 하는 생명 진화의 관점에서 보았을 때, 인간 종은 호모 사피엔스

---

3 베르그송 (2005), p. 375.
4 베르그송 (2005), p. 214.

(Homo Sapiens)이기 이전에 호모 파베르(Homo Faber)다.[5] 인간 지성은 실재 자체를 인식하기 위한 순수 사변의 능력이라기보다 물질에 적응하고 물질을 조작하기 위해 발달한 삶의 능력이기에, 끊임없이 움직이고 변화하는 실재를 안정적이고 불변하는 고체처럼 취급하여 마음대로 재단하고 재구성하려는 제작의 기능을 갖는다.

요컨대, 창조와 제작은 자연적인 것과 인간적인 것, 다시 말해 '예측불가능한 새로움, 진정한 차이, 이전 것과 이후 것 사이의 질적 변화'를 산출하는 것과 그렇지 않은 것으로 구분된다.

그렇다면 '발명'은 무엇인가? 베르그손의 근본 관심이 인간적 제작으로 환원될 수 없는 자연적 창조의 실재성을 드러내는 데 있어서인지, 사실 '발명'이란 말은 특별한 설명 없이 서로 대립하는 창조와 제작 모두의 특성으로 모호하게 사용되고 있다.

우선, '발명과 창조'가 동일시되는 구절들을 살펴보자.

우주는 지속한다. 우리가 시간의 본성을 심화시켜 볼수록 더욱더 우리는 지속이 발명과 형태의 창조, 절대적으로 새로운 것을 연속적으로 만들어낸다는 의미임을 이해하게 될 것이다.[6]

만약 예측불가능한 것이 없다면, 우주에는 발명도 없고 창조도 없으며, 시간은 여전히 무용하게 된다.[7]

---

5 "인간이 지구상에 출현한 것을 어느 시점으로까지 거슬러 올라가야 할까? 최초의 무기, 최초의 연장이 제조된 시기가 될 것이다."(베르그송 (2005), p. 211.)

6 베르그송 (2005), p. 35.

7 베르그송 (2005), p. 77.

시간은 발명이거나 아니면 그것은 전혀 아무것도 아니다.[8]

여기서 발명은 '형태의 창조, 예측불가능한 것, 절대적으로 새로운 것을 만들어내는 것' 등과 같은 의미로 사용되며 지속하는 우주의 본성을 나타낸다. 한마디로 발명은 창조와 동의어이며 실재의 역량이다.

반면, '발명과 제작'이 동일시되는 구절들 또한 찾아볼 수 있다. 앞서 지적했듯이, 지성의 제작 과정에서는 기존에 있던 것의 재배열과 동일한 것의 반복이 있을 뿐 진정한 새로움은 출현하지 않는다. 한마디로 "그것은 모든 창조를 거부한다."[9] 게다가 지성은 발명의 창조적 본성을 이해하지도 못한다. "발명 그 자체로 말할 것 같으면 그것은 우리 산업의 출발점이지만 지성은 그것의 **분출**(jaillissement), 즉 그것이 가진 불가분적 본성과 그것의 **천재성**(génialité), 즉 그것이 가진 창조적 본성을 파악하는 데 이르지는 못한다. 지성은 발명을, 언제나 예측불가능하고 새로운 그것을, 다른 질서로 배열된 기지의 또는 과거의 요소들로 분해함으로써 설명한다."[10] 요컨대, 발명의 '분출, 불가분성, 천재성, 창조적 본성, 예측불가능한 새로운 것'을 지성은 도대체 포착하지 못한다. 다시 말해, 발명(창조)과 지성(제작)은 서로 대립한다. 그런데 혼란스럽게도 이런 제작적 지성에게 발명의 능력이 있다고 베르그손은 또한 말한다.

제작이 발명을 할 때는 기지의 요소들의 새로운 배열에 의해 작업하거나 또는 그렇게 한다고 생각한다.[11]

---

8 베르그송 (2005), p. 501. 강조는 원문의 것.
9 베르그송 (2005), p. 249.
10 베르그송 (2005), p. 250. 강조는 원문의 것. 원어 병기는 필자의 것.
11 베르그송 (2005), p. 86.

아마도 추론이 있는 곳에는 지성이 있을 것이다. 그러나 추론은 과거의 경험을 현재적 경험의 방향으로 기울어지게 하는 것이므로 이미 발명의 시작이다. 발명은 제작된 대상으로 구체화될 때 완벽해진다.[12]

여기서 발명은 분명 지성의 능력(추론과 도구 제작)과 동일시되고 있다. 그렇다면 베르그손에게 발명이란 무엇인가? 그것은 어떻게 '예측불가능한 새로움의 창조'이면서 동시에 '기존의 것을 재구성하는 제작'이기도 한 것일까?

베르그손은 아마도 발명 개념에 관한 한 특별한 주의를 기울이지 않았고 일반적인 의미 이상을 부여하지는 않았던 것 같다. 가령 『사유와 운동』(1934)에서는 "발견은 현실적으로나 잠재적으로 이미 존재하는 것에 관련되며, 따라서 그것은 언젠가는 일어날 것이 분명했다. 발명은 존재하지 않았던 것에 존재를 주는 것이고, 그것은 결코 일어나지 않았을 수 있다."[13]고 말한다. 따라서 '존재하지 않았던 것에 존재를 주는 것'이라는 일반적 의미의 발명 개념에 따라 창조와 제작을 다시 고려해보면, 베르그손에게 '생명의 발명은 진정한 창조지만 그 생명의 한 창조물인 인간의 발명은 제작에 지나지 않는다.'고 설명할 수 있을지 모르겠다. 베르그손은 발명이라고 얘기되는 일반적 활동 안에서 창조와 제작을 구분하면서 인간적 제작에 가려져 있던 진정한 창조의 실재성을 증명하고자 했다고 말이다.

그러나 여전히 모호함은 남는다. 『창조적 진화』에는 창조와 제작의 날카로운 대립을 허물면서, 지성의 제작 활동이 오히려 생명적 창조의 일환이라고 재평가되는 부분이 있다. 즉 제작으로서의 발명이 창조로서의

---

12 베르그송 (2005), pp. 212-213.
13 Bergson (1970), p. 1293.

발명의 일부라는 것이다.

발명의 결과들과 발명 그 자체의 놀라운 불균형은 주목할 만한 가치가 있는 사실이다. 우리는 지성이 물질 위에서 주조되었으며 우선 제작을 목표로 한다고 말했다. 그러나 지성은 제작하기 위해서 제작하는 것인가, 아니면 비의도적으로 그리고 심지어 무의식적으로는 제작과 아주 다른 것을 추구하는 것인가? 제작한다는 것은 물질에 형태를 부여하는 것이고 그것을 유연하게 하여 순종적으로 만들며 도구로 전환하여 그 지배자가 되는 것이다. 인류에게 이익이 되는 것은 발명 자체의 물질적 결과이기보다는 그 이상의 이러한 **지배**인 것이다. 우리가 지적인 동물이 하듯이 제작된 대상에서 직접적 이익을 끌어낸다면, 만일 이익이 발명가가 추구하는 것의 전부라면, 그것은 발명이 모든 측면에서 생겨나게 할 수 있는 새로운 관념들, 새로운 감정들에 비하면 별것 아닐 것이다. 발명은 마치 우리를 우리 자신 위로 끌어올려 우리의 지평을 넓히는 것을 그 본질적인 효과로서 가지고 있는 것 같다. (…) 마치 지성이 물질을 장악하는 것의 원칙적인 목적은 물질이 정지시키는 **무언가를 통과하게끔 내버려 두는 일**인 것처럼 모든 일이 진행된다.[14]

여기서는 발명된 대상과 발명하는 활동을 구분하고, 발명된 것들은 인간의 물질 지배를 위한 도구에 불과하지만, 발명 활동은 발명된 것들의 유용성이나 이익에 국한되지 않고 물질에 의해 정지된 생명적 자유의 길을 개방하고 확장하는 더 근본적인 의미를 가질 수 있다는 점이 강조된다. 이것은 기계적 발명으로 특징지어진 지성의 제작 능력이 앞서 제작과 대립되었던 생명적 창조의 일종임을 함축한다. 지성을 낳은 원인인 생명의 운동성을 그 결과물인 지성의 작업으로 환원할 수는 없지만, 그

---

14 베르그송 (2005), pp. 276-277. 강조는 원문의 것.(번역본에는 빠져 있음.)

래도 생명은 자신이 촉발한 방향으로 나아가는 지성의 활동을 통해서 생명 자신의 길, 즉 물질의 저항을 뚫고 자신의 자유를 확보하는 활로를 찾는다는 것이다. 그래서 지성의 '발명은 마치 우리를 우리 자신 위로 끌어올려 우리의 지평을 넓히는 것을 그 본질적인 효과로서 가지고 있는 것 같다.'고 얘기되는 것이다. 인류의 진화와 이를 통한 생명성의 확장이 지성의 제작적 발명 능력을 통해 수행된다는 점에서 보자면, 지성의 제작은 생명적 창조와 대립하는 것이 아니라 오히려 그 연속선 위에서의 첨단에 놓여 있는 것이다.

결국, 베르그손의 발명은 창조와 제작 사이에서 모호한 위치를 점하고 있다. 이는 발생적 원천에서의 일원성(지속 또는 생명)이 현실화된 경향성에서 이원화(지속-공간 또는 생명-물질)되는 베르그손 형이상학의 기본 특징을 반영한다고 볼 수 있다. 즉 인간 지성의 역량은 발생적 원천에서 보면 생명적 창조의 일종이면서도 현실적 차원에서 보면 생명적 창조와 대립하는 기계적 제작으로 물화될 수 있는 것이다. 이는『도덕과 종교의 두 원천』에서도 반복되는 생각이다. 어쨌든『창조적 진화』에서의 발명은 기계적 제작이 아닌 생명적 창조와 연결될 때 긍정적으로 이해된다는 점은 분명하다. 그러나 베르그손의 다른 텍스트들에서는 이와 같은 형이상학적 차원에서의 발명의 의미가 아니라 인간학적 차원에서의 의미, 즉 인간의 기술적 발명이 갖는 심리적·교육적·사회적 가치 등에 대한 긍정적 논의들을 엿볼 수 있다.

발명의 심리적 과정

베르그손은 「지적 노력(l'effort intellectuel)」(1902)에서 발명을 고도의 지적 노력이 드는 정신적 활동으로 규정하고 있다. 그에 따르면, 일반적으로 "지적으로 작업한다는 것은, 하나의 동일한 표상을, 추상적인 것에서 구체적인 것으로, 도식에서 이미지로 나아가는 방향으로, 상이한 의식의 평면들을 거쳐 이끌고 가는 것이다."[15] 발명은 이러한 지적 노력 중에 가장 높은 수준에 속하는 것으로 설명된다. 여기서 베르그손은 리보 (M. Ribot)에 의거하여, 상상적 창조는 "하나의 문제를 해결하는 것"이고, 이 작업은 "우선 그 문제가 해결되었다고 가정하고서 그 문제를 푸는 것"이라고 말한다.[16] 가령, 어떤 기계를 만들고자 하는 발명가는 머릿속으로 하려는 일의 추상적인 형태를 떠올리고, 이 전체 운동을 실현할 세부 운동들의 구체적 형태, 또 그 세부 운동들을 실현시킬 부품들의 운동과 조합 등을 이리저리 맞춰보면서 환기시킨다. 그러다가 "도식적인 표상이 이미지화된 표상으로 되는 바로 그 순간에 발명은 실현된다."[17] 베르그손은 기계를 만들거나 시를 짓거나 하는 발명의 노력은 "추상적인 것에서 구체적인 것으로, 전체에서 부분으로, 도식에서 이미지로"[18] 진행한다고 주장한다. 물론 도식은 작업 과정 중에 항상 부동적인 채로 그대로 있는 것이 아니라, 구체화된 이미지들을 통해 수정되기도 한다. 발명가는 기계의 세부 사항이 완성되어감에 따라 처음에 실현시키고자 했던 어떤 부분을 포기할 수도 있고 전혀 다른 부분을 만들어낼 수도 있기 때문이다.

베르그손은 이 텍스트에서 비록 발명을 정신적 노력의 일반 법칙을 설명하는 하나의 사례로서 짧게 다루고 있긴 하지만, 발명하는 정신의 심리적 과정을 '전체에 관한 추상적 도식으로부터 구체화된 이미지들로의 이행'이라고 정식화할 수 있는 어떤 원리를 통해 해명하고 있다는 점에서 주목할 만하다. 또한 베르그손은 여기서 "덜 실현된 것으로부터 더 실현된 것으로, 강도적인 것(intensif)으로부터 연장적인 것(extensif)으로, 부분

---

15 Bergson (1970), p. 948.
16 Bergson (1970), pp. 946-947.
17 Bergson (1970), p. 947.
18 Bergson (1970), p. 947.

들의 상호 함축으로부터 그것들의 병렬로" 점진적으로 이행하는 "비물질적인 것의 물질화"라는 점에서 지성의 활동이 생명의 활동과 '동일한 종류의 작동(opération)'이라는 점을 강조하고 있다.[19] 이러한 '노력'이 바로 『창조적 진화』에서의 '추론하는 제작적 지성'의 것이라고 한다면, 베르그손은 인간의 지성의 발명을 근본적으로는 단순한 기계적 제작으로 환원될 수 없는 생명적 창조의 역량을 지닌 것으로 이해하고 있다고 봐야 할 것이다.

발명을 고려함에 있어서 '문제의 해결'과 '추상적 도식의 구체화', 그리고 생명과 인간 정신 사이의 '작동적 유사성'이라는 베르그손의 근본 아이디어는 이후에, '지적 노력'이라는 정신주의적 함축이 제거된 채로, 또한 '점진적 이행'이 아닌 '불연속적 변환의 과정'으로, 시몽동에게서 새롭게 변용되어 나타난다.

발명의 사회적 가치

『도덕과 종교의 두 원천』에 따르면, 인류 진화의 여정에서, 인간의 자연적 재능인 '기계적 발명'의 능력은 처음엔 현실적이고 가시적인 에너지("근육의 노력, 바람이나 낙하하는 물의 힘")를 사용하다가 점차 잠재적인 에너지("태양으로부터 가져와 석탄이나 석유 등에 저장되어 수만 년 동안 축적된 것")까지 사용할 수 있게 되면서 폭발적인 힘을 갖게 된다.[20] 베르그손은 이 발명의 정신이 인류에게 항상 최선의 이익이 되도록 수행되지는 않았다고, "모두를 위한 해방이 아니라 소수를 위한 사치와 과도한 안락"[21]으

---

19 Bergson (1970), p. 959.
20 Bergson (2008), p. 325.
21 Bergson (2008), p. 329.

로 귀결되었다고 비판적으로 평가하며, 제작적 지성이 발명한 도구들로
그 외연이 커져버린 신체는 영혼의 보충을 기다려야 한다고 진단한다.

그러나 베르그손이 기계적 발명 자체를 부정적으로 폄하하는 것은 아
니다. 그는 발명된 기계들이나 기계주의 자체의 본질적인 기능이나 효용
성이 아니라 산업 자본에 의한 그것들의 잘못된 사용을 문제 삼는다.

> 만일 기계주의가 잘못이라면, 그것은 너무나 힘든 노동에서 인간을 돕도
> 록 충분히 사용되지 않기 때문이다. (…) 사람들은 기계주의가 우선 노동자
> 를 기계 상태로 환원한다고 비난하고, 이어서 예술적 감각을 질식시키는 생
> 산의 획일성에 이르게 한다고 비난한다. 그러나 만일 기계가 노동자에게 훨
> 씬 더 많은 시간의 휴식을 제공한다면, 그래서 노동자가 그 추가된 여가를,
> 방향이 잘못 잡힌 산업주의가 모두의 영향권에 놓았던 이른바 오락들과는
> 다른 것에 사용한다면, 그 노동자는 항상 제한된 한계 안에서 기계를 제거
> 하고 도구에로의 —게다가 불가능한— 회귀를 요구했을 지성에 그치는 대
> 신에, 자신이 선택한 방향으로 지성을 발전시킬 것이다. (…) 실제적 욕구들
> 을 만족시키는 수단들을 폭넓게 발전시키면서 기계주의가 인간들에게 주었
> 던 효용성에 대해서는 이의의 여지가 없으나, 우리는 그 기계주의가 지나치
> 게 인위적인 것들을 부추겼다는 점, 사치를 조장했다는 점, 시골을 희생시
> 키면서 도시를 윤택하게 했다는 점, 고용주와 노동자 사이에, 자본과 노동
> 사이에 거리를 넓히고 그 관계를 변형시켰다는 점 등을 비난하는 것이다.[22]

베르그손은 오히려 기계적인 것의 뿌리가 생명적 신비와 동일한 원천
에 잠겨 있음을 환기시킴으로써 기계적 발명의 맹목적 방향을 바로잡고
자 한다. "기계적인 것의 기원들은 아마도 사람들이 생각하는 것보다 훨

---

22 Bergson (2008), pp. 326-327.

씬 더 신비적일 것이다. 기계적인 것은 아직도 더 땅을 향하도록 자신이 구부려놓았던 인류가 바로 그 기계적인 것에 의해서 다시 몸을 일으켜 세우고 하늘을 바라보는 데 도달한다면, 오직 그때에만 자신의 참된 방향을 다시 발견할 것이고, 자신의 역량에 적절한 용도를 되찾을 것이다."[23] 베르그손은 '기계적인 것'의 참된 방향이 생명적 창조의 방향과 근본적으로 다르지 않다고 본다. 기계적 발명은 오히려 사회 진보의 중요한 원동력이다. 그는 사회의 두 유형을 구분하고, 역동적이고 진보하는 사회는 '발명가'를 선두에 두고 질적 변화를 추구하지만, 정적이고 제자리걸음 하는 사회는 원시적으로 주어져 있던 것을 덧붙이기만 할 뿐이라고 설명한다. 후자와 같은 "낮은 수준의 사회"는 "발명하기 위해서나 발명을 받아들이기 위해서 어떠한 지적 탁월성을 필요로 하지 않는다."고 평가된다.[24] 다시 말해, 기계적 발명의 '적절한 용도'는 바로 닫힌사회로부터 열린사회로 나아가는 질적 변화의 도약을 마련하는 계기에 있는 것이다.

또 『사유와 운동』에서의 베르그손은 과학적 인식과 기술적 실천을 철학적 직관만큼 가치 있는 것으로 평가하고, 기술적 발명의 교육학적 효과를 강조하기도 한다. 그는 당시의 교육 방법이 지나치게 호모 로쿠오 (Homo loquax) ─실재에 대한 사유가 아니라 자신의 언어에 대한 반성만 하는─ 를 키우는 방식으로 진행됨을 비판하며, 어려서부터 장인에게 수공업적 일을 배우게 하면 창의력(inventivité)이 증진한다고, 제작적 지성을 가진 인간의 이러한 창의적 본성을 잘 발현시키기 위해서라도 교육 현장에서 기술적 실천과 발명의 훈련이 무엇보다 필요하다고 역설한다.[25]

23 Bergson (2008), pp. 330-331.
24 Bergson (2008), p. 142.
25 Bergson (1970), pp. 1325-1326.

이러한 측면들은 『창조적 진화』에서 부정적 특징이 강조되었던 제작적 지성과 기계적 발명이 사실상 그 발생적 원천을 고려했을 때 결코 인류의 윤리적 도약과 사회 진보의 방향에 단순 대립하는 것일 수 없다는 점을 잘 보여준다.

이상에서 살펴본 대로, 베르그손의 경우, 발명은 생명의 창조적 본성이면서 동시에 인간 지성의 제작적 본성이다. 인간 지성의 기계적 발명은 발생적 원천에서는 생명적 창조와 연속적이고 동일한 종류의 활동이지만 현실적 방향에서는 그와 반대로 나아갈 수 있는 비결정성을 갖는다. 인간 지성이 자연의 산물이면서 동시에 자신의 존재론적 원천인 자연을 훼손할 수 있는 여지가 바로 거기서 나온다. 베르그손은 인간의 기계적 발명이 보여준 물질적 효용성, 사회 진보를 위한 선도적 역할, 인성 발현을 돕는 교육학적 효과 등을 긍정적으로 평가하면서도, 생명적 실재로부터 지나치게 멀어진 기계주의의 폐해에 대해서는 근원으로의 반성적 회귀를 권고한다.

시몽동과 발명: 문제 해결의 변환 작동

기계들에게 인간의 현존이란 끊임없는 발명을 의미한다. 기계들 안에 거주하는 것, 그것이 바로 인간적 실재이자, 작동하는 구조들로 고정되고 확정된 인간적 몸짓에 속하는 것이다.[26]

시몽동은 발명을 '문제의 해결'이라는 관점에서 접근한다. '필요는 발명의 어머니'라는 접근이 인간의 '결여'를 발명품이 '보충'한다는 인간중심

---

26 시몽동 (2011), p. 14.

적 기술도구주의를 함축한다면, 이 '문제의 해결'은 주체와 대상 사이에 '관계와 소통'이라는 중립적 태도를 전제한다. 시몽동의 발명 개념이 거부하는 두 가지 표상은, 우선 발명 주체가 데미우르고스처럼 발명 대상의 모든 것을 결정할 수 있다는 것, 그리고 사회적 요구와 과학적 계산에 따라서 현재 주어진 것으로부터 발명 대상을 생산할 수 있다는 것이다. 전자는 기술적·과학적 실재의 현실적 작동을 간과하는 것이고, 후자는 그 발명으로 인해 도래하게 되는 미증유의 새로움을 간과하는 것이다. 발명적 상상력은 아직 실재하지 않는 어떤 대상을 목표로 하는 것이지만, 비현실적인 것이 아니면서 진정한 새로움을 산출한다. 발명은 전혀 예측불가능한 어떤 것을 창조하는 것이 아니라, 예측된 새로운 것을 존재하게 하는 것이다. 여기서 발명의 안티노미가 나온다. 어떤 것이 완벽하게 예견될 수 있는 것이라면 그것은 존재론적 새로움을 결여하고 있는 것으로서 발명이 아니다. 그러나 동시에 그것이 충분히 예견되었던 것이 아니라면 또한 그것은 우연의 산물에 불과한 것으로서 발명이 아니다. 바로 "이 긴장이 발명의 상황에 특징적인 것으로서 '문제'의 형태에 해당하는 것이다."[27]

『상상력과 발명(1965~1966)』(2008)에 따르면, 발명은 어떤 문제가 발생할 때 등장한다. 연속적인 어떤 작업을 진행하는 중에 주체와 대상 사이에 어떤 불일치와 불연속이 제기될 때, 이 간격을 매개하고 해결하기 위해 발명이 요구된다. 이때 문제의 해결이란 주어진 실재의 구조 안에서 이전에는 보이지 않았던 새로운 길을 놓으면서 이전 작업의 연속적 진행을 회복하는 것이다. 발명된 것은 양립불가능하고 불일치했던 것들을 매개하는 것으로, 작업의 이전 상태와 이후 상태 사이에 '변환기(transducteur)'의 역할을 한다. 문제가 제기되었던 시스템과 그것이 해결

---

27 Simondon (2005b), p. 29. Jean-Yves Chateau의 서문 중에서.

된 시스템 사이에는 일종의 도약이 있으며, 이 둘 사이의 소통을 구축한 것이 문제 해결로서의 발명인 것이다. 말하자면, "발명은 환경과 유기체 사이의 외재적인 양립가능성, 그리고 작용의 하위 요소들 사이의 내재적인 양립가능성의 출현이다."[28]

그런데 이와 같은 '문제 해결' 방식은 베르그손과는 전혀 다른 방식이다. 베르그손은 발명의 문제 해결 과정을, 생명적 작용이든 지성적 작용이든, 추상적인 것(비물질적인 것, 잠재적인 것)의 점진적인 구체화(물질화, 현실화)로 설명한다. 이것은 단일한 실재의 연속적인 질적 변화 과정이다. 즉 '문제'와 '해결'이 동일한 차원에 놓여 있는 것이다. 가령, "문제를 제기한다는 것은 단순히 덮개를 벗겨내어 발견하는 것(découvrir)이 아니라, 발명하는 것이다. (…) 수학에서는 이미, 형이상학에서는 더 강력한 이유로, 발명의 노력이 대개 문제를 제기하는 데 있고, 그 문제를 형성하는 용어들을 창조하는 데 있다. 문제의 제기와 해답은 여기서 동등한 것이다. 진정 위대한 문제들은 그것들이 해결될 때에만 제기될 뿐이다."[29] 여기서 베르그손이 말한 발명의 노력이 가져오는 해결은 문제를 새로운 용어들로 재정립하는 차원에서 이루어진다. 즉 해답은 문제를 어떻게 제기하느냐에 따라서 저절로 따라나온다. 그러나 시몽동의 경우, 문제와 해답은 서로 다른 차원에 속한다. 문제로부터 해답으로의 이행은 점진적인 것이 아니라 불연속적인 도약이다. 서로 불일치한 차원에 있는 문제와 해답을 관계 짓고 소통시키는 어떤 구조를 발생시키는 것이 바로 발명의 일이다.

시몽동은 이러한 '문제 해결'로서의 발명을 '변환' 작동으로 이해한다. 어떤 형태의 신호나 에너지를 다른 형태의 신호나 에너지로 바꾸는 변환

---

28 Simondon (2005b), p. 276.
29 Bergson (1970), p. 1293.

기나 작은 소리를 입력받아 큰소리로 증폭하여 출력하는 중계 확장기의 작동처럼, 변환은 퍼텐셜한 것과 현실화된 것 사이를 매개하는 작용 또는 퍼텐셜 에너지를 현실화하는 것이다. 또는 준안정적인 과포화 용액에 결정 씨앗이 들어가자 곧바로 결정체를 산출하게 되는 결정화 현상에서 보이듯이, 과포화 용액과 결정 씨앗의 만남으로 형성된 문제적 상황(불일치)을 해결하는 결정체의 생성(개체화)도 변환 작동이다. 즉 변환은 양립 불가능성과 불일치의 문제적 상황을 새로운 차원에서의 구조나 형태 발생을 통해 해결하는 작동이고, 시몽동은 이를 기술적 차원뿐 아니라 모든 종류의 개체화, 일반적인 발생적 생성의 과정에 본질적인 것으로 간주한다. 말하자면, 발명은 이와 같은 의미에서 문제를 해결하는 변환 작동이다.

변환 작동으로서의 발명은 또한 '정보'를 전제한다. 시몽동의 변환과 정보 개념은, 추상적 도식(정신적인 것)과 구체화된 이미지(물질적인 것) 사이의 '점진적 이행'이라고 베르그손이 이해했던 과정을, 양립불가능하고 불일치한 것들 사이의 '관계와 소통'으로 대체한다. 시몽동은 발명하는 주체의 정신적 도식과 발명되는 대상의 물리적 구조 사이에 '형상적 동일성'이 아니라 '작동 방식의 동일성'을 본다. "발명하는 인간과 작동하는 기계 사이에는 동력성(isodynamisme)의 관계가 존재한다."[30] 발명은 두 작동 방식 사이의 유의미한 관계 맺음에서 가능해진다. 예컨대, 어떤 기계가 이상한 방식으로 작동하면 우리는 조절이나 수리를 하거나 아예 새로 발명을 한다. 이런 작업이 가능하기 위해서는 기계의 물질적 구조와 정신적 도식 사이에 어떤 불일치가 문제로 제기되어야 하는데, 이런 문제 제기는 기계의 이상 작동들이 해결을 촉구하는 어떤 '정보'로서 의미 있게 포착되었음을 전제한다. 여기서 "정보는 절대적으로 새로운 것의 도

---

30 시몽동 (2011), p. 198.

래가 아니라, 주체와 관련해서 하나는 외생적이고 다른 하나는 내생적인, 두 형태들의 관계 맺음으로부터 귀결하는 의미작용"[31]이다. 시몽동에게 정보는 일방적으로 전달되는 메시지-신호(signal)가 아니라 서로 불일치하고 소통이 없던 두 항 사이에서 새로운 관계 맺음을 형성시키는 의미화 작용(signification)이다. 그러니까 발명은 정신적 도식으로부터 물리적 구조로의 점진적 이행이라기보다 서로 불일치하고 차원이 다른 두 작동 도식 사이에서 변환적으로 일어나는 정보 소통과 같은 것이다.

왼쪽 망막 이미지와 오른쪽 망막 이미지 사이의 불일치가 그 어느 쪽도 아닌 새로운 차원에서의 통합된 이미지로 해결되듯이, 시몽동의 발명은 불일치한 것들 사이에서 새로운 소통의 관계 구조를 해(解)로서 '직관'하는 작용이기도 하다. 양립불가능한 자연적 환경과 기술적 조건들 사이에서, 또는 서로 연결된 적 없던 이질적인 여러 기술적 요소들 사이에서, 그것들을 소통시키고 관계 지으면서 상호 협력적으로 작동할 수 있게 해줄 새로운 구조를 발명하는 것은 일종의 '직관적 통찰'에 의존한다. "시몽동에게 직관의 역할은 발명 과정에서의 통찰(insight)과 같다."[32] 변환으로서의 발명, "그것은 또한 직관이다. 왜냐하면 직관은 제기된 문제들의 해결을 가져오는 하나의 구조가 그 문제적 영역 안에 나타나게 하는 것이기 때문이다."[33] 이 직관은 물론 베르그손적인 것이 전혀 아니다.[34] 시몽동은 베르그손이 직관을 생성에 대한 고유한 인식 방식으로 만

31 시몽동 (2011), p. 354.
32 Roux (2009), p. 94.
33 Simondon (2005a), p. 34.
34 "시몽동은 '구조의 과학'과 '작동의 철학' 사이의 명백한 구분을 거부하며, 두 개의 '대칭적' 오류들, 즉 칸트와 콩트의 '현상적 객관주의(phenomenal objectivism)'와 베르그손의 '역동적 직관주의(dynamic intuitionism)'를 비판한다. 시몽동에게는 직관적 지식의 전체에 대한 환상적 포착을 목표로 하지 않으면서 과학적 지식의 개념적 간격들을 깊이 천착하려는 노력이 있다. 그래서 『기술적 대상들의 존재 양식에 대하여』에서 직관을 철학적 지식의 고유한 형태로 정의할 때, 시몽동은 베르그손과 자신을 차별화한다."(Bardin (2015), p. 59.)

들었다는 점을 높이 평가하면서도, 물질의 영역에 직관적 이해를 적용시키지 않은 점에 대해서는 비판한다. 그의 개체화론은 물질의 영역에서도 개체발생의 생성을 목격하기 때문에, 발생이 일어나는 모든 곳에서 발생적 과정을 인식하는 방법으로 직관을 확대 적용한다. "그것[직관]은 발생적 과정들에 대한 고유한 인식이다. 베르그손은 직관을 생성에 대한 인식의 고유한 양식으로 만들었다. 그러나 베르그손의 방법은, 물질의 영역과 같은 영역에 직관을 금지시키지 않는다면(물질의 영역은 직관적 이해에 필수적인 역동적인 특성들을 나타내지 않는 것처럼 보이기 때문에 직관의 적용이 금지된 것인데), 일반화할 수 있다. 사실, 직관은 발생이 일어나는 모든 영역에 적용될 수 있다. (…) 직관은 구조의 발생, 즉 모양과 바탕 사이의 상관관계의 발생이 일어나는 앙상블들을 고려하면서 매개자처럼 개입한다."[35] 한마디로, 베르그손의 직관이 유동적 실재인 지속을 포착하는 것이라면, 시몽동의 직관은 구조의 발생을 포착하는 것이다. 시몽동의 직관은 모양과 바탕의 상호 관계 속에서 어떤 구조를 발생시키는 발명적 상상력을 특징짓는다.

요컨대, 시몽동의 발명 개념은 양립불가능하고 불일치하고 격차가 있어 소통하기 어려운 것들 사이를 매개하고 관계 짓는 새로운 구조의 발생을 통해 문제를 해결하는 변환 작동이자, 문제를 일으킨 것들 사이에서 소통할 수 있는 의미를 포착하는 정보화 작용이고, 또한 해법이 되는 관계적 구조에 대한 직관적 통찰이기도 하다.

---

35 시몽동 (2011), pp. 337-338.

기술적 본질의 발명과 구체화하는 발명

시몽동은 인류학적이고 도구주의적인 기술 이해를 비판한다. 그는 기술적 대상들의 발생과 진화를 인간의 필요나 유용성 때문이 아니라 시스템 내부에 제기된 장애들을 해결하려는 기술 내적 필연성에 따라 고찰한다. 진공관이 3극관에서 5극관으로 발전해 나가듯이, 기술적 대상들은 내적 문제를 해결하며 점차 추상적 양태로부터 구체적 양태로 구체화하는 경향을 갖는다. 물론 '추상'과 '구체'는, 베르그손이 '정신적-생명적-잠재적인 것'과 '물질적-현실적인 것'으로 구분한 것과는 전혀 다른 의미로서, 시스템의 '작동 방식'의 차이, 즉 하나의 작동을 실현하는 구성 요소들 사이의 '관계 방식'의 차이를 의미한다. 즉 내부 기능들이 서로 분리되어 있어 하나가 고장 나면 전체가 멈춰버리는 것이 추상적 양태라면, 구체적 양태는 하나가 잘못되어도 전체의 작동에 이상이 없도록 내부 기능들이 다기능적으로 융합하고 수렴하며 상호 밀접한 관계를 맺고 있는 상태라고 할 수 있다.

시몽동은 이 구체화하는 "기술적 계보의 절대적 기원"에 발명 행위를 놓는다.[36] 구체화하는 기술적 대상들의 진화 계보에서 발생적 기원에 해당하는 것은 바로 "기술적 본질"[37]이다. 가령, 3극관에서 5극관으로 진화해간 진공관 계열의 절대적 시작은 '전극들 간의 비가역성'과 '전하들의 가역적인 이동 현상'이라는 별개의 이질적인 과학적 지식들이 서로 연결되어 '비대칭적인 컨덕턴스'라는 새로운 2극관의 본질이 발명된 것에 있다. "기술적 대상들의 계보에서 그 시초는 기술적 본질을 구성하는 발명의 이런 종합하는 행위에 의해 표시된다. 기술적 본질은 그것이 진화의 계보를 관통해가는 내내 안정적으로 남아 있다는 사실을 통해서, 그리

---

36 시몽동 (2011), p. 60.
37 시몽동 (2011), p. 63.

고 단지 안정적이기만 한 것이 아니라 또한 내적인 발전과 점진적인 포화에 의해 구조들과 기능들을 생산하는 것이기도 하다는 사실을 통해서 알려질 수 있다."[38] 기술적 본질은 "작동의 순수 도식" 또는 "순수한 기술적 도식"으로 표현되기도 하는데,[39] 기술적 진화의 계보 안에서 안정적으로 있을 뿐만 아니라 또한 내적 발전과 점진적 포화에 의해 구조들과 기능들을 생산하는 역할을 한다.

그런데 이런 기술적 본질로서의 "절대적 기원" 자체는 어떻게 발명되는 것일까? 가령, 루(Roux)는 시몽동에게서 이 도식의 기원 문제가 제대로 해명되지 않는다고 지적하며, "시몽동의 발명 이론은, 결국 발명들의 전파 이론이고, 발명의 조건들에 대한 이론이다. 그것은 정신적 도식들과 형상들의 기원에 대해서는 아무것도 말하지 않는다."고 말한다.[40] 루는 이 문제가 변환 개념 자체의 문제이기도 하다고 주장한다. 즉 시몽동은 변환의 초월적 버전(우연히 외부에서 들어오는 계기)과 내재적 버전(저절로 나타나는 계기)이 어떻게 양립가능한지 설명하지 않는다는 것이다. 그러나 앞에서 논의했듯이(1장 형상을 대체하는 정보, p. 48-49), 변환을 야기하는 정보 씨앗이 언제 어디서 출현하는지, 어떤 특이성이 어떤 '지금 여기'에서 정보의 역할을 하게 될지는 미리 알 수 없다. 구조의 발생(개체화)이 일어날 때 바로 그때 정보도 성립하기 때문이다. 따라서 시몽동에게 '발명-변환'의 절대적 기원을 추적하는 것 자체가 무의미한 일일지 모른다.

사실, 시몽동의 경우에도, 베르그손과 마찬가지로, 발명은 '무로부터의 창조'가 아니다. 시몽동은 『발명과 창의성』(1976)에서 "발명은 본질적으로 시간적 연쇄를 거치는 구조들과 기능들의 개선"이라고 정의하고 있

---

38 시몽동 (2011), p. 65.

39 시몽동 (2011), p. 63-64.

40 Roux (2009), p. 106.

는데,[41] 이 정의는 『기술적 대상들의 존재 양식에 대하여』(1958)에 나온 '구체화론'을 계승한다. 구체화론에 따르면, '비-포화 시스템'인 최초의 기술적 대상은 점점 '개선'되면서 '포화된 시스템'인 구체화된 기술적 대상이 된다. 이때 개선 작업의 두 유형을 구분해야 하는데, "하나는 작동의 상호 협력 효과를 본질적으로 증가시키면서 기능들의 분배를 변경하는 것이고, 다른 하나는 이 분배를 변경하지 않으면서 남아 있는 대립들의 해로운 귀결들을 축소시키는 것이다."[42] 후자는 '연속적이지만 부수적인 개선'에 지나지 않으며, 전자는 '불연속적이지만 본질적인 개선'이다. 바로 이 개선 방식이 "기술적 대상의 내적 도식이 연속선을 따라서가 아니라 도약들을 통해서 변경되도록 만드는 것"[43]이다. 그러니까 "기술적 대상들의 개선에서 진정한 단계들은 돌연변이들에 의해서, 그러나 방향을 지닌 돌연변이들에 의해서 이루어진다."[44] 시몽동은 2극관의 기술적 본질이 하늘에서 뚝 떨어졌다고 말하지 않는다. 어디까지나 그것은 이온화에 의한 가스 방전관과 열전자 방출 효과라는 그 이전의 이질적 사실들을 종합하는 과정에서 발명된 것이다. 즉 기술적 계보의 기원이 되는 순수 도식의 발명(내연 기관이라는 기술적 본질의 발명)과, 연속적인 계보 안에서 불연속적 도약을 일으키는 발명(내연 기관의 본질을 구체화하는 과정에서 디젤 엔진의 발명)은 사실상 이전 것으로부터 새로운 구조를 발생시키는 '불연속적 도약'의 계기라는 점에서는 마찬가지 작용이고, 어느 것도 무로부터 발생하지는 않는다.

3극관으로부터 5극관으로의 구조적 변화와 마찬가지로 '구체화하는 발명'의 또 다른 사례인 갱발 터빈은 '절대적 기원'의 발명이 어떻게 이루

---

41 Simondon (2005b), p. 329.
42 시몽동 (2011), p. 56.
43 시몽동 (2011), p. 58.
44 시몽동 (2011), p. 60.

어지는지 잘 보여준다. 갱발(Guimbal)이 발명한 이 터빈은 기술적 환경(발전기의 조건)과 자연적 환경(바닷물 이용) 사이의 양립불가능성 문제를 새로운 기술-지리적 환경(물과 기름이 상호 협력적이고 다기능적으로 절연, 방수, 냉각을 해결하며 작동)과 구조(수압관 속에 들어가 작동할 수 있는 발전기의 형태)를 동시에 발명함으로써 해결한 것이다. 기술적 요소들과 자연적 요소들 사이의 양립불가능한 관계를 매개하는 것으로서 자기 작동의 조건이 되는 "연합환경"[45] 자체를 자신의 구조적 형태와 동시에 발명한 것이다. '연합환경'의 발명은 기술적 개체의 존재론적 발생 조건이다. 이런 기술적 대상은 점진적으로 부분별로 형성되는 것이 아니라, 단번에 그 전체가, 즉 '연합환경-개체'의 한 쌍으로 발명되어야만 가능하다. "그 대상들은 오직 문제가 해결될 때에만, 즉 그것들이 자신들의 연합환경과 더불어 존재할 때에만 존재할 수 있다."[46] 갱발 터빈과 같은 기술적 개체의 발명은 이완의 리듬을 갖는 기술적 진화의 계열 안에서 불연속적 도약의 변환적 계기가 된다.

발명적 상상력

발명은 환경과 유기체 사이에 외생적인 양립가능성의 출현, 그리고 작용의 하위 부품들 사이의 내생적인 양립가능성의 출현이다.[47]

시몽동은 환경과의 관계 속에서 스스로를 개체화하는 생명체의 삶의

45　시몽동 (2011), p. 86.
46　시몽동 (2011), p. 86.
47　Simondon (2008), p. 276.

방식으로부터 발명적 상상력의 작동 방식을 유비적으로 도출해낸다. 시몽동은 자신의 연합환경과 쌍으로 존재하는 기술적 개체의 존재 방식이 생명체의 경우와 유사하다고 본다. "기술적 대상에 연합된 환경이 갖는 단일성은 생명체의 단일성에서 그 유사물을 갖는다."[48] 나아가 그는 연합환경을 구축하며 자기 조건화하는 생명체의 역량이 기술적 개체의 발명 역량으로 발현된다고 본다. "자기 자신을 스스로 조건 짓는 [생명체의] 이런 역량이 기술적 대상들(역시 그 자신들을 스스로 조건 짓는)을 생산하는 역량의 원리에 속한다."[49] 귀셰(Guchet)는 시몽동의 이런 발명 개념이 캅(E. Kapp)의 유기적 투사이론에서 영향을 받은 것 같다고 말한다. 캅의 유기적 투사이론에 따르면, 연장이나 기계를 제작할 때 인간은 신체 내적인 어떤 것, 즉 형태, 관계, 기능적 원리, 조작적 연쇄 등을 무의식적으로 이전시키며 외재화한다고 한다. "시몽동의 기술적 발명에 대한 분석, 즉 생명체 자신의 자기 조건화 메커니즘에 대한 유비를 통해서, 역시 그 자신을 조건 짓는 대상들의 생산으로 발명을 이해한 것은, 이런 유기적 투사이론과 연속선 위에 있다."[50]

그러나 시몽동이 기술적 발명과 생명체의 존재 방식에서 찾는 유비는 현실화된 구조나 형태의 측면에 있는 것이 아니라 구조를 현실화하는 과정과 작동 방식의 측면에 있다.

기계와 인간 사이의 유비적 관계는 물체적인 작동들의 수준에 있는 것이 아니다. (…) 진정한 유비적 관계는 인간의 정신적인 작동과 기계의 물질적인 작동 사이에 있다.[51]

---

48 시몽동 (2011), p. 87.
49 시몽동 (2011), p. 88.
50 Guchet (2010), p. 164.
51 시몽동 (2011), p. 198.

자기-조절 피드백 메커니즘이라는 물질화된 구조의 차원에서 인간과 기계의 유사성을 보는 사이버네틱스와 달리, 시몽동은 자기 환경과의 관계 속에서 움직이는 인간의 정신적 작동 방식과 기계의 작동 방식에서 인간과 기계의 유사성을 발견한다. 유사한 것은 구조나 형태가 아니라 '작동(opération)'이라는 것이다.

생명과 인간 정신 사이에서 자기 조건화하는 작동의 유사성을 발견한다는 점에서는 베르그손도 마찬가지다. 그러나 베르그손이 그 유사성을 '비-물질적인 것의 물질화'로 본다면, 시몽동은 '바탕으로부터의 형태화'로 이해한다. 생명체가 자신의 존재 조건이자 환경인 자연(바탕)으로부터 이질적인 구성 요소들을 유기적으로 조직화하면서 기관들(형태나 구조)을 발명하고 개체적 단일성을 구축하듯이, 발명적 사유도 정신적 환경인 잠재적 공리계(바탕)로부터 도식들(표상화된 형태나 구조)을 발명하고 유기적으로 조직화하면서 정신적 도식들의 단일한 정합성을 획득한다. 이 정신적 도식을 물질적으로 구현한 것, 즉 불일치한 기능적 작동들이 상호 협력적으로 작동할 수 있도록 단일한 물질적 구조나 형태를 실현한 것이 바로 발명된 기술적 대상이다.

> 발명한다는 것, 그것은 하나의 기계가 작동할 수 있을 것처럼 자신의 사유를 작동하게 만드는 것이다. (…) 기계는 기능적으로 작동하는 하나의 존재자다. 그것의 기계적 구조들은 사유 안에 한번은 있었던, 그 자체로 사유였었던, 정합적인 어떤 역동성을 구체화한다. 사유의 그 역동성은, 발명할 때 작동하는 형태들로 전환된다.[52]

발명은 사유의 역동성이 기술적 대상들의 역동성으로 구현되는 것이

---

52 시몽동 (2011), p. 199.

다. 그래서 발명적 상상력은 다양한 조합들(assemblages)의 발견이 가능할 수 있도록 기술적 요소들의 기술성에 대한 특수한 감수성과 직관적 인식을 전제한다.

발명가는 형태가 부여될 질료로부터, 즉 무로부터(ex nihilo) 시작하는 것이 아니라, 이미 기술적인 요소들로부터 출발해서 나아가며, 바로 그 기술적 요소들에서 그것들이 합체되어 만들어질 수 있는 개체적인 어떤 존재자를 발견한다. 기술적 개체 안에서 요소들의 양립가능성은 연합환경을 상정한다. 따라서 기술적 개체는 정연한 기술적 도식들의 앙상블로 구성된 것이라고 상상되어야만, 즉 상정되어야만 한다.[53]

기존의 기술적 요소들 사이에서 새로운 기술적 개체의 존재 조건이 될 연합환경을 상상해낸다는 것은, 다시 말해 아직 존재하지 않는 미래에 의해 현재를 조건 짓는 것과 같다.

앞을 내다볼 수 있고 창조적 상상력을 지닌 사유만이 시간적으로 거꾸로 된 그런 조건화를 실행할 수 있다. 즉 물질적으로 장차 기술적 대상을 구성할 것이면서, 그 기술적 대상의 구성 이전에는 연합환경도 없이 서로 분리되어 있는 요소들은, 그 대상이 구성될 때 비로소 존재하게 될 순환적 인과 작용의 견지에서 서로서로 관련 맺으면서 조직화되어야만 하는 것이다. 그러니까 여기서 중요한 것은, 아직 존재하지 않는 것에 의한, 즉 미래에 의한 현재의 조건화인 것이다.[54]

---

53 시몽동 (2011), p. 112.
54 시몽동 (2011), p. 87.

그런데 앞서 살펴본 것처럼, 베르그손이 발명적 상상력을 '형태 없는 도식으로부터 형태를 갖춘 이미지로의 이행'으로 설명했다면, 시몽동의 발명적 상상력에서 중요한 것은, 도식이나 형태 자체가 아니라 그것들이 드러나기 이전에 서로 대립하고 화합하면서 함께 참여하고 있던 역동적인 바탕과 형태 사이의 '관계'다. 바탕은 모든 형태들이 분명하게 드러나기 전에 "그 형태들의 경향성들이 존재하는 공동 저장소"[55]다. 생명체에게 살아 있는 물질이 "정보화된 에너지의 운송자"[56]로서 기관들을 상호 연결시켜주고 하나의 유기체로 조직화하는 바탕의 역할을 하듯이, 사유의 모든 요소들(표상, 지각, 기억, 이미지 등)은 "암묵적인 공리계"[57]라 할 수 있는 정신적 환경으로서의 바탕에 참여한다.

형태들을 바탕에 연결하는 이 참여의 관계는 현재에 걸터앉아 있으면서 미래의 영향을 현재로 퍼뜨리는, 잠재적인 것을 현실적인 것으로 확산시키는 그런 관계다. 왜냐하면 바탕은 유유히 전진해가는 잠재성들, 퍼텐셜들, 힘들의 시스템이지만, 형태들은 현실성의 시스템이기 때문이다. 발명은 잠재성들의 시스템을 통해서 현실성의 시스템을 부양하는 것이고, 그 두 시스템들에 입각해서 유일무이한 어떤 시스템을 창조하는 것이다.[58]

개체화의 원천인 전개체적 실재로부터 새로운 개체화가 발생하듯이, 새로운 기술적 도식을 발명하는 상상력도 도식들의 발생적 원천인 바탕으로 돌아가 형태들을 바탕에 연결시키는 참여의 관계를 맺어야 한다. 기술적 개체의 경우 자연 세계와 기술적 대상 사이의 매개항으로 '연합환

---

55 시몽동 (2011), p. 88.
56 시몽동 (2011), p. 90.
57 시몽동 (2011), p. 91.
58 시몽동 (2011), p. 88.

경'이 존재하듯이, 인간 개체의 경우 생물학적인 삶과 의식적인 사유 사이의 매개항으로 '암묵적인 공리계'가 존재한다. 연합환경이 기술적인 것이면서 자연적인 것이듯이, 정신적 공리계도 생물학적인 것이면서 의식적인 것이다. 발명된 기술적 대상은 삶과 사유 사이의 회귀적 인과 작용을 확립하는 이 정신적 공리계로부터 상상되어 물리적으로 구체화된 것이다. 삶이나 사유 어느 한쪽에만 결부되어 있는 대상, 즉 생물학적 기능의 연장물이거나 단순 관념의 산물인 것은 시몽동이 말하고자 하는 발명된 기술적 대상이라기보다 단순한 사용 기구나 인공 장치에 지나지 않는다.

발명과 개체초월성

발명은 인간을 매개로 한 기술적 대상들 사이의 소통이자 관계 맺음이면서 동시에 기술적 대상들을 매개로 한 인간과 인간의 소통이기도 하다. 따라서 발명은 인간과 기술적 대상이 상호 협력적으로 관계 맺는 특별한 지점으로서 기술 진화의 계기이면서 동시에 사회 진화의 계기이기도 하다. 시몽동은 발명을 탁월한 천재의 능력이 아니라, 개체 내부에 잠재되어 있으나 개체를 초월하는 존재론적 실재, 즉 전개체적 퍼텐셜의 발현이라고 본다. 발명가는 자기 안에 내재하던 전개체적 퍼텐셜을 운반하는 주체와 같다.

> 인간은 각 개체 존재에 결부된 채로 남아 있는 이 아페이론(ἄπειρον), 자연적인 자기 고유의 표현매체를 사용하면서 발명한다.[59]

---

59   시몽동 (2011), p. 356.

발명하는 것은 개체가 아니라 바로 주체다. 그리고 이 주체는 개체보다 더 광대하고, 더 풍부하며, 개체화된 존재의 개체성 이외에 자연의 어떤 하중, 비-개체화된 존재의 어떤 무게를 포함하고 있다.[60]

개체화론에 따르면, 생명적 개체화는 일차적 개체화이고, 심리적-집단적 개체화는 이차적 개체화에 해당한다. 인간은 일차적으로는 생명체로서의 '개체'이면서 이차적으로는 개체초월적 관계의 '주체'일 수 있다. '개체'가 물리생물학적으로 개체화된 존재에 지나지 않는다면, '주체'는 개체로서의 자신 안에 잠재되어 있는 전개체적 퍼텐셜의 무게를 깨달은 존재라고 할 수 있다. 시몽동의 특별함은 무엇보다 발명을 호모 파베르로서 '노동하는 개체'가 아니라 개체초월적 관계를 실현할 수 있는 '기술적 주체'의 활동으로 이해한다는 데 있다. 발명은 발명되는 대상들을 '노동과 사용 도구'의 관점이 아니라 '기술적 활동과 조작적 작동'의 관점에서 바라보아야 하는 것이다.

이런 기술적 주체에 의해 발명된 대상은 단순한 사용 도구에 그치는 것이 아니라 또 다른 발명을 촉발할 수 있는 정보의 운반자로 기능한다. 발명된 대상의 '구조나 형태'는 "어떤 문제를 해결한 사유와 작동 도식의 물질적 결정화"[61]로서 이미 인간적 실재(사유, 몸짓, 전개체적 퍼텐셜 등)를 함축하고 있을 뿐만 아니라, 시·공간을 가로질러 옮겨 다닐 수 있는 '탈착가능성'을 지닌다.

기술적 발명으로부터 나온 대상은 자신을 생산했던 존재자의 무언가를 자신과 더불어 실어 나르고, 지금 여기에(hic et nunc) 가장 덜 부착되어 있

60 시몽동 (2011), p. 356.
61 시몽동 (2011), p. 354.

는 것을 그 존재자로부터 표현한다.[62]

기술적 대상의 '탈착가능성'이 생산자-발명자의 '자연성-인간성-전개체적 실재성'을 다른 인간들에게 전달하는 것이다. 발명된 기술적 대상들은 '지금 여기'의 발명자로부터 떨어져 나와 자신의 형태와 구조로 표현되어 있는 전개체적 퍼텐셜을 다른 인간들에게 정보로서 전달하면서 또 다른 발명을 촉발시킨다. 따라서 발명은 '지금 여기'의 유용성에 국한시킬 수 없는 '초월성'을 갖는다. 발명된 대상이 갖는 "공간적 보편성과 시간적 영원성"은 인간 신체의 기능을 연장하고 보완한 보철물의 도구적 유용성으로는 설명될 수 없는 것이다.

발명이 어떤 목적에 도달하기 위해서, 완전히 미리 예측가능한 어떤 결과를 실현하기 위해서 이루어진다고 말하는 것은 부분적으로 오류일 것이다. 발명은 어떤 문제를 계기로 실현된다. 그러나 발명의 결과들은 그 문제의 해결을 초과하는데, 이는 창조된 대상이 실제로 발명될 때 갖게 될 유효성의 과잉 때문에, 그리고 실현되기 이전에 완벽하게 알려진 목적의 관점에서 수단들을 고려하는 단지 제한된 조직화만을 형성하는 것이 아니기 때문이다. 진정한 발명 안에는 적응에 제한된 탐구와 단순한 목적성을 초과하는 어떤 도약, 증폭하는 어떤 역량이 있다.[63]

발명의 증폭하고 초과하는 역량은 '지금 여기'의 한계를 넘어서 개체와 개체를 직접 소통시키는 '개체초월적인 관계'를 가능하게 한다.

62 시몽동 (2011), pp. 355-356.
63 Simondon (2005b), pp. 288-289.

노동의 사회적 공동체를 넘어서, 조작적 활동에 의해 지원되지 않는 개체 간(interindividuel) 관계 저편에, 기술성의 정신적이고 실천적인 우주가 설립된다. 그 안에서 인간 존재자들은 자신들이 발명하는 것을 통해서 소통한다. 그 자신의 본질에 따라 이해된 기술적 대상, 즉 인간 주체에 의해 발명되었고, 사유되었고, 요구되었고, 책임 지어졌던 것으로서의 기술적 대상은, 우리가 개체초월적(transindividuelle)이라 부르고자 하는 관계의 표현 매체이자 상징이 된다.[64]

발명가가 개체화된 존재의 개체성에 머무르지 않고 전개체적 퍼텐셜의 하중을 실어 나르는 주체의 역할을 한다면, 발명된 기술적 대상들은 사용자이자 발명자인 인간들을 개체초월적인 집단성의 수준에서 소통시키는 매개체로 작동한다. 상호 개인적인 것(interindividuel)이 기성의 사회 체제와 규범 안에서 이미 분리된 개인들 간의 사회적 관계에 해당한다면, 개체초월적인 것(transindividuel)은 개체들 안에 '자연의 무게'로 내재하던 전개체적 퍼텐셜이 기술적 대상들을 매개로 개체들 사이에 직접 소통됨으로써 기존의 상호 개인적 관계에서 해결되지 않던 문제들을 새로운 차원에서 해결하기 위해 연대성을 회복한 관계다.

인간이 생명체로서의 개체성을 넘어서, 자기 안에 내재하던 근원적인 자연의 퍼텐셜을 새로운 방식으로 실현하는 주체로 설 수 있는 것은, 오로지 다른 개체들과 연합하여 내적 공명의 시스템으로 집단화하고 상호 협력적 관계의 앙상블을 이룸으로써만 가능한 것이다. 그런데 개체들 사이에 이런 개체초월적 관계를 성립시키고 개체들의 앙상블을 조직화하며 하나의 생명체를 심리-집단적으로 주체화하게 하는 것, 미약한 개체들을 새로운 개체화(개체초월적 집단의 형성)의 동력으로 묶어주는 것,

---

64 시몽동 (2011), p. 354.

그것이 바로 기술적 대상들인 것이다. 기술적 대상들은 인간과 자연 사이의 관계만을 매개하는 것이 아니라, 인간과 인간 사이의 관계를 매개하면서 인간을 새로운 위상의 존재자로 변환시킨다. 새로 발명된 기술적 존재는 익숙한 관계 방식과 단절시키는 소외를 불러일으키는 것처럼 느껴지지만, 동시에 미래의 새로운 사회적 관계를 창조하는 것이다. 이와 같은 기술적 활동 안에서 인간들은 기술적 대상들을 매개로 서로 소통하며, 기존의 사회적 질서와는 전혀 다른 새로운 차원의 집단성을 구축할 수 있다.

시몽동은 베르그손의 호모 파베르와 실용주의가 기술적 활동을 노동과 혼동하고 있다고 비판한다.[65] 그는 열린사회와 닫힌사회의 베르그손적 구분을 개체초월적인 집단과 노동 공동체의 구분으로 대체한다. 노동 공동체가 생물학적이라면, 개체초월적 집단은 윤리적이다. 노동 공동체를 개체초월적 집단으로 변형시키는 것은 바로 기술적 발명이다. 시몽동은 발명이야말로 사회 변혁의 원동력이라고 주장한다.

> 닫힌 공동체 안에 새로운 규범성의 침투가 가능하게 되는 것은 바로 기술에 의해서다. 기술적 규범성은 닫힌사회의 가치 코드를 변경시킨다. 새로운 기술을 받아들이면서 이 기술에 내재하는 가치들을 도입하는 모든 닫힌사회는 가치 코드의 새로운 구조화를 작동시킨다.[66]

새로운 기술의 발명은 곧 새로운 가치들의 발명이다. 복종의 코드를 육화하고 있는 개체들의 공동체가 변형되는 것은 무엇보다 기술적 발명

---

65 시몽동 (2011), pp. 364-366.
66 Simondon (2005a), p. 513.

이 사회의 새로운 구조화와 "가치들의 변화(transvaluation)"[67]를 창조하기 때문이다. 시몽동은 실용주의와 경제적 효율성에 기초한 공동체주의가 발명적 상상력과 사회 변화의 가능성을 폐쇄한다고 비판하며, 기술 교양 교육에 의해 균형잡힌 문화의 창설을 주장한다. 베르그손이 기계주의의 행보를 바라보던 시선과 마찬가지로 휴머니즘적 염려에서 인간이 저항해야 하는 것은 사실상 기계들이 아니라 닫힌 공동체와 과거에 묶인 문화다. 그러나 베르그손이 기계주의의 맹목에 신비주의로부터의 보충이 필요하다고 진단한 것과 달리, 시몽동은 기술적 발명이 곧 인간 사회의 윤리적 진화와 연결될 수 있다는 낙관적 전망을 제시한다. 발명의 순간은 인간 정신 안의 기술적 도식과 기계 안에서의 물질적 구현이 동시적으로 성립할 때 이루어지는 변환적인 것이다. 인간과 기계는 상호 협력하는 '인간-기계 앙상블'로서 자연의 전개체적 역량을 현실화하며 공동의 미래를 개방한다.

베르그손과 시몽동은 모두 발명을 보편적인 존재론적 작용이면서 동시에 생명체인 인간의 기술적 작용으로 이해한다. 베르그손이 생명 형이상학에 기초하여 발명의 긍정적 의미를 기계적 제작이 아닌 생명적 창조와 연결시켜 해명한다면, 시몽동은 개체발생론에 근거하여 발명을 문제 해결의 변환 작용이자 관계와 소통의 역량으로 보편화한다. 시몽동은 베르그손의 근본적인 이분법적 구도(자연과 기술, 생명과 물질)와 인류학적이고 실용주의적인 기술 이해를 비판하면서도 베르그손이 제공한 개념적 도구들(문제와 해, 추상과 구체, 직관, 연속과 불연속, 도약 등)을 그야말로 변환적으로 계승하며 발명을 정보 기술 시대에 상응하는 패러다임으로 부각시킨다.

베르그손과 시몽동은 또한 발명하는 정신의 역동적 상상력에 대한 원

<hr />

67 Scott (2014), p. 196.

리적 해명을 제공한다. 베르그손이 발명적 상상력에서 추상적 도식을 구체적 이미지로 현실화하려는 고도의 지적 노력을 발견한다면, 시몽동은 사유의 무의식적인 바탕과 의식적인 형태들 사이의 관계 속에서 정신적 도식 자체의 발생 과정을 추적해 보인다. 정신적 도식을 물리적 구조로 실현하는 기술적 발명의 과정은 둘 모두에게 생명의 작동 과정과 유사성을 갖는다. 그 작동 과정은 물론 베르그손에겐 연속적인 질적 변화이고 시몽동에게는 불연속적인 변환적 발생이다. 원리적 내용은 달라도, 인간의 발명 행위는 결국 생명체의 삶의 방식으로부터 투사된 것이라 할 수 있다.

베르그손과 시몽동은 발명의 교육학적 가치와 사회 변화의 선도적 기능을 긍정한다는 점에서도 일치한다. 열린사회로의 도약이든 개체초월적 집단으로의 도약이든, 발명은 인류에게 주어진 조건을 넘어서 새로운 삶의 가능성을 개방하는 계기로 작용한다. 발명의 이러한 가치가 제대로 발휘되기 위해서는 닫힌 공동체의 낡은 코드들을 넘어서 근원적인 자연(생명이든 전개체적 실재든)과의 관계를 회복하는 것이 무엇보다 중요하다는 것 또한 이들의 공통된 근본 통찰이다.

4

기술-정치

기술의 정치적 효과

시몽동은 시스템의 준안정성과 상전이에 의한 개체화라는 독특한 발생적 존재론의 관점에서 기술적 대상들의 발생과 존재 양식을 고찰한다. 앞서 살펴본 것처럼, 기술적 대상들은 인간을 위한 사용 도구나 단순한 인공물이 아니라 기술적 본질의 고유한 원리에 따라 발생하고 구체화하며 진화해 나가는 독자적 실재성을 지닌다. 기술적 대상들은 인간과 자연, 인간과 인간 사이에서 변환적 소통(transductive communication)의 매개자로 작동하며, 따라서 기술의 발전은 반(反)인간화나 반(反)자연화를 촉진하지 않는다. 시몽동의 기술철학은 생태주의적 기술공포증이나 테크노크라트적 기술만능주의의 양극단을 벗어나서 기술적 대상들과 인간 사이의 상호 협력적 공진화를 주장한다. 시몽동은 노예처럼 취급될 수 없는 기술적 대상들의 존재 가치에 대한 의식화를 촉구하며, 정보 기술 문화 속에서 기계들과 공생하는 현대 인간의 삶에 대한 긍정적 이해가능성을 열어준다.

그런데 시몽동의 기술철학은 개체화론에 근거한 존재론적 분석에 치우쳐 기술의 사회경제적 조건과 정치적 특성에 대한 고찰이 약하다는 평가를 받는다. 기술과 정치의 관계에 대한 명시적인 논의나 기술이 야기하는 정치적 효과에 대한 비판적 통찰이 부재하다는 것이다. 이는 사실, 기술과 정치의 문제를 다룰 때 통상적으로 기대하는 논의들이 시몽동에게서 보이지 않기 때문이기도 하다.

랭던 위너(L. Winner)는 「인공물은 정치적인가?」에서 그러한 논의들에 대해 두 가지로 요약하고 있다.[1] 하나는, 특정한 기술적 장치와 배치가 특정한 사회적 질서를 정착시키는 데 기여한다는 것이다. 예를 들어, 소수 인종이나 저소득 계층의 진입을 막기 위한 의도로 설치된 뉴욕 롱아일랜드의 낮은 고가도로나 노조를 파괴하고 노동 운동을 억압하기 위해 도입된 질 나쁜 철강 주형 기계 등 다양한 종류의 기술적 인공물이나 기술적 배치물이 단순한 사용과 기능 실현 이상의 정치적 목적을 구현하고 있다는 점에 주목하는 것이다. 물론 민주주의의 실현 도구이기도 하고 반민주주의와 정보 통제의 도구이기도 한 SNS 경우처럼, 기술적 장치들에는 상대적 유연성과 가변성이 있어서 어떻게 활용되느냐에 따라 애초의 의도와 달리 매우 다른 정치적 결과를 유발할 수 있다. 이런 점에서 보면, 결국 기술의 정치성은 제작자나 사용자인 인간의 정치적 의도와 목적에 따라 어떻게 활용되느냐에 달렸다. 따라서 기술이 누구를 위해, 어떤 목적으로 작동하며, 어떤 효과를 산출하고 있는지 주목하는 것이 중요하다. 다른 하나는, 기술 그 자체가 본래적으로 특정한 정치적 속성을 지닌다는 것이다. 가령 핵무기는 작동 결과의 예측불가능성과 치명성

---

1 랭던 위너 (2010), pp. 27-57.

때문에 필연적으로 중앙집권적이고 위계적인 명령 체계에 의해 통제되는 정치 체제가 요구되지만, 태양열 발전소는 개인과 지역 공동체가 효과적으로 관리할 수 있는 분산적 방식으로 제작하고 통제하는 민주적 집권 체제에 적합하다는 것이다. 따라서 집중적인 자원의 투여와 집단적인 기술 연구가 필수적인 전쟁 관련 기술과, 친환경적이고 재생가능한 에너지 자원을 활용하는 공동체 친화적인 적정 기술 사이에서, 기술 개발의 선택을 결정하는 것은 사실상 활용의 문제가 아니라 주어진 사회정치적 조건에 달렸다고 보는 것이다. 이와 같은 위너의 분석에 따르면, 정치적 조건과 얽혀 있지 않은 순수 기술이란 불가능하며, 기술은 정치, 즉 권력의 배치와 작동 및 사회 체제와 상호 작용한다. 따라서 기술과 정치의 관계에 대한 고민은 어떤 기술 시스템이 우리가 원하는 정치 체제와 양립 가능한 것인지 비판적으로 평가하는 노력으로 이어져야 한다는 것이 위너의 생각이다.

그러나 시몽동의 기술철학에서는 조금 다른 관점에서 정치적 함축을 찾아야 한다. 시몽동은 기술이 인간과 세계의 관계를 조절하는 변환적 매체라고 보고, 기술의 변화와 인간 사회의 변화 사이의 관계에 주목한다. 따라서 그는 주어진 사회 안에서 정치적 올바름이나 인간적 가치를 기준으로 기술을 어떻게 이끌어 나가고 평가할 것인가를 현실적으로 고찰하기보다는, 기술의 변화와 인간 삶의 심리적·사회적·정치적 조건의 변화 사이의 '관계'가 어떻게 조절되는지, 기술 시스템과 사회 시스템 사이의 불일치에서 야기된 사회적 갈등이나 소외의 문제를 해결할 수 있는 방안은 무엇인지, 기술과 인간 사회의 발생적 본질에 입각하여 기술과 인간의 상호 협력적 공진화를 이끌어낼 수 있는 새로운 관계 양상은 어떻게 가능한지, 이를 실현하는 주체는 누구인지 등에 대해 논의의 초점을 두고 있다.

가령, 시몽동의 노동 개념 비판과 기술적 활동의 강조는 기술결정론적 테크노크라시즘이 전혀 아니며, 오히려 기술적 구조와 사회적 구조 사이의 불일치와 양립불가능성을 은폐하는 이데올로기적 작용을 걷어내는 작업이다. 이는 인간 소외와 휴머니즘의 위기에 대한 새로운 진단을 함축한다. 또한, 시몽동이 주창하는 '기술 문화(기술 교양)' 수립의 교육학적 기획은 문화 변조를 통해 사회 변혁의 정치적 효과를 의도한다. 시몽동의 기술철학은 기술 혁신을 경제적 효율성과 부의 축적이 아닌 공동체적 삶의 진보와 사회 변혁의 조건으로 이해하며, 기술이 매개하는 존재론적 퍼텐셜에 의거하여 새로운 사회 구조화를 실현하고자 하는 정치적 주체의 가능성을 사유한다.

노동과 소외: 시몽동과 마르크스

기술 발달에 의한 휴머니즘의 위기나 자동 기계에 의한 노동으로부터의 소외와 같은 통념적 진단들은 과연 정확하고 유효한 것인가? 시몽동은 기술과 노동을 대립시키고, 인간적 문화를 "기술에 대항하는 방어 시스템"으로 구축하는 것은 "값싼 휴머니즘"에 지나지 않는다고 비판한다.[2] 우선 '휴머니즘'이 "인간적인 어떠한 것도 인간에게 낯선 것이 되지 않도록 하기 위해 인간 존재자에게 상실되었던 것을 자유로운 상태에서 누릴 수 있도록 다시 되돌려주는 의지"[3]라면, 이 "휴머니즘은 단번에 정의될 수 있을 하나의 독트린도, 심지어 하나의 태도조차도 결코 될 수 없는 것이다. 각각의 시대가 소외의 주된 위험을 겨냥하면서 자신의 휴머니즘을 발견해야만 한다."[4]고 시몽동은 전제한다. 요컨대 시몽동에게 휴머니즘

2 시몽동 (2011) p. 10.
3 시몽동 (2011) p. 148.
4 시몽동 (2011) p. 150.

은 절대적이고 보편적인 하나의 이념이라기보다 역사적으로 상이한 소외의 문제에 상응하여 항상 새로운 방식으로 창조되어야 하는 문제 해결의 양상을 뜻한다고 할 수 있다.

그렇다면 시몽동이 진단하는 현대 사회의 소외는 어떤 양상이며 이를 극복하기 위해 추구되어야 할 휴머니즘은 어떤 것인가? "20세기는 사회가 요구하고 생산한 전문화를 따라가면서 이룬 기술 발전의 내부 자체에 개입되어 있는 소외의 형태를 상쇄시킬 수 있는 휴머니즘을 찾는다."[5] 시몽동에 따르면, 계몽주의 시대에 진보로 통했던 해방자로서의 기술은 고도로 '전문화'되면서 산업자본주의 시대의 '고립과 단절'을 낳았다.[6] "기술적 행동의 인간 세계는, 스스로 발전하고 스스로 형식화하면서, 개인의 사유가능성과 크기를 초과하는 산업 세계에 개인을 다시 연결하는 기계주의의 형태로 또한 스스로 냉혹해지면서, 개인에게 다시 낯설게 된다."[7] 끊임없이 움직이는 거대한 기계주의 시스템 안에서 인간 개체들을 대항할 수 없는 미지의 권력에 끌려가는 "노예로 만든 것은 바로 고립이고, 인간을 소외시킨 것은 바로 정보의 동질성의 결여다."[8]

---

5 시몽동 (2011), p. 149.
6 시몽동은 역사적으로 상이한 '소외와 휴머니즘'의 세 형태를 제시한다. 첫 번째는 윤리적-종교적 독단에서 비롯된 소외를 극복하기 위해 지적 사유의 자유를 재발견하려는 르네상스와 종교개혁의 휴머니즘이고, 두 번째는 계몽주의 휴머니즘이다. 이때 "소외의 중요한 한 원인은 인간 존재자가 자신의 생물학적 개체성을 기술적 조직화에 빌려주었다는 사실에 있었다. 인간은 연장들의 운반자였고, 기술적 앙상블은 인간을 연장들의 운반자로서만 흡수함으로써만 구성될 수 있었다. 직업이 유발하는 기형화하는 특성은 심리적이면서 동시에 육체적이었다. 연장들의 운반자는 연장들의 사용에 의해서 기형이 되었다."(시몽동 (2011), p. 151 각주.) 따라서 기술적 몸짓의 합리화와 보편화를 추진하면서 노동의 불행한 필연성을 이겨내는 것이 이 시기의 휴머니즘이었다. 17~18세기에 발달한 과학이 기술의 보편화와 합리화 수단을 가져다주었고, 기술적 몸짓의 효율성에서 느껴지는 장인과 연장 사이의 심리생리학적 연대감과 개인적 역량의 발현이 기술적 진보에 따른 인간 해방을 실현시켜주었다. 세 번째 형태가 바로 "우리 시대에 예고되는 것"이다.(시몽동 (2011), p. 144.)
7 시몽동 (2011), p. 150.
8 시몽동 (2011), p. 148.

사실, 자동화된 거대 기계 사회 안에서 인간 개체들이 더 이상 자연과의 직접적인 연결도 인간들 사이의 믿음직한 유대도 갖지 못한 채 파편화되어 유동한다는, 20세기 산업 기술 사회의 반-휴머니즘적 특성에 대해서는 이미 하이데거, 마르쿠제, 엘륄, 멈포드 등에 의해 비판적으로 논의되어왔다. 시몽동의 새로움은 이런 소외의 원인을 단지 기술 발달에서가 아니라, 기술의 변화에 적합하게 조절되지 못한 '인간의 기술에 대한 관계 방식'에서 찾는다는 데 있다. 뿐만 아니라 그는 이 소외를 극복하기 위해서 기계들을 인간 바깥으로 밀어내는 것이 아니라, 인간과 기계의 탈인간중심적 상호 협력적 공존을 요구하는 "어려운 휴머니즘"[9]을 실현하고자 한다. 20세기 소외의 문제는 단순히 반-휴머니즘적인 기계주의의 문제가 아니다. 그것은 기술의 진화 과정에 대한 몰인식과 이로 인한 인간과 기계 사이의 부적합한 관계 방식의 문제다. 시몽동이 지적한 "기술 발전의 내부 자체에 개입되어 있는 소외의 형태"는 전(前)산업적 단계에서 산업적 단계로 이행하는 기술적 실재의 진화 과정에서 불가피하게 야기된 것으로서, 인간과 기술적 대상들 사이에 '이전 관계의 단절과 아직 확립되지 않은 새로운 관계'로 인한 심리적-집단적 불안정에서 기인한다.

그런데 기술과 관련된 소외의 이러한 문제 지점을 정확하게 인지하지 못하게 은폐하는 것, 그것이 바로 노동 패러다임이다. 인간의 자리를 자동 로봇이 대신하거나 아니면 자동화된 시스템 앞에서 인간이 자동 로봇처럼 되어버리거나, 어쨌든 첨단 기술이 노동으로부터 인간 소외를 야기한다는 대중적 견해는 사실상 '노동'이라는 근본적인 패러다임 안에서 기술적 대상들과 인간 사이의 대립을 전제하고 있다. 시몽동은 바로 이 노동 개념을 비판하며 기술과 소외의 관계에 대한 근본적인 사고의 전환을

---

9 cf. Barthélémy (2008).

촉구한다.

첫째, 노동은 인간과 자연의 관계 및 인간과 기술의 관계를 '지배와 피지배'의 사유 패러다임 속에서 바라보게 한다. 노동은 형상(인간적 의도-주인-지배)과 질료(수동적 자연-노예-피지배)의 위계적 대립을 전제하고, 나아가 형상과 질료 두 항의 주어진 상태만 고려할 뿐 두 항 사이의 상호 작용 과정인 "기술적 조작" 자체에 대해서는 주목하지 않는다. 1장에서 이미 지적했듯이, 상호 작용적 관계와 발생적 생성 과정을 근본적인 것으로 사유하는 시몽동에게 질료형상도식은 노동으로 환원된 잘못된 기술 개념에 기초해서 만들어진 사유 패러다임이다. 아리스토텔레스 당시의 매우 불완전한 기술적 경험에 근거하여 존재자들의 발생에 대한 보편적 패러다임으로 취급된 것이기 때문에 질료형상도식은 사실상 기술적 조작을 제대로 이해하지 못해서 나오게 된 이론인 것이다. 노동은 이런 질료형상도식을 전제하고 정당화한다.

둘째, 노동은 기술적 대상들을 실용성, 생산성, 경제성의 관점에서 보게 만들고, 기술적 활동을 단지 '기계를 도구로서 사용하는 활동'으로 이해하게 만든다. 인간을 도구 사용 존재로 정의하는 '호모 파베르' 개념 역시 사용과 노동의 패러다임에서 비롯한다. 가령, 스티글레르(Stiegler)는 인류가 여느 생물학적 존재들과 달리 특정한 본성(힘, 속도, 털 같은 신체적 역량)을 결여한 존재라고 보고, 기술을 이러한 결여를 보충하는 실용적 도구나 보철물로 이해한다.[10] 이러한 견해에서 기술적 대상들은 물질과의 교섭에서 필수불가결한 것으로서 인류의 생존을 조건 짓는 근본적인 요건이긴 하지만, 시몽동의 시각에서 보면, 도구를 사용하여 노동하는 존재라는 호모 파베르의 도구적 실용주의는 노동과 기술적 활동의 근본적인 차이를 무화시키고 기술적 대상들의 고유한 존재 방식을 은폐

---

10 "인간은 보철적 존재다."(Stiegler (2009), p. 2.) "모든 보충은 기술이다."(Stiegler (2009), p. 8.)

한다.

셋째, 노동 개념은 기술과 관련된 소외의 문제를 제대로 이해하지 못하게 만든다. 노동은 기술적 대상들을 실용적이고 생산적인 도구로서만 보게 하고, 기술과 관련된 소외를 생산수단의 소유 문제로 축소시킬 위험이 있다. 시몽동은 기계와의 관계에서는 노동자만이 아니라 자본가조차 소외되어 있다고 주장한다. 왜냐하면 소유 여부와 관련된 경제적 소외보다 기술적 대상들과의 관계 단절에서 비롯하는 소외가 더 근본적인 소외의 문제이기 때문이다. 마르크스가 '생산력과 생산관계의 불일치'에 주목했다면, 시몽동은 '기술성과 인간-기계 관계의 불일치'에 주목하면서 기술성의 발달 정도에 부적합한 인간-기계 관계 방식에서 소외의 발단을 찾는다.

이 소외는, 생산수단들에 대한 노동자의 관계 맺음 속에 그 기원이 있다고 마르크스주의는 파악하였지만, 우리의 견해로는, 단지 노동자와 노동 도구들 사이의 소유나 비-소유의 관계 맺음으로부터만 야기되는 것이 아니다. 소유의 사법적이고 경제적인 그 관계 맺음 아래에는 여전히 더 근본적이고 더 본질적인 관계 맺음이, 즉 인간 개체와 기술적 개체 사이의 연속성의 관계 맺음, 또는 그 두 존재자들 사이의 불연속성의 관계 맺음이 존재한다.[11]

기계와 관련된 인간의 소외는 단지 사회-경제적 의미만 갖는 것이 아니다. 그것은 또한 심리-생리학적인 의미도 갖는다.[12]

우리는 경제적 소외가 존재하지 않는다고 말하려는 것이 아니다. 우리가

11 시몽동 (2011), p. 171.
12 시몽동 (2011), p. 172.

말하려는 것은, 소외의 일차적인 원인이 본질적으로 노동 안에 있다는 것, 마르크스가 기술한 소외는 단지 소외의 양상들 중 하나일 뿐이라는 것이다.[13]

이제껏 인간이 기술을 노동과 사용 도구의 관점에서 잘못 이해할 수밖에 없었던 것은, 기술 자체의 역사적 발전 정도에 따른 인간과 기술의 관계 양상에 어느 정도 이유가 있다. 시몽동에 따르면, 기술의 발전은 요소 수준, 개체 수준, 앙상블 수준으로 진행되어왔다. 가령, 18세기 수공업적 기술 시대는 장인으로서의 인간이 연장이나 도구와 같은 '요소'적 수준의 기술적 대상들과 육체노동을 통해 관계 맺고 도구의 향상을 몸으로 느끼면서 기술적 진보를 낙관했다. 반면 19세기 열역학적 에너지 시대는 인간의 동력을 대체하는 기술적 '개체'들이 등장하면서 노동으로부터 소외된 인간의 좌절감과 기술적 진보에 대한 비관적 전망이 대두했다. 20세기의 정보 기술 시대에는 인간 대신 연장과 도구를 운반하는 기계 개체들이 연결망을 구축한 기술적 '앙상블' 수준에 도달하기 때문에 직접 노동으로부터 해방된 엔지니어로서의 인간들이 기계들의 작동 도식에 대한 인식을 통해 기계들의 상호 관계를 조정하고 조직화하는 본래적 역할을 담당하게 된다. 마치 아이와 부모의 관계처럼, 즉 아이가 성장하면서 부모에 의존하다가 차츰 독립적인 개체로 발전하여 보육으로부터 벗어난 부모와 동등한 위상에 서게 되듯이, 기술의 발전 과정도 기술적 대상들이 인간으로부터 독립해가는 과정이면서 동시에 기술 수준에 따라 기술적 대상들을 매개로 세계와 관계 맺는 인간이 자연적·사회적 구속

---

13 시몽동 (2011), p. 357. 시몽동은 노동과 관련된 경제적 소외를 부정하려는 것이 아니라 그보다 더 근본적인 소외를 드러내고자 한다. 시몽동의 경제적 소외에 대한 생각은 다음과 같은 문장들에서 엿볼 수 있다. "경제적 조건들이 그 소외를 증대시키고 안정시킨다는 것은 정확하다. (…) 비-소유는 노동이 실행되는 기계와 노동자 사이의 거리를 증가시킨다. 비-소유는 이 관계를 여전히 더 취약하고, 더 외재적이며, 더 일시적으로 만든다."(시몽동 (2011), pp. 360-361.)

으로부터 해방되어가는 과정이기도 하다. 하이데거나 마르크스를 비롯한 기술에 대한 비판적 사유는 대체로 공장식 산업 시대를 특징짓는 이와 같은 근대 기술의 수준에 상응하는 것이었다. 그러나 시몽동에 의하면, 기계로 인한 소외감은 기술적 대상들의 본성에 관한 인간의 잘못된 이해에 기인한다. 기술의 진화 과정을 추적해보면, 실제로 인간 개체의 역할을 기계가 대체한 것이 아니라, 오히려 기계 개체가 등장하기 전에 기계 개체의 역할을 대신해왔던 것이 인간이었다. 기계 개체의 등장 앞에서 인간 개체가 여전히 개체 기능을 하려는 기존의 습관을 버리지 못하고 조정자나 발명가와 같은 본연의 역할을 찾지 못한 데서 소외감이 발생한 것이다.

가령, 마르크스는 수공업적 작업장에서 기계적 대공업으로의 이행을 자본의 이윤 추구에서 찾고, 수공업적 작업장의 장인들은 연장들과 생산 도구들의 소유자였지만 기계적 대공업 시기의 노동자들은 더 이상 생산 수단들의 소유자가 아니게 되면서 소외가 출현했다고 설명한다. 즉 "매뉴팩처와 수공업에서는 노동자가 도구를 사용하지만, 공장에서는 기계가 노동자를 사용한다. 전자에서는 노동수단의 운동이 노동자로부터 출발하지만, 후자에서는 노동자가 노동수단의 운동을 뒤따라가야 한다. 매뉴팩처에서는 노동자들은 하나의 살아 있는 메커니즘의 구성원들이었지만, 공장에서는 하나의 생명 없는 메커니즘이 노동자로부터 독립해 존재하며, 노동자는 살아 있는 부속물로 그것에 합체되어 있다."[14] 기계제 이전에는 노동자가 여전히 도구를 통제하였고 이러한 통제력이 자본의 공격을 상쇄하는 힘의 원천이었지만, 기계의 출현과 함께 이런 힘이 무너진다. "노동수단은 기계의 형태를 취하자마자 곧 노동자 자신의 경쟁

---

14 마르크스 (2001), p. 567.

자로 된다."[15] "기계가 노동자를 노동에서 해방시키는 것이 아니라 그의 노동으로부터 일체의 내용을 빼앗아버리기 때문이다."[16] 마르크스에게 "기계는 잉여가치를 생산하기 위한 수단"[17]이자 "자본의 물질적 존재 형태"[18]이기 때문에 노동자와 기계 사이의 투쟁은 불가피한 것이다.

그러나 시몽동은 "경제적 개념들은 노동에 특징적인 소외를 이해하는 데 불충분"[19]하며, 기계와의 관계에서는 노동자만이 아니라 자본가조차 소외되어 있다고 주장한다. 시몽동의 반(反)-마르크시즘적으로 보이는 이런 문제제기는, 물론 생산수단으로부터의 소외, 경제적 소외의 문제성 자체를 부정하려는 것이 아니다. 시몽동은 소비와 생산의 축을 따라 전개되지 않는 기술 그 자체의 존재론적 발전 과정에서 나타날 수 있는 보다 더 일반화된 소외의 문제를 드러내고자 한다. 시몽동은 오히려 마르크스의 '생산력과 생산관계'를 '기술성과 인간-기계 관계'로 대체하면서 기술성의 발달 정도에 부적합한 인간-기계 관계 방식에서 비롯하는 소외의 양상을 문제 삼는다. 시몽동과 마르크스는 사실 인간과 자연의 관계 및 인간과 인간의 관계에서 소외 없는 공정한 관계를 발견하고자 했다는 점에서 공통점을 갖는다. 다만, 소외의 문제적 지점이 달랐다고 할 수 있다. 꽁브(Muriel Combes)에 따르면, "지배와 종속의 변증법을 극복할 수 없는 인간들이 기계와 유지하는 부적합한 관계 속에서 시몽동이 소외를 보았다면, 마르크스는 착취와 지배가 얽혀 있는 생산관계의 수준에서 소외를 보았다. 자연에 대한 인간들의 근시안적인 행동과 인간 자신에 대한 인간들의 근시안적인 행동 사이에, 시몽동은 기계에 대한, 그리

15 마르크스 (2001), p. 577.
16 마르크스 (2001), p. 568.
17 마르크스 (2001), p. 499.
18 마르크스 (2001), p. 574.
19 시몽동 (2011), p. 360.

고 기계가 요구하는 평등에 대한 인간들의 몰이해와 기술성에 대한 인간들의 부적합성을 놓았고, 바로 이것이 자연과 인간에 대한 공정한 관계를 막는다고 보았다. 반면 마르크스는 두 근시안적 행동 사이에 오는 것이 바로 생산의 사회적 관계이고, 이것의 불평등함이 인간의 물질적 삶을 구조화한다고 보았다."[20]

무엇보다 시몽동은 마르크스가 주목했던 기술적 '생산물'로서가 아니라 기술적 '대상'으로서 독자적인 실존을 갖게 된 기술적 존재자들이 함축하는 소외의 문제를 조명한다. 귀셰가 잘 지적했듯이, "기술적 대상의 존재 의미는 생산되었다는 데 있는 것이 아니라, 반대로 그것을 생산한 노동을 넘어서 존재하는 데 있다. 기술적 대상의 존재는 노동과 생산의 영역 바깥에서 시작한다. 기술적 존재가 인간적 실재를 품고 있는 것은 그것이 인간에 의해 생산되었다는 점에서가 아니라, 정확히 그것이 생산자로부터 분리된 대상으로서, 인간의 제작적 활동으로부터 다소 독립적인 방식으로 존재한다는 점에서다. 시몽동에 따르면, 마르크스는 대상이 된 기술적 존재 안에 담긴 소외의 위험을 정확하게 보지 못했다. 마르크스는 노동과 생산의 관점에서만, 즉 생산물의 관점에서만 그것을 고찰했을 뿐이다."[21]

기술성의 발달이 연장이나 도구와 같은 '요소적 수준'에 있을 때, 기술적 대상과 인간의 관계는 '연장과 운반자'의 양상으로 나타난다. 그래서 수공업적 작업장에서는 인간이 연장들의 운반자로서 기술적 개체의 역할을 할 수밖에 없었다. 그런데 기술적 개체들이 등장하게 된 기계화된 대공장에서는 그러한 인간의 역할을 기술적 개체들이 맡게 된다. 기술성이 개체 수준으로 발달한 자동화된 공장에서는 기술적 개체들이 인간의 동

---

20 Combes (2013), p. 74.
21 Guchet (2010), pp. 140-141.

력을 대신하면서 연장들의 운반자 역할을 맡게 된다. 수공업적 작업장에서 기계화된 대공장으로의 이행에서 시몽동이 주목한 것은 바로 "기술적 대상과 인간 존재자 사이의 관계 맺음이 달라진다."[22]는 사실이었다. 기술성의 진화에 따른 이행 국면에서 인간이 겪는 소외감은 단지 생산수단의 소유권이 박탈됨으로써만 발생하는 것이 아니라, 기술적 대상과 인간 사이에 '심리적이면서 동시에 육체적인' 관계 양상이 달라지면서 야기되는 '심리-생리학적인 단절'에서도 발생한다. 장인이 자기 작업장에서 어떤 대상을 만들 때, 장인이 자신의 신체를 통해 연장들을 움직이며 자기 몸짓의 정확성과 신속성을 느낄 때, 그래서 근육 운동의 힘 안에서 정확한 명령을 수행하는 연장들의 작동을 직접 느낄 때, 거기에는 소외가 없다. 왜냐하면 기술적 대상들이 생산자이자 사용자인 장인과 심리-생리학적으로 직접 연결되어 있기 때문이다. 그러나 기술적 대상들이 개체화된 기계들이 되면서 인간의 손을 떠나 독립적으로 작동할 수 있게 된 기계적 대공장에서는 노동자들이 기계들과의 직접적인 연결을 상실하며 기계들은 생산자나 사용자가 누구든지 상관없이 작동할 수 있게 된다.

시몽동은 생산수단의 비소유와 노동 생산물로부터의 소외와 같은 '사회-경제적 의미의 소외'보다 인간과 기술적 대상들 사이의 관계 변화에서 야기되는 '심리-생리학적인 소외'가 더 근본적이라고 보았다. 인간과 기계 사이의 관계의 연속성이 인간의 신체적 운동 도식과 기계의 작동 사이에 성공적인 피드백으로 이루어지는 것이라면, 이 관계의 불연속성은 그것의 단절을 의미할 것이다. 그렇다면 왜 이런 단절이 일어나는가? 이는 기술성이 발전하는 내적 필연성에 따라 기술적 대상이 연장 수준에서 개체 수준으로 진화하면서, 기술적 개체들이 인간(생산자와 사용자)으로부터 분리되어 새로운 관계를 구성할 수 있는 독립된 존재성(탈착가능성)을 갖

---

22 시몽동 (2011), p. 167.

게 되기 때문이다. 이 '탈착가능성'이 곧 '자동화'를 의미하는가? 물론 아니다. 자동화가 자기 바깥의 인간을 전혀 필요로 하지 않는 닫힌 시스템을 의미한다면, 탈착가능성은 오히려 서로를 존재 조건으로 하는 인간과 기계의 새로운 관계 맺음을 창출하는 계기다.

　기술적 대상들은 인간의 필요에 종속된 단순 도구가 아니라, 생명체와 마찬가지로 내적 필연성에 따라 독자적인 방식으로 발생과 진화를 겪는다. 아기가 자라서 성인으로 개체화하듯이, 기술적 대상들도 인간이 옮겨주어야 하는 연장이나 도구와 같은 요소 수준에서 더 이상 외부 동력이 필요없는 엔진과 같은 개체 수준으로 발전하고 나아가 이 개체들이 네크워크를 형성한 앙상블 수준으로 진화해간다. 이런 기술 진화의 과정에서 "오로지 인간이 자기 기관을 연장들의 운반자로 제공해야 할 때만, 즉 인간이 심신 단일체로서 자신의 기관을 움직임으로써 인간-자연 관계를 단계별로 펼쳐내야 할 때에만 있는 것"[23]이 바로 '노동'이다. 노동은 인간의 동력을 대체할 만한 기술적 개체들이 등장하기 이전에, 그 기술적 개체의 역할을 대신했던 인간의 활동이라는 것이다. 따라서 인간이 연장들의 운반자로서 기술적 개체의 역할을 더 이상 하지 않아도 되는 자동화된 기술적 개체들의 등장 시기에, 장인들이 자신의 신체를 움직이면서 연장들을 가지고 작업할 때 기술적 대상들과 가졌던, 그리고 이 기술적 대상들을 매개로 자연과 직접 교감했던, 심리-생리학적 연대감이 더 이상 느껴지지 않게 되었을 때 겪게 되는 소외감, 그것은 기계가 빼앗은 노동의 문제가 전혀 아니다. 자본가도 노동자도 진화한 기술적 대상들에 대한 적합한 인식을 갖지 못하고 여전히 과거의 도구적 수준에서의 관계를 유지하려 한다는 점에서, 그래서 기술적 대상들을 매개로 세계와 적합한 관계를 맺지 못하고 있다는 점에서 동일하게 소외되어 있다. 따라

23　시몽동 (2011), p. 346.

서 "생산수단들의 공유화는 그 자체로 소외의 축소를 가져올 수 없다."[24]
고 시몽동이 주장했던 것이다.

따라서 마르크스가 주목했던 기계적 대공장에서의 소외 문제는, 한편
으로는 개체화된 기술적 대상에 내재하는 인간으로부터의 독립성(탈착가
능성)에서, 다른 한편으로는 기술적 대상의 이러한 진화론적 본성을 제대
로 파악하지 못하고 기술적 개체와 적합한 관계 방식을 새롭게 찾지 못
한 인간의 습관적 태도에서 비롯한다. 시몽동에게 관계의 연속성은 그
관계에 기초하고 있는 시스템의 안정을 유지하는 것이고, 그 관계의 불
연속성은 시스템의 질적 도약을 마련하는 계기로 작용한다. 다시 말해,
개체화된 기술적 대상의 인간으로부터의 탈착가능성에서 비롯되는 소외
가 단지 부정적이기만 한 것은 아니라는 것이다. 기술성의 진화에 따른
인간과 기술적 대상 사이의 불연속성은 과거의 관계 방식에서 미래의 새
로운 관계 방식으로 도약하는 창조적 계기로 작동한다.

시몽동의 기술적 대상은 인간 노동의 생산물로 환원될 수 없는 훨씬
더 근원적인 실재의 역량을 운반한다. 기술적 대상 안에 실재하는 인간
적인 것은 인간의 노동을 넘어서는 전개체적 퍼텐셜에 닿아 있다. 시몽
동은 도구로서의 기술적 대상에 대한 소유만으로는 해결될 수 없는 전개
체적 실재와의 관계 회복에서, 즉 탈착된 기술적 대상들이 운반하는 존
재론적 창조의 역량을 마주침으로써 새로운 사회적 관계를 창조하는 소
외의 해법을 찾는다.

인간이 노동하는 기술적 개체로서의 역할로부터 해방되어 새로운 개
체초월적 관계망으로 연합될 수 있는 계기를 얻는다면, 생산자나 사용
자로부터 탈착된 기술적 개체들은 새로운 수준의 기술적 앙상블을 구성
할 수 있다. 탈착된 기술적 대상들의 자유로운 연합과 조직화는, 새로운

---

24 시몽동 (2011), p. 173.

구조의 기술적 세계를 창조할 수 있으며, 인간과 자연 사이에 '생산적-상업적-산업적 연합'을 만들어낼 수도 있고, '비생산적-비산업적-비경제적 연합'을 만들어낼 수도 있다. 여기서 "기술적 세계는 전환가능성의 시스템"[25]으로 작동한다. 어떤 기술적 앙상블을 만들어내느냐, 기계들의 관계를 어떻게 조직화하느냐는 그러나 인간에게 달렸다. 인간은 기계들을 지배하고 자기 뜻대로 끌고 가는 우월한 존재가 아니라 "기계들 사이의 관계를 책임지는 존재자로서 기계들과 동일한 수준에서 존재"[26]하기 때문이다. '기계들의 관계에 대한 책임'이 인간에게 있다는 것은 기계들의 사회(기술적 앙상블)와 인간들의 사회(개체초월적 앙상블) 사이의 불가분한 관계, 즉 상호 동시적 결정과 공-진화를 함축한다. 이는 근본적으로는 인간과 자연의 관계 및 인간과 인간의 관계가 곧 인간과 기계의 관계에 의해 조절되며 상호 동시적으로 공-진화한다는 것을 의미한다. 나아가 기계들의 개체화와 탈착가능성이 곧 인간들의 탈-노동자화와 새로운 집단화 가능성의 계기가 될 수 있다는 것도 함축한다.

노동으로부터 기술적 활동으로

노동은 기술적 활동이 되어야만 한다.[27]

기술적 활동은 단순한 노동, 소외시키는 노동과는 구분된다. 기술적 활동은 단지 기계의 활용만이 아니라, 발명과 구축 활동을 연장하는 것인, 기

---

25 시몽동 (2011), p. 352.
26 시몽동 (2011), p. 182.
27 시몽동 (2011), p. 360.

계의 보전이나 조절이나 개량, 기술적 작동에 기울이는 주의의 특정한 비율 또한 포함하는 것이다.[28]

시몽동이 주목한 소외는 기술 발달에 의한 기술적 개체화와 이에 따른 고도의 전문화가 야기한 '이전 관계로부터의 단절'이다. 따라서 소외의 극복은 새로운 관계를 발명하는 데서 찾아야 한다. 20세기는 정보이론의 등장으로 기술적 개체들의 네트워크가 형성되는 '기술적 앙상블'의 시대가 될 것이며, 따라서 연장과 도구 수준에서 노동의 유효성과 정확성을 통해 개인의 능력을 전문적으로 발현하는 데서 해방감을 느꼈던 계몽주의적 휴머니즘은 더 이상 통용되지 않는다고 시몽동은 진단했다. "이제 인간이 필요로 하는 것은 더 이상 보편적 해방이 아니라, 매개다."[29] 고립과 단절을 제거하는 소통의 매체로서 기술적 앙상블의 가치를 발견하고 노동이 아닌 기술적 활동에 근거하여 인간과 기계 사이의 소통을 마련하는 것, 그리고 이를 통해 사회적 실재와 개인 사이의 소통과 사회 시스템의 내적 공명을 이루는 것, 즉 자신을 구속했던 사회 시스템을 평가하고 새롭게 구조를 변경하거나 조직화하는 데 참여할 수 있게 되는 것, 이것이 바로 현대 사회의 소외 극복을 위해 요구되는 것이다. 시몽동은 정보이론이 "기계와 인간 사이의 공통된 상징체계의 수립을 통해서 (…) 인간과 기계의 협력 작용"[30]을 가능하게 하고, 사회 시스템의 목적성과 조직화를 반성적으로 사유할 수 있는 '새로운 유형의 다수성'과 '집단화' 가능성을 제공할 것이라고 낙관했다. 근대화 시기의 분리와 전문화 이후에는 정보 기술에 의한 소통과 공명의 네트워크가 도래할 것이라 전망했던 것

28 시몽동 (2011), p. 359.
29 시몽동 (2011), p. 150.
30 시몽동 (2011), p. 147.

이다. 이러한 시몽동의 기술에 대한 사유가 아직 인터넷과 네티즌이 등장하기 이전에 이루어졌다는 점을 감안한다면, 이는 매우 놀라운 선견지명이라 할 수 있다.

노동 패러다임이 구시대의 관습으로서 장인과 엔지니어의 차별 및 기술과 문화의 대립을 유지하는 데 기여한다면, 기술적 활동의 패러다임은 장인의 직관적이고 구체적인 기술과 엔지니어의 추상적이고 이론적인 기술을 통합하면서 기술을 문화와 통합시킨다. 따라서 노동으로부터 기술적 활동으로의 전환은 새로운 기술적 환경에 적합한 집단적 관계를 창출하기 위한 근본 조건이 된다. 무엇보다 인간과 기계의 관계가 정보 기술의 앙상블 수준에 적합한 관계 방식으로, 노동이 아니라 기술적 활동으로 전환되어야 현대적 소외의 극복이 가능하다.

따라서 20세기 정보 기술 시대에는 더 이상 기계들 앞에서 무력하게 소모되며 노동수단을 잃었다고 기계들을 부수는 '노동자로서의 인간'이 아니라, 기계들의 작동 방식을 이해하고 기계들의 관계를 조직화하며 기술적 앙상블을 구축할 줄 아는 능동적인 '기술자로서의 인간'이 출현할 수 있어야 한다. 기술성이 열역학적 시대의 개체 수준을 넘어서 정보 네트워크 수준으로 발전했음에도 불구하고 여전히 노동 패러다임에 묶여 있는 것이야말로 '기술로부터의 소외'라는 현대적인 소외의 양상이라는 것이다. "기술적 세계는 집단적인 것의 세계이며, 이것은 순수 사회적인 것에 입각해서도, 심리적인 것에 입각해서도, 적합하게 사유될 수 없다. (…) 사회적인 것의 중심으로 노동이라는 관념을 보존하는 것, 그리고 그 반대편에서 자본과 경영의 수준에서 인간관계들을 보는 심리학주의가 지속하는 것, 이는 기술적 활동이 그 자체로 사유되지 않고 있음을 보여준다."[31]

이제 노동은 기술적 활동으로 전환되어야 한다. 기술은 더 이상 노동

---

31 시몽동 (2011), p. 363.

으로 환원되어서선 안 된다. 노동은 기술적 대상과 인간의 관계가 신체적 접속을 통해 연속성을 지니며 인간이 연장들의 운반자로서 기술적 개체의 역할을 대신하고 있을 때나 적합했던 개념이다. 노동은 오히려 기술적 활동의 역사에서 인간 개체가 기술적 개체의 역할을 대신했던 한 시기의 산물일 뿐이다. 기술적 활동은 이런 노동으로 축소될 수 없으며, 기술적 대상들의 단순한 사용만이 아니라, 발명, 수리, 조절, 유지, 기능과 작동에 대한 세심한 주의력 등을 모두 포함하는 노동보다 더 큰 범주다. 기술적 활동은 인간으로부터 탈착가능한 기술적 개체와 기술적 앙상블의 수준에 맞추어 인간과 기술적 대상의 관계를 사유할 수 있는 보다 상위의 개념이다. 기술적 활동은 기술적 대상에 대한 인간의 밀접한 관심 및 인간과 기술적 대상 사이의 상호 협력적 관계를 전제할 뿐만 아니라, 이 기술적 대상들을 통해 소통하는 인간과 인간 사이의 평등한 상호 협력적 관계 또한 상정한다. "인간이 인간을 만날 때 어떤 계급의 구성원으로서가 아니라 자신의 활동과 동질적인 기술적 대상 안에서 자신을 표현하는 존재자로서 만날 수 있는 그런 기술적 조직화의 수준이란, 바로 주어져 있는 사회적인 것과 개체상호적인 것을 초월하는 집단적인 것의 수준이다."[32] 생산자, 사용자, 관리자가 기술적 대상들을 통해 동등한 자격으로 만나 정보를 소통하고 공유하며 집단적 공동체를 구성할 수 있게 하는 것이 바로 기술적 활동이기 때문이다. 인간의 자연 정복이나 개발을 위해 기술적 대상들을 단지 유용한 수단으로 활용하는 노동은 기술적 활동으로 바뀌어야 한다.

하이데거와 달리, 시몽동에게는 첨단 정보 기술 시대인 기술적 앙상블의 시기에서야말로 기술과 인간의 상호 협력적인 관계가 제대로 드러나는 시기다. 즉 인간을 닦달하고 위협하는 것이 아니라 오히려 인간을 해

---

32 시몽동 (2011), p. 362.

방하는 것으로서, 인간을 자연과 분리시키고 비인간화하는 것이 아니라 거꾸로 근원적인 자연에 다가가 인간에 내재해 있던 개체초월적 자연성을 발현시키는 것으로서 말이다. 하이데거는 사이버네틱스로 대변된 정보 기술의 시대야말로 인간의 존재론적 소외가 극에 달하는 가장 위협적인 기술 시대의 징후라고 보았지만, 시몽동은 오히려 정보 기술이야말로 사회적 개인들의 분리와 소외를 넘어서 인간과 인간 사이의 근원적인 소통을 가능하게 한다고 이해했다. 시몽동에게서는 기계들의 작동과 조작 원리에 대해 인식하고 세계와의 관계 속에서 기계들을 매체로 정보를 수용하고 전달하며 기계들을 조정하고 발명하는 기술적 활동이야말로 인간의 세계에 대한 관계 역량을 조건 짓는다. 인간과 자연 사이의, 또는 인간과 인간 사이의 분리와 소외는 기술에 의해 야기된 것이 아니다. 하이데거가 주장하는 존재와 인간의 관계 회복은 오히려 존재(전개체적 실재)의 하중을 실어 나르는, 개체초월적 관계의 매체인 기술적 대상들을 통해서 마련될 수 있다. 시몽동에게 기술은 개인적인 것도 사회적인 것도 아닌 개체초월적 집단(collectif transindividuel)에 속한다. 따라서 시몽동의 인간은 기술의 발달 앞에 무력한 존재자가 더더욱 아니다. 하이데거의 인간은, 기술이 닦달하게 만드는 자연과의 관계를 본래적인 것으로 회복하기 위해서, 즉 세계를 더 이상 기술의 방식으로 대상화하지 않기 위해서, 나아가 세계가 기술적 틀에 의해서가 아니라 있는 그대로 드러나게 하기 위해서, 오히려 모든 인간적 의욕과 의지를 포기한 채 '내맡김(Gelassenheit)'의 태도를 취해야 하는 수동적 존재다.[33] 그러나 기술적 대상들을 마주한 시몽동의 인간은 기술적 활동을 아예 포기한 하이데거적 인간이 아니다. 조정자나 발명가는 오히려 기계들 가운데서 기계들과 공존하며 기술적 활동 자체를 삶의 방식으로 삼는 인간이다.

33 cf. 박인철 (2003), pp. 146-147.

마르크스와 달리, 시몽동에게는 생산수단의 소유와 관련된 경제적 소외보다 노동 개념으로 인해 은폐되어왔던 기술적 활동으로부터의 소외가 더 근본적인 소외다. 노동자는 작동 원리도 모르면서 단지 자기 앞에 주어진 기계를 수동적으로 사용할 뿐이고, 기업가 역시 기술적 작동에 대해선 알지 못한 채 경제적 이익 추구의 도구로 기계를 활용할 뿐이다. 한마디로 둘 다 기술 자체로부터 소외된 자들에 지나지 않는다. 노동자든 기업가든 마르크스의 인간은 여전히 기술적 대상들을 생산수단이자 노동의 도구로 본다는 점에서 인간중심적인 기술 이해를 전제한다. 그러나 시몽동의 인간은 기술적 대상들 가운데서 살아가는 기술자이지 노동자나 기업가가 아니다. 시몽동은 노동이 아니라 기술적 활동을 하는 인간이야말로 자연과의 관계에서, 그리고 다른 인간들과의 관계에서 진정으로 소외를 극복할 수 있다고 본다. 따라서 시몽동은 "기술적 대상의 사용자가 단지 이 기계의 소유자이기만 한 것이 아니라 그 기계를 선택하고 보전하는 인간이기도 한, 그런 사회적이고 경제적인 양식을 발견할 수 있어야만 할 것"[34]이라고, 생산수단의 공유화보다 더 나아간 기술적 활동의 민주적 조건을 요구한다.

시몽동의 '인간-기계 앙상블'은 인간과 기계의 본질적 차이에 근거하여 공통의 문제 해결을 위해 상호 협력적으로 연대하는 평등 관계의 민주적 모델을 보여준다. 기술의 수준이 고도화될수록 점점 더 구체화하면서 상호 협력적 연결망을 구축하는 기술적 대상들의 앙상블은 인간과 자연의 관계 및 인간과 인간의 관계를 더욱 밀접하게 매개한다. 시몽동은 정보기술이 마련한 기술적 앙상블 시대에는 모든 기계의 사용자가 곧 기계의 소유자면서 동시에 조정자이자 발명자일 수 있는 진정한 기술공학적 문화의 실현이 가능하리라고 전망했다.

---

34 시몽동 (2011), p. 361.

사회 변혁을 위한 교육학적 기획으로서의 기술 문화

시몽동은 '문화'를 본질적으로 "인간이 세계에 대한 자신의 관계, 그리고 인간 자신에 대한 자신의 관계를 조절하게 하는 것",[35] 한마디로 "의사소통 조절 장치"[36]라고 정의한다. 그래서 "문화는 기술들과 동시대적이어야만 하고 단계별로 자신의 내용을 갱신해야"[37] 하는데, 왜냐하면 "인간적 세계에 우리가 영향을 미칠 수 있는 것은 바로 자연적 세계와 인간적 세계에 동시에 삽입되어 있는 기술적 앙상블들을 확장시킴으로써, 비로소 이 앙상블을 통해서 그리고 이 자연적이고 인간적인 앙상블을 따라서 가능"[38]하기 때문이다.

전문화에 의한 고립과 단절로 인해 상호 소통과 공명이 요구되는 이 시대의 문제를 극복하기 위해서는 '기술 문화/기술 교양(culture technique)'[39]의 새로운 구축이 필요하다. 기술 문화는 인간과 기계의 대립을 전제로 기술을 문화에서 배제하고 폄하했던 기존의 낡은 패러다임을 대체하는 것이다. 즉 기술 문화는 가령, 예술적·종교적 대상들만이 아니라 기술적 대상들도 인간적 가치를 산출하는 것으로서 문화 속에 통합시킨 '확장된 문화', 그래서 '불균형을 극복한 균형 잡힌 문화', 한마디로 인문 교양만이 아니라 기술 교양도 사회적 교육 시스템에 포함시킨 문화를 의미한다.

기술을 배척했던 인문학적 문화가 20세기에 적합한 '기술 문화'로 변화되어야 한다는 시몽동의 주장은 근본적으로 사회 변혁을 향한 정치적 가

---

35 시몽동 (2011), p. 325.
36 시몽동 (2011), p. 16.
37 시몽동 (2011), p. 325.
38 시몽동 (2011), p. 324.
39 기술 문화(culture technique(불); technical culture(영))는 문학중심의 문화(culture littéraire(불); literary culture(영)), 즉 '인문 교양'으로 해석되는 것과 대립되는 것으로서 '기술 교양'의 의미를 함축한다.

치를 함축한다. 기술 문화의 수립은 기계들을 단지 사용이나 소유의 대상이 아니라 정보의 교환과 소통을 위한 변환적 매체로서 상호 협력적 존재자로 존중하는 '기계 해방'이면서, 동시에 장인의 수공업적인 기술과 엔지니어의 기술공학적 기술 사이에, 또 육체노동과 정신노동 사이에 가치론적인 편견과 인식론적 단절을 제거하여 노동을 넘어선 기술적 활동에 대한 통합적 인식을 가능하게 함으로써 '인간 해방'에 기여하기 때문이다. 또한 기술 문화는 "기계들의 심리학자나 기계들의 사회학자, 통상 기계학자라고 부를 수 있는 자"[40]가 당당하게 사회적 지위를 얻고 사회 변혁의 주체로 활동할 수 있게 함으로써 사회적 구조의 변혁과 새로운 집단성의 창출을 가능하게 하기 때문이다.

시몽동의 이러한 기술 문화론은 정보이론에 근거한 기술적 앙상블을 전제하지만, 노버트 위너의 사이버네틱스 사회이론(항상성 모델)과는 구분되어야 한다. 위너는 인간 사회의 최종 목표이자 통치 행위의 이상이 정보 전달의 피드백을 통해 사회 조직의 항상성을 잘 유지하는 데 있다고 보고, 사회적 항상성 유지에 적합한 인간 개체(가령 노동조합의 지도자)를 기술과 권력 사이의 매개물로 세우고자 했다. 그러나 이런 시도는 위너 자신도 인정했듯이 플라톤의 철학자 왕과 마찬가지로 실현될 수 없었다. 시몽동은 기술과 통치 권력 사이의 매개는 '인간 개체'가 아니라 '집단적인 문화'에서 찾아야 한다고 보았다. 문화는 사회 시스템의 내적 공명을 위해 "지배하는 것과 지배받는 것 사이에 순환적 인과 작용의 연결을 만들고 조절하는 것"으로서 그 출발점과 도착점은 어디까지나 "지배받는 자"에 있다.[41] 즉 "권력은 지배받는 인간들로부터 비롯하고 그들에

---

40 시몽동 (2011), p. 214.
41 시몽동 (2011), p. 217.

게로 되돌아간다."[42] 권력은 지배자와 피지배자 사이의 소통과 조절을 전제하며 이를 통해 사회 시스템은 내적 공명을 이룬다. 인간중심적 문화가 기술적 문화로 갱신되어야 한다는 시몽동의 생각은, 그러니까 문화의 출발점이자 도착점이 이미 '인간'이 아닌 '인간-기계의 앙상블'이 되었기 때문이다. 즉 기술적 대상들을 함께 고려하지 않고서는 문화가 사회조절 장치로서의 기능을 제대로 수행할 수 없기 때문이다. 그런데 위너와 달리, 시몽동에게 사회 시스템의 목표는 잘 조절된 항상성의 절대적 유지가 아니다. 시몽동은 발생적 생성의 관점에 따라 사회체를 생명체나 기계와 마찬가지로 준안정적 시스템으로 이해하며 사회체의 진화 속에 불연속적인 도약의 계기를 포함시킨다. "통치 행위 속에도 절대적인 도래의 힘이 있는데, 이 힘은 항상성에 적용되는 것이지만 항상성을 넘어서는 것이고 항상성을 사용하는 것이다."[43] 따라서 항상성은 최종 목표가 아니라 단지 다음 단계를 위한 하나의 징검다리일 뿐이다.

또한, 시몽동의 기술 문화론은 테크노크라시즘의 기술만능주의를 함축하지 않는다. 이 점은 사이버네틱스와의 차이를 분별하는 것만큼이나 중요하다. 테크노크라시즘은 19세기 열역학과 에너지학의 시대에 등장한 기술중심주의 철학이다. 이는 정보 개념과 상호 관계의 조절에 대한 이해가 마련되지 않았던 시대, 정보의 관계망 속에서 기계들의 작동을 고려하지 않으면서 단지 동력을 얻기 위해 기계들을 '사용'할 줄만 알았던 시대의 산물이다. 시몽동은 이 테크노크라시즘을 강하게 비판한다.

힘을 얻기 위해 기계들을 활용하는 장소로서 기술적 앙상블을 취급하는 철학은 기술에 대한 독재적인 철학이라고 부를 수 있을 것이다. 여기서 기계

---

42   시몽동 (2011), p. 216.
43   시몽동 (2011), pp. 217-218.

는 단지 수단일 뿐이다. 목적은 자연의 정복, 즉 일차적인 예속화를 이용해서 자연의 힘들을 지배하는 것이다. 그러니까 기계는 다른 노예들을 만들어내는 데 쓰이는 노예인 것이다. 이와 같은 정복의 영감과 노예제 주창자는 인간을 위한 자유의 요청이라는 명분으로 서로 만날 수 있다. 그러나 노예를 다른 존재자들, 즉 인간들, 동물들 또는 기계들에로 이전시키면서 자유로워지기란 어려운 것이다. 세계 전체를 예속화하는 데 쓰이는 기계들의 무리를 지배하는 것, 그것 역시 여전히 지배하는 것이며, 모든 지배는 예속화 도식들의 수용을 상정하는 것이기 때문이다. 테크노크라시의 철학 그 자체는, 그것이 기술관료 지배적인 한, 이미 예속화하는 폭력에 감염되어 있다.[44]

테크노크라시즘의 기술만능주의는 자연에 대한 인간의 정복과 인간의 자유를 위한 기계들의 노예화를 전제한다. 시몽동은 인간과 자연의 관계를 지배와 피지배의 관계로 보고 기계를 그 도구로 사용하는 이런 인간중심적이고 기술결정론적인 사유를 비판한다. 시몽동의 기술 문화 개념은 어디까지나 기술과 인간이 상호 협력적으로 함께 진화해 나가는 탈-인간중심주의를 지향한다. 시몽동은 그 자신의 시대에, 소련 집단주의, 미국 자본주의, 전후 서유럽의 계획 경제 사회를 보았고, 그 각각에서 빠르게 진화하는 기술공학적 조건들과 특수한 문화적 규범들이 어긋나고 있음을 목격했다. 전(前)산업적 기술 시대에서 산업적 기술공학 시대로 이행하는 과정에서 나타난 기술과 문화의 대립은 기술 발달에 따른 변화와 이 변화가 야기한 환경적이고 심리-사회적인 효과들을 제도화하지 못하게 막는 이데올로기적 갈등에 지나지 않는다. 기술적 진화에 부합하는 정치적 경영에서 당시 문화보수주의자들은 현대 기술의 탈-영토화하는 힘들과 갈등을 일으키는 낡은 인간중심주의의 이데올로기적 반작용 형

---

44 시몽동 (2011), pp. 183-184.

태를 취했고, 테크노크라트들은 기술 진화에 수동적 적응을 요구하는 기술결정론적 형태를 나타냈다. 이들과 달리, 시몽동의 기술 문화론은 문화보수주의자나 테크노크라트를 양성하지 않는 제3의 기술 교육 프로그램의 중요성을 강조하는 것이었다. 즉 개인의 인지적 역량이 사회 변혁을 야기할 수 있는 새로운 개체화의 가능성을 향할 수 있도록 프로그래밍하는 것, 단순히 사회 시스템에 저항하는 것이 아니라 누구나 기술적 환경 안에서 실험하고 발명하면서 사회 시스템의 조건들을 변조시킬 수 있도록 기술적 앙상블의 개방성을 제도화하는 것, 바로 이것이 시몽동이 주창했던 기술 문화의 교육학적 기획이었다.

마르쿠제에 따르면, 산업 기술 사회는 기술적 노동 기구에 의해 관리 지배되어 사회 규범에 순응하며 자기 개성, 비판적 능력, 자기결정권 등을 상실한 일차원적 인간들을 양산한다. 마르쿠제는 특히 일차원적 산업 기술 사회 안에서는 노동 계급의 해방을 추구하는 욕구와 변혁 의지마저 마비됨으로써 사회 변혁의 주체가 사라진다는 점에 주목했다. "발전한 산업 문명의 노예는 승화된 노예이기는 하지만 그들도 여전히 노예임에는 다를 바 없다."[45] 마르쿠제는 앞서 인용했던 시몽동의 테크노크라시즘 비판 부분을 인용하면서 "기술적 합리성은 지배의 합리성을 제거하기보다는 오히려 보호하게 된다. 그리고 이성의 도구주의적 지평은 합리적으로 전체주의적인 사회로 열리는 것"[46]이라고 자신의 주장을 뒷받침한다.

그러나 마르쿠제와 시몽동 사이에는 기술적 합리성과 기술적 주체를 평가하는 데 결정적인 차이가 있다. 마르쿠제가 기술적 합리성을 전체주의적인 닫힌사회로 연결시키며 변혁 주체의 불가능성을 강조했다면, 시몽동은 정반대로 기술적 합리성과 기술적 주체의 역량을 기존의 닫힌사

45　마르쿠제 (2009), p. 80.
46　마르쿠제 (2009), p. 211.

회를 넘어서는 개체초월적인 열린사회의 가능성으로 긍정한다. 거대 기계 산업사회를 특징짓는 고립과 단절은 새로운 기술적 조건을 문화 속에 통합하지 못한 잘못된 심리-사회적 부작용이었다. 문화가 전(前)산업적 형태로 굳어지면서 현대 기술 시스템과 갈등을 일으키는 이데올로기적 폐쇄의 형태를 취하게 된 것이었다. 시몽동은 산업적 기술공학 사회 안에서 테크노크라시즘으로 빠지지 않을 수 있는 기술 문화의 잠재력과 기술적 조건에 적합한 심리-사회적 집단성을 형성하기 위한 사회 변혁의 가능성을 발견하고자 했다. 시몽동이 주장하는 기술 문화 수립과 기술적 주체 양성을 위한 교육학적 기획은 기술결정론적인 순응이 전혀 아니다. 귀셰에 따르면, "기술적 문화는 기술들이 가져온 인간 실재의 변형 능력의 발견이지, 공동체적 규범성 안에서 그 능력의 소진이 아니다. 문화는 집단을 그 자신에게로 닫는 것이 아니라, 오히려 집단들을 개방하고 변형되도록 추진하는 것이다."[47] 기술 문화는 발명된 기술적 대상들을 통해서 단지 유용성으로 환원될 수 없는 심리-사회적인 새로운 집단적 가치를 표현하게 하는 데 그 의미가 있다. 기술적 대상은 사회 집단들의 존재 안에서 기존 규범들과 규제들을 초과하는 의미를 발견하고 초월성의 차원을 도입하는 한에서, 따라서 그 집단들이 개방되고 변형되도록 밀어붙이는 한에서 문화에 통합될 필요가 있는 것이다. 그래서 시몽동에게 "기술은 내기이고, 시도이고 위험의 수용이다. 그것은 인간 종 안에 있는 '진화 능력의 가장 구체적인 양식'이다."[48] 시몽동의 기술 교육학적 기획이 오늘날에도 여전히 추구되어야 할 정치적 가치를 갖는다면, 그것은 바로 경제적 이익과 기술 개발을 동일시한 기존 정치 체제의 한계를 넘어서, 기존의 사회 규범과 제도들을 넘어서는 새로운 개체초월적 집단화의

47 Guchet (2010), p. 244.
48 Guchet (2010), p. 245.

가능성을 마련하고자 한다는 점에서다.

사회의 준안정성과 기술-정치적 주체: 개체초월성과 정서적 감동

그러면, 과연 어떤 인간이 기술적 실재에 대한 의식화를 실현할 수 있고 문화 속에 그것을 도입할 수 있는 것인지 물을 수 있을 것이다. 고정된 일상의 몸짓들과 노동으로 단 하나의 기계에 매여 있는 인간은 그런 의식화를 실현하기가 어려울 수 있다. 사용 관계가 의식화를 야기하는 데 알맞지 않다는 것인데, 왜냐하면 그 관계의 습관적인 되풀이는 [기계의] 구조들과 작동들에 대한 의식을 틀에 박힌 몸짓들로 희석시킬 수 있기 때문이다. 기계들을 활용하는 기업을 경영하는 것, 또는 소유 관계라는 것이 그런 의식화를 위해서 노동보다 더 유용한 것도 아니다. 그런 것은 기계에 대해서, 기계 그 자체보다는 오히려 기계의 가격과 작동 결과물들에 대해서 판단하는 추상적인 관점들을 만들어낸다. 기술적 대상 안에서 이론적 법칙의 실천적 적용을 보는 과학적 인식도 기술 영역의 수준에 있지 않은 것은 매한가지다. 이 의식화는 오히려 기술적 존재자들을 책임지고 발명하는 의식으로서 그 기술적 존재자들의 사회 한가운데서 살아가면서 기계들에 대한 사회학자이자 심리학자로서 존재하는 조직 엔지니어가 할 수 있는 일인 것처럼 보인다.[49]

시몽동과 하이데거는 자동화된 생산과 계량으로 더 이상 자연 환경이나 다른 인간들과 직접적인 관계를 맺을 수 없게 만든 산업 기술 사회의 소외를 우려하며 기술에 대한 사유의 근본적 전환이 필요하다고 본다는 점에서는 일치한다. 그러나 하이데거의 기술철학이 장인의 수공업적 기

---

49 시몽동 (2011), pp. 14-15.

술과 시적 창조를 특권화하면서 전(前)-산업적 기술 문화의 규범적 틀 안에서 '시인-철학자'를 기다리는 데 그쳤다면, 시몽동은 생물학적인 시스템과 기술공학적 시스템의 공진화 속에서 더 이상 개체의 시대가 아닌 앙상블의 시대에 적합한 새로운 개체초월적 집단성을 향해 우리의 발명적 역량을 발현시킬 '엔지니어-철학자'를 요구한다.[50]

시몽동은 「형상, 정보, 퍼텐셜」(1960)[51]에서 사회정치적 시스템의 변화 가능성과 그 조건에 대해 발생적 생성의 개체화 작동에 입각하여 설명한다. 개체화는 구조화(형상화)하는 준안정적인 장의 변환 작동이다. 과포화 용액의 결정화 작용에서 볼 수 있듯이, 새로운 구조나 형상의 발생은 준안정적인 장이 내적 불일치로 과포화 상태에 있을 때 변화를 야기하는 어떤 사건의 촉발(정보 씨앗)로 시작되어 점차 장 전체로 증폭 확산되어 가는 방식으로 이루어진다. 물리-생물학적 시스템에서의 개체화와 마찬가지로, 사회적 장도 퍼텐셜 에너지를 지닌 하나의 준안정적 시스템으로서, 이 시스템 내부의 양립불가능성과 불일치가 과포화될 때, 새로운 구조의 발생을 촉발하는 사건적 씨앗의 등장과 더불어 장 전체가 점차 새롭게 구조화하게 된다.

준안정성의 조건들에 따라 왜 사회들의 형태가 변하는지, 왜 집단들이 변화하는지 물어야 할 것이다. 그런데 우리가 잘 알고 있듯이, 사회적 집단들의 삶 속에서 가장 중요한 것은, 단지 그것들이 안정적이라는 사실이 아니라, 그것들이 자신들의 구조를 보존할 수 없게 되는, 즉 그 집단들이 그 자신과 관련해서 양립불가능하게 되고, 그것들이 탈분화하고 과포화되는 어

---

50 cf. Bardin & Menegalle (2015).

51 Simondon (2005a), pp. 531-551. 이 텍스트는 시몽동이 1960년 2월 27일 프랑스철학회에서 발표한 논문인데 2005년 Millon 출판사에서 나온 통합본 『형상과 정보 개념에 비추어본 개체화 (*L'Individuation à la lumière des notions de forme et d'information)*』에 부록으로 실려 있다.

떤 순간들이 있다는 것 바로 그것이다. 아이가 적응 상태에 더 이상 머물러 있을 수 없듯이, 집단들도 탈적응한다. 예컨대, 식민지화 안에서, 어떤 시기 동안에는 식민자와 피식민자 사이에 동거가 가능하다가 갑자기 퍼텐셜들이 나타나서 더 이상 가능해지지 않는 경우가 있다. 이때는 새로운 구조가 솟아나야만 한다. 그 상태를 결정화하기 위한 형상의 솟아남, 정말로 발명으로부터 비롯하는 진정한 구조가 필요하다. 그렇지 않으면 탈적응과 탈분화 상태에 머무르게 될 것이다.[52]

앞서 사이버네틱스의 항상성 모델 비판에서 제시되었듯이, 시몽동은 사회적 실재가 영구적인 안정적 형상에 도달하는 것은 불가능하다고 본다. 사회적 실재의 안정적 상태는 언제나 다음 도약을 위한 잠정적 단계일 뿐이다. 안정적인 것처럼 보이는 사회 시스템이 새로운 구조로 변화될 수 있는 것은 시스템 내부의 양립불가능한 차이들이 과포화되고 탈분화와 탈적응이 가속화될 때, 그래서 새로운 구조에 의해 변형되지 않고서는 그 시스템 자체가 존립할 수 없게 될 때 발생한다. 여기서 '탈분화(dédifférenciation)'는 기존의 분화된 상태에서 그 이전의 미분화 상태로 다시 되돌아가려는 경향이고, '탈적응(désadaptation)'은 기존 체제에 대한 적응성의 상실을 의미한다. 탈적응이 기존 사회적 관계와의 단절과 불연속성을 낳는다면, 탈분화는 새로운 관계 생산을 위한 잠재적 원천과의 접속과 연속성의 회복이다. 따라서 사회적 구성 요소들이 기성의 사회적 질서에 대해 보이는 탈적응과 탈분화는 단지 이전 상태로의 회귀나 '타락(dégradation)'으로 평가되어야 할 것이 아니라, 새로운 구조화를 산출하기 위한 변환의 기본 조건으로 이해되어야 한다.

---

52 Simondon (2005a), p. 550.

영역의 **내부에서** 탈적응(désadaptation), 형태들의 양립불가능성, 내적 탈분화, 이것들은 타락(dégradation)과 동일시되어선 안 된다. 그것들은 형상화의 필수 조건들이다. 그것들은 변환을, 즉 형상이 영역 내부에서 진행될 것이란 사실, 허락하는 퍼텐셜 에너지의 발생을 그린다. 만일 이 탈적응이 결코 산출되지 않는다면, 이 과포화가 없다면 —모든 분자들이 점점 더 자주 공간 안에서 서로 마주치게 하는 열 동요 상태처럼— 동질적인 하위 부품들을 서로서로 관계 맺게 하는 내적 반사가 없다면, 변환은 가능하지 않다.[53]

시몽동은 사회적 실재의 이런 과포화 상태를 또한 전-혁명적 상태로 정의한다.

전-혁명적 상태, 바로 그것이 우리가 여기서 제안한 가설에 따라 연구될 심리-사회적 상태의 유형이다. 즉 전-혁명적 상태, 과포화 상태, 바로 거기서 하나의 사건이 생산될 준비를 하고, 하나의 구조가 막 솟아날 준비를 한다. 그 상태에선 구조적 씨앗이 출현하는 것으로, 때로는 우연이 그 구조적 씨앗의 등가물을 산출하는 것으로 충분하다.[54]

이때 사회 변혁을 촉발하는 구조적 씨앗의 역할을 하는 것은 누구인가? 바로 발명의 주체인 기술자다. 시몽동이 정치적 활동이나 정치적 주체에 대해 직접적으로 논의하지는 않지만, 기술적 대상들을 매체로 전개체적 퍼텐셜을 운반하면서 개체초월적인 집단적 관계를 형성하는 발명의 주체는 사실상 사회 변혁을 추동하는 정치적 주체로 이해될 수 있다.

앞서 3장에서 이미 다루었듯이, 시몽동에게 발명가는 단지 뛰어난 한

---

53 Simondon (2005a), pp. 550-551.
54 Simondon (2005a), pp. 549-550.

'개체'가 아니라, 개체 내부에 잠재되어 있으나 개체를 초월하는 존재론적 실재의 어떤 역량, 즉 전개체적인 퍼텐셜을 발현하는 특별한 '주체'다. 그리고 이 주체에 의해 발명된 기술적 대상들은 전개체적 퍼텐셜을 소통시키면서 기존의 개체상호적(interindividuel) 관계를 넘어서는 새로운 개체초월적(transindividuel) 관계를 만들어낸다.

'개체상호적인 것'은 동물종의 유기적 연대성이나 기능적인 노동 분할로 이루어진 생물학적 집단화에 의거하는 것으로서, 이미 분리되어 있는 개인들 사이에, 기성의 사회 체제와 규범 안에서의 통상적인 사회적 관계를 의미한다. 반면, '개체초월적인 것'은 이러한 사회적 관계 질서를 가로지르면서, "전개체적 실재의 하중을 수단으로, 개체적 존재와 더불어 보존되며 퍼텐셜들과 잠재성을 담고 있는 자연의 그 무게를 수단으로, 개체들을 관계 맺게 하는 그런 관계"⁵⁵다. 개체초월적인 관계는 인간 개체들이 생명적 개체화의 수준에서는 해결되지 않는 실존적 문제들을 해결하기 위하여, 개체들의 수준을 넘어서, 개체들의 저변을 여전히 관통하고 있으면서 소진되지 않은 전개체적 퍼텐셜에 다시 참여하여 새로운 심리적-집단적 개체화를 실행할 때 성립한다. 마치 연결망의 각 고리가 자신의 개성을 무화시키지 않으면서도 다른 고리들과 소통하듯이, 개체초월적인 관계는 분리된 개체들 사이에 전개체적 퍼텐셜이 소통되면서, 개체들을 '가로지르면서 동시에 넘어가는' —접두어 'trans-'의 의미대로 —, 새로운 의미화와 정서적 공감으로 내적 공명을 이룬 진정한 집단성을 의미한다. 시몽동의 이런 개체초월적 집단성은 '원자적 개인들과 이들의 집합체인 사회'라는 틀로는 이해할 수 없다. 이것은 심리적인 것과 집단적인 것이 '동시 결정(syncristallisation)'되는 방식으로 발생하는 것으로서 '개체들의 앙상블'의 개체화라고 할 수 있다.

55   시몽동 (2011), p. 355.

그런데 기성의 사회적 질서에 종속되어 있는 분리된 개체들 사이에 새로운 방식의 소통과 정서적 공명의 관계를 창조하고자 할 때, 인간 개체들 안에 내재하던 전개체적 잠재성을 일깨워서 다른 차원의 관계 방식으로 인간 개체들을 연결시켜주는 것은 바로 '기술적 대상들'이다. "기술적 대상의 중개를 통해서 개체초월성의 모델인 인간 사이의 관계가 창조된다."[56] 바꿔 말하자면, 기술적 대상들이야말로 새로운 관계를 발생시키고 인간 사회를 새롭게 집단화하는 혁명적 씨앗으로 작용할 수 있다는 것이다.

  『형상과 정보 개념에 비추어본 개체화』의 보론 「개체화와 발명」에서는 이런 기술적 대상들을 발명하는 주체의 혁명적 기능이 더욱 강조되고 있다. 노동자가 아닌 "기술자"로서의 이 주체는 공동체 안에서 "마치 다른 종에 속하는 존재자인 듯이", 일종의 "특이점(singular point)"으로 존재하면서 닫힌 공동체를 변화로 이끄는 "순수 개체"로 정의된다.[57] 이 주체의 정치적 성격은 반(反)-공동체주의적인 개체초월적 집단성을 개방할 때, 즉 기계와 기술적 네트워크의 도움으로 개체상호적인 것의 타성적 규범성으로부터 벗어날 수 있을 때 드러난다. 이 순수 개체로서의 기술자는 "항상 발명하고자 하고 새로운 구조들을 창안할 위험"[58]이 있기 때문에 매우 위협적인 존재다.

  공동체는 화가나 시인은 받아들이면서 발명은 거부한다. 왜냐하면 발명 안에는 공동체를 넘어서 있는 무언가가, 집단적 신화에 의해 보장되는 공동체적 통합이 아니라, 개인에서 개인으로 나아가는 개체초월적인 관계를 설립하는 무언가가 들어 있기 때문이다.[59]

56 시몽동 (2011), p. 355.
57 Simondon (2005a), p. 511.
58 Simondon (2005a), p. 519.
59 Simondon (2005a), p. 514.

시몽동은 실용주의와 경제적 효율성에 기초한 닫힌 공동체주의가 순수 개체의 발명적 창조력과 사회 변화의 가능성을 폐쇄한다고 비판한다. 휴머니즘적 염려에서 인간이 저항해야 하는 것은 기계에 대해서가 아니다. 인간이 기계에 종속되는 것은 오로지 기계 자체가 이미 닫힌 공동체에 의해 종속되어 있을 때뿐이다. '탈-인간화하는' 기계에 대항해서 싸우면서 모든 소외로부터 인간을 구제한다고 믿었을 때, 그것은 사실 기계에 대항해서 싸운 것이 아니라 닫힌 공동체와 과거에 묶인 문화에 대항해서 싸운 것이다. 기계들은 창조의 역량을 정보로서 전파하며 개체초월적 관계를 구성하는 매체로서, 이전의 사회적 관계를 새롭게 변환시키는 '변조기'나 '변환기'로서 작동한다. 시몽동의 발명 주체는 전개체적 퍼텐셜을 운반하는 이러한 기술적 대상들을 매체로, 닫힌 공동체로서의 사회적 실재가 갖는 내적 문제들을 개체초월적인 집단화 과정으로 해결한다는 점에서, 정치적 주체가 될 수 있다.

기존의 사회적 체제와 규범들을 해체하고 새로운 집단적 개체를 산출할 수 있는 역량으로 전개체적인 것의 실재성을 긍정한다는 점에서, 그리고 양립불가능하고 서로 불일치하는 것들 사이에 소통과 내적 공명을 이룬 개체초월적 관계의 가능성을 긍정한다는 점에서, 시몽동은 사회 변혁에 낙관적 전망을 제공한다. 그렇다면 시몽동에게 정치적 행위는 이미 내재하는 '공통적인 퍼텐셜'을 발견하는 것인가? 아니면 불일치하는 것들 사이에서 새로운 '공통적인 소통 체제'를 발명하는 것인가? 정치적 행위에 대해 명시적인 논의를 전개하지 않은 시몽동이기에 양자의 해석가능성은 물론 다 존재한다. 가령, 비르노(P. Virno)와 꽁브(M. Combes)의 시몽동 해석이 개체들 사이의 '공통된 자연적 역량'으로서 전개체적인 것을 강조한다면, 들뢰즈의 시몽동 해석은 전개체적인 것을 비인격적인 것으로 놓고 오히려 양립불가능한 계열들 사이에서 소통을 가능하게 하는

'공통된 것의 발명'에 초점을 둔다.[60] 그러나 공통의 소통 체제를 발명하기 위해서는 공통의 퍼텐셜에 참여할 수밖에 없다는 점에서 사실상 어느 쪽의 우선성을 강조하기는 어렵다. 공통의 퍼텐셜인 전개체적인 것과 공통의 소통체제인 개체초월적인 것 사이의 관계는 베르그손이나 들뢰즈에게서 볼 수 있는 잠재적인 것과 현실적인 것 사이의 관계에 비추어볼 수 있을 것이다. 잠재적인 것이 현실화된 것의 단순 가능태가 아니듯이, 개체초월적인 것도 이미 주어져 있는 전개체적인 것의 단순 발현이 아니다. 개체초월적인 것은 전개체적인 것으로부터 개체화된 것으로서 오히려 전개체적 역량을 새로운 형태로 발명하는 것이다. 미리 결정되어 있는 것은 아무것도 없다. 개체화의 역량은 개체화를 통해서 개체화와 동시에 드러날 것이기 때문이다. 궁금한 것은 차라리 전개체적인 것과 개체초월적인 것을 관계 짓는, 다시 말해 전개체적 역량을 개체초월적인 것으로 변환시키는 주체화의 과정이다. 시몽동은 개체상호적 관계 속의 개체로부터 개체초월적 관계 속의 주체로 변환되는 범례를 짜라투스트라에서 찾는다.

개체초월적 관계는 짜라투스트라와 그의 제자들 사이의 관계, 또는 짜라투스트라와 줄타기 곡예사의 관계다. 이 곡예사는 그 앞에서 땅으로 떨어져 죽은 자로 군중들에 의해 버려졌다. 군중은 그 곡예사를 오직 그의 기능으로만 고려했다. 그들은 그를 버렸다, 그가 죽었을 때, 그가 이 기능을 더 이상 수행하지 않게 되었을 때. 반대로, 짜라투스트라는 이 사람을 자신의 형제로 느꼈고, 그의 신체를 매장시켜주었다. 군중들에게 버려진 이 죽은 친구 앞에 있는 짜라투스트라의 이 고독한 현존에서, 바로 개체초월성의 경험

---

60 Toscano (2012). 이런 해석의 강조점 차이는 토스카노(Alberto Toscano)의 분석에 따른 것인데, 정작 토스카노는 들뢰즈의 편에서 '퍼텐셜의 표현'보다 '소통의 발명'을 강조한다.

이 시작된다.[61]

짜라투스트라가 자신이 제자들을 인도할 수 없다는 무능력에 빠져 있을 때 겪게 된 이 사건은 자신이 제자들과 맺어야 할 관계가 이전의 개체상호적 관계가 더 이상 아니라는 것을 깨닫게 만든다. 사회로부터 분리되어 사회적 기능을 더 이상 갖지 않게 된 자(줄타기 곡예사)와의 새로운 우애의 관계가 바로 개체초월적 경험의 시작이다. 주체는 자기 안에서 개체와 전개체적인 것 사이의 불일치와 양립불가능성을 발견할 때 출현하기 시작하며, 자신의 이 내적 문제를 개체초월적인 집단적 관계의 형성으로 해결하지 못한 채 기존의 개체상호적 사회관계 속에서 분리되어 나올 때 '불안'을 경험한다.[62] 짜라투스트라가 느낀 고독은 기존 사회적 관계로부터의 '단절과 동시에 초월'을 요구하는 자기 내부의 전개체적 하중을 발견한 것에서 기인한다. 그러나 불안과 고독은 단지 개체초월적 경험의 시작일 뿐이다. 시몽동은 짜라투스트라처럼 주체화하는 개체들 안에 내재하는 전개체적 퍼텐셜이 새로운 개체화를 실현시키기 위해서는, 개체 그 자신만으로는 퍼텐셜이 너무 미약해서 집단적인 연합이 필수적이라고 보았다.

각 개체 안에서는 너무 약한 그 퍼텐셜들은, 연합해서, 개체화된 존재자들을 그들이 보존하고 있는 전개체적인 것을 통해 서로서로 연결시키면서, 집단적인 것인 이차적 개체화를 작동시킬 수 있다.[63]

61 Simondon (2005a), p. 280.
62 cf. Igor Krtolica (2012).
63 Simondon (2005a), p. 310.

주체화하는 개체들 사이에서 개체초월적인 집단적 연대를 가능하게 해주는 것은 바로 정서적 감동(émotion)이다. 기존의 사회적 관계로부터 분리되어 나온 주체는 불안과 고독을 느끼게 되지만, 이런 느낌들은 개체초월적인 관계의 형성과 더불어 집단적으로 동감하고 감동하는 정서로 변한다.

정서적 감동의 본질적인 순간은 바로 집단적인 것의 개체화다. 이 순간 이전과 이후 둘 다, 진정하고 완전한 정서적 감동은 발견될 수 없다. 정서적으로 동감할 수 있는 잠재성, 주체의 그 자신에 대한 부-적합성, 주체 내부에서 자연의 하중과 개체화된 실재 사이의 양립불가능성은 주체에게 개체화된 존재 그 이상의 것을 지시하고, 그 자신 안에서 더 상위의 개체화를 향한 에너지가 숨겨져 있음을 지시한다.[64]

베르그손에게서 신비주의적 주체의 행위가 정서적 감동을 통해 닫힌 사회 안에 전파되면서 열린사회의 가능성을 열어놓듯이,[65] 시몽동에게서도 탈개체화된 주체들은 정서적 감동을 통해 전개체적 역량을 소통하며 개체초월적인 집단화를 가능하게 한다.

기술적 발명이 그 자체로 사회 변혁의 충분조건은 아니다. 그렇다면 시몽동의 기술철학은 기술결정론에 불과할 것이다. 시몽동의 "기술적 대

---

64 Simondon (2005a), p. 315.
65 시몽동과 달리, 베르그손의 경우, 닫힌사회를 열린사회로 도약시키는 예외적 존재자들은 기술적 주체가 전혀 아니며, 오히려 정반대 쪽에 있는, 근원적인 생명의 신비를 직관한 초지성적인 종교적 신비가들이다. 이들이 정서적 감동을 불러일으키는 실천적 행위를 통해 열린사회를 향한 대중들의 모방적 실천을 이끌어낸다. 그러나 시몽동과 베르그손은 모두, 개체들의 실천적 연대를 불러일으키기 위해서는 논리적 이성에 호소하는 것보다 마음을 움직이는 정서적 감동에 의거하는 것이 더 효과적이라고 생각한다는 점에서는 일치한다. 베르그손에서 감동과 열린사회의 관계에 대한 자세한 논의는 김재희 (2012) 참조.

상은 정서-감동(affectivo-émotivité)의 수준에서 이해될 때 개체초월적 관계의 '매체와 상징'으로 나타난다.[66] 기존의 사회적 규범성을 넘어서 기술적 대상들 안에 "정치적 씨앗"[67]으로 포함되어 있는 전개체적인 것, 즉 새로운 가치로서의 정보, 바로 이것이 주체들 사이에 정서적 감동을 통해 전파되며 개체초월적 개체화를 가능하게 할 때 기술적 발명의 정치적 의미가 있다. 이런 점에서 보면, 시몽동의 기술 교육 프로그램이 겨냥했던 것은 기계를 자연 변형의 사용 도구로 보는 노동 공동체의 규범을 넘어서 새로운 개체초월적 관계를 가능하게 하는 정서적 감동의 참여 조건을 형성하는 것이라 할 수 있다. 가령 "기술적 대상들이 무한히 크고 무한히 작아서 거의 사용되지 않은 크기의 질서들과 또는 지금까지 접촉할 수 없고 신비하게 남아 있던 실재들 및 힘들과 인간이 소통하도록 만들 때"[68] 형성될 수 있는 자연과 인간 사이의 감동적인 교감이 단지 기술적 대상들의 기능적 작동에 대한 몰이해로 인해 느껴지지 않을 수도 있기 때문이다. 예를 들어, 2007년 스티브 잡스가 처음 들고 나온 '아이폰(iphone)'은 단순한 도구의 수준을 넘어서는 탁월한 기술적 대상들 중 하나라고 할 수 있다. 아이폰이라는 기술적 개체의 발명이 열어놓은 스마트폰 계열의 기술적 대상들은 기존의 폐쇄적인 사회적 질서와 경계들, 서로 불일치하고 불균등한 사회적 위상들(빈부, 나이, 성별, 지역 등의 격차)을 가로지르는 정보의 소통과 정서적 공감의 내적 공명을 실현하며 새로운 집단적 관계를 창출하는 데 기여했다. 2008년 대한민국의 촛불집회나 2010년 튀니지의 재스민 혁명(Jasmine Revolution)의 경우처럼, 정보 차단의 정치적 억압을 뚫고 공통의 문제(정치경제적 민주주의의 실현)를 해결하

---

66 Guchet (2010), p. 237.
67 Combes (2013), p. 69.
68 Guchet (2010), p. 237. 각주.

려는 개체들의 정서적 연대를 가능하게 한 것도 SNS 기술 장치였다.

시몽동 기술-정치학의 의미

시몽동이 주목했던 20세기 정보 기술로부터 급속하게 발전해온 21세기 디지털 네트워크 시대에 사회 진보를 위한 인간과 기계의 공생은 더 이상 새로운 요구 사항이 아니다. 디지털 혁명에 의한 '제2의 기계 시대'는 디지털 기술이 수십억 명의 인구를 잠재적인 지식 창조자, 문제 해결자, 혁신가의 공동체로 끌어들이고, 무수한 기계 지능들과 상호 연결된 수십억 개의 뇌가 서로 협력하여 우리가 사는 세계를 이해하고 개선해갈 것으로 전망되기 때문이다.[69] 그러나 이러한 기술 낙관주의는 대개 경제적 풍요의 가능성을 겨냥하며, 기술 혁신을 부의 축적으로 연동시킬 수 있는 경제 시스템의 변화에 몰두한다는 점에서 시몽동의 기술-정치학적 지향과는 분명 다르다.

다른 한편, 디지털 기술의 이러한 네트워크적 특성에도 불구하고 21세기의 개인들은 여전히 고립되어 있고 진정한 소통을 이루지 못한 채 부유하는 삶을 살고 있다는 비판적 진단들이 있다. 바우만은 전통적 가치와 안정적 삶의 공동체적 양식이 녹아내리는 '액체 근대' 시대에 고정된 정체성을 가질 수 없는 파편화된 개체들의 소외를 가속화하는 것이 바로 모바일 기기와 같은 가벼운 디지털 기계들이라고 지적한다.[70] 스티글레르 역시 '하이퍼 산업사회'를 특징짓는 텔레비전, 휴대전화, 컴퓨터와 같은 기계들이 진정한 개성과 욕망의 표현을 말살하고, 인간을 마케팅 전략에 의해 통제된 동일한 소비 욕구만 표출하는 가축 떼로 전락시켰다고

69 cf. 브린욜프슨 & 맥아피 (2014).
70 cf. 바우만 (2009).

비판한다.[71] 아감벤에게 이러한 기술적 대상들은 자유로운 삶의 가능성을 특정한 코드에 맞춰 규격화하고 진정한 소통가능성을 방해하는 '주체화 장치'에 지나지 않는다. 할 수 있는 것은 단지 이 장치들이 제대로 작동하지 못하도록 정해진 용도대로 사용하지 않고 가지고 노는 것, 즉 장치들을 '목적 없는 수단'으로 되돌리기 위한 '세속화' 전략을 펼치는 수밖에 없다고 진단된다.[72]

디지털 네트워크 기술 시대의 이러한 명암 앞에서 시몽동의 기술-정치학은 과연 어떤 의미를 제공할 수 있을까? 시몽동의 탈인간중심적인 휴머니즘은 인간과 기계의 공생을 단지 경제적 풍요의 수단이 아니라 소외 극복을 위한 진정한 소통의 조건으로 사유할 수 있게 한다는 점에서 주목할 만하다. 시몽동의 기술-정치학은 기술과 더불어 할 수 있는 사회 변혁과 인류 진보에 낙관적 전망을 제공한다. 즉 기존의 사회적 체제와 규범들을 새롭게 구조화할 수 있는 역량으로 전개체적인 것의 실재성을 긍정하고, 양립불가능하고 불일치하는 것들 사이에 소통과 공명을 가능하게 하는 개체초월적 관계의 발명가능성을 긍정하며, 무엇보다 전개체적인 것과 개체초월적인 것을 매개하는 기술적 대상들의 변환적 역량과, 이러한 기술적 대상들을 매개로 닫힌 공동체로서의 사회적 실재가 갖는 내적 문제들을 개체초월적인 집단화 과정으로 해결할 수 있는 정치적 주체로서의 기술적 주체를 긍정한다는 점에서 그렇다. 시몽동은 기술적 대

---

71 cf. Stiegler (2011).

72 장치들이 그 장치들에 의해 주체화된 존재들에게 절대적으로 주어진 신성한 것으로서 간주되어 왔다면 "세속화(profanation)는 권력의 장치들을 비활성화하며, 권력이 장악했던 공간을 공통의 사용으로 되돌린다."(아감벤 (2010), p. 113.) 아감벤은 국가 주권과 법에 의해 정해진 목적(내용, 코드, 문법)을 실현하는 수단이기 이전에 그 어떤 목적에도 매이지 않은 순수한 상태의 몸짓과 언어 활동을 '공통적인 것(the common)'으로서 소통가능성으로 긍정하며 장차 도래할 공동체의 기초로 삼는다. 아감벤은 사실 시몽동의 '전개체적 퍼텐셜'과 '감동(emotion)'에서 그러한 '공통적인 것'의 '소통'가능성을 이끌어내고 있는데, 아감벤의 시몽동 독해와 수용에 대해서는 별도의 긴 논의가 필요하다.

상과 기술적 주체의 앙상블이, 단지 경제적 코드와 마케팅 전략에 통제된 공허한 집단화의 수단에 불과한 것이 아니라, 우리 안에 내재하는 진정한 존재론적 퍼텐셜을 발굴하고 소통시키며 사회적 구조의 해체와 발명을 가능하게 하는 정치적 역량이라는 것을 보여준다.

기술적 구조의 변화와 사회적 구조의 변화 사이의 관계를 조절하기 위해 시몽동이 제시한 노동 비판과 기술 문화의 교육학적 프로그램은 경제적 효율성과 기존의 가치 체계에 순응하는 기술 개발이나 기계의 도구적 사용을 목표로 하지 않는다. 그것은 기술의 변환적 매체로서의 본질적 작동에 대한 정확한 인식을 공유할 수 있는 개방적 조건을 형성함으로써 인간과 세계로 구성된 시스템의 내적 문제를 새로운 구조화로 해결할 수 있는 '인간-기계' 앙상블의 발명 역량을 회복하려는 전략이다. 전 지구적인 자본주의의 발전과 그것을 떠받치는 제도들이 대중 소비와 테크노크라트적 경영에 수동적으로 적응하기를 강요하고 있는 오늘날 시몽동의 교육학적 기획이 여전히 필요한 이유다. 소외를 가속화하는 것은 새로운 기계들이 아니라, 그러한 기계들과 더불어 진화하고자 하는 우리 안의 혁명적 힘을 은폐하는 것들이다. 만일 아감벤의 세속화 전략이, 기술적 대상으로부터 그것이 운반하는 새로운 가치, 기존의 사회적 유용성으로 환원될 수 없는 새로운 정보이자 변혁의 씨앗, 즉 전개체적인 공통의 어떤 역량이 발견될 수 있도록 하기 위해서 기술적 대상에 부여된 장치로서의 기능을 무화시키고자 하는 것이라면, 그것은 시몽동의 교육학적 기획이 의도하는 정치적 효과에 부합한다고 볼 수 있다.

랭던 위너에 따르면 "우리 시대에 테크네(technê)는 폴리테이아(politeia)가 되었다."[73] 그는 사실상 모든 기술들이 특정한 정치적 확신들과 연결되어 있기 때문에 "어떤 형태의 기술이 우리가 만들고 싶어 하는 형태의 사회와 양립할 수 있을 것인가?" 고민하면서, 기술 변화의 '효력'이나 '영향'보다는 "우리 사회의 기술적 체계를 비판적으로 평가하고 통제하는 프로젝트"를 실시해야 한다고 주장한다.[74] 가령, 송전탑의 설치에 대해서, 그것이 가져오는 경제적 효율성이나 기술적 위험의 요소들만 측정하는 것이 아니라 그것이 야기하는 사회적 · 정치적 역학 관계의 재편성과 권력 배치의 측면을 평가함으로써 그 기술 시스템이 삶의 형식에 어떤 변화를 산출하는지 검토할 필요가 있다는 것이다. 미시적인 차원에서 기술 시스템과 일상적인 삶의 형식 사이의 정치적 관계를 분석하려는 이러한 시도는 사실상 시몽동의 기술-정치학에서는 다루어지지 않은 것이고, 따라서 시몽동의 한계를 보완할 수 있는 좋은 대안이라고 볼 수 있다.

그러나 기술에 대한 인간중심의 도구적 이해를 전제하고 있는 '기술 체계의 비판적 평가와 통제'는 지향하는 정치 체제의 형태와 가치 기준에 따라 그 내용이 달라질 수 있으며, 따라서 어떤 정치 체제를 지향해야 하는지를 결정해야 하는 문제가 남는다. 이와 달리, 시몽동의 교육학적 기획은 '평가와 통제' 이전에 정치 체제를 변화시킬 수 있는 창조적 역량의 자유로운 발현과 정보 공유의 조건을 형성하는 데 주안점을 둔다. 정치 체제의 형태는 사회적 실재의 준안정성에 따라 역사적으로 상이한 문제 해결의 결과로서 매번 달라질 수 있기 때문이다. 한 사회 안에서 바람직한 정치 체제에 부합하도록 기술을 민주화하려는 랭던 위너와 같은 시도도 물론 중요하지만, 시몽동의 기술-정치학은 사회정치적 구조 자체의 변화가능 조건을 기술의 존재론적 역량에서, 그리고 인간과 기계의 민주적 협력에서 찾는다는 점에서 훨씬 더 멀리까지 기술에 대한 사유를 전개하고 있다고 볼 수 있다.

73 랭던 위너 (2010), p. 80.
74 랭던 위너 (2010), p. 77, 85.

5

기술-미학

기술과 미학의 관계

예술과 문화로부터 배척되었던 기술이 명실상부 예술과 문화를 지배하고 있다. 1960년대 비디오 아트를 필두로 한 '예술의 기술적 전환' 이후 가속화되어온 기술과 예술의 융합(미디어아트, 바이오아트, 디지털아트, 로봇아트 등)은 단순히 기술의 도구적 활용에 의한 예술의 확장에 그치는 것이 아니라 예술의 본성 자체를 재-사유하게 만든다. 가령, 예술이 기술과 융합됨으로써 야기되는 새로운 미학적 요소들을 꼽자면, 전위성(avant-garde), 편재성(ubiquitousness), 상호 작용성(interactivity) 등을 꼽을 수 있을 것이다. 20세기 초 아방가르드 운동이나 플럭서스 운동이 다양한 장르적 융합과 전위적 실천을 시도했다면, 로이 에스콧(Roy Ascott)의 텔레마틱 이론(telematic theory)은 디지털 기술에 의한 예술의 편재성을 대표적으로 보여주었다. 탈근대 시대의 반(反)재현주의를 반영하는 최근의 미디어아트나 네트워크 퍼포먼스 등은 특히 창작자와 수용자의, 시간과 공간의 상호 작용적인 가능성을 발견하는 데 주력한다.

문제는 이러한 예술과 기술의 융합이라는 현상 안에서 기술은 단지 예술 창작의 한계를 극복하는 수단이나 방법으로서만 조명되고 있다는 점이다. 예술의 본성을 재-사유해야 한다는 것은, 예술 작품 안에서 미학성만이 아니라 기술성의 의미를 재고해야 한다는 것을 의미한다. 그런데 놀랍게도 기술과 미학의 상호 관계는 예술 또는 미적인 것의 본질에 주목해온 기존의 철학적 논의들에서 늘 어둠 속에 남아 있었다. 예술 작품 안에서 미학성이 예술의 본질과 등치되었다면, 기술성은 기껏해야 도구적 가치로서나 고려되었을 뿐, 오히려 근대화 시스템의 표준화 대상으로 예술을 전락시키는 부정적 요인으로 간주되었다. 과연, 오늘날 두드러지고 있는 '기술적이면서 미학적인 현상'의 등장은 단지 기술의 발전에 따른 일시적인 역사적 효과에 불과한 것일까? 보다 본질적으로, 기술적인 것과 미학적인 것의 관계란 무엇인가? 예술 작품은 단지 '미학적 실재'일 뿐인가? 어쩌면 그것은 이제 '기술적인 것'과 '미학적인 것'이 동등한 자격으로 혼합되어 있는 '기술미학적 실재'로 고려되어야 하는 건 아닌가? 뿐만 아니라 다양한 디자인 분야와 관련해서 강화되고 있는 '기술적 대상들의 예술화' 경향은 단지 기술적인 것도 아니고 단지 예술적인 것도 아닌, 기술과 예술이 통합된 '기술미학적 아름다움'을 표현하고 있지 않은가? 마치 노예해방이라도 일어난 듯이, 현대 기술은 도구적·소재적 지위에서 벗어나 자신의 창조적 역량을 마음껏 발휘하며 인간 삶의 환경을 장악하고 있으며 예술과 미학의 영역 안에서도 자신의 본래적 자리를 재배치받고자 한다. 특히 인간중심주의를 넘어서, 첨단 기술의 역량과 더불어 인간과 비-인간의 새로운 관계를 모색하는 포스트휴머니즘 지향의 문화-예술적 활동들에게는 낯선 실재들의 출현과 이에 적합한 개념의 창출이, 즉 새로운 사유의 언어가 무엇보다 필요하다.

오늘날 '기술미학적인 것'이라 불릴 수 있는 새로운 미감적 실재의 등장과 이를 사유하기 위한 개념 체계가 요구된다면, 시몽동의 논의를 들여다보는 것이 유용할 것이다. 시몽동의 기술에 대한 독창적인 사유는 '기술미학'이라는 새로운 사유 영역의 발생을 예견하고 독려하는 데까지 이른다.

기술미학의 등장

'기술미학(techno-esthétique)'에 대한 시몽동의 사유는 데리다에게 답신으로 부치고자 했던 미완의 편지에서 처음 발견된다. 나중에 「기술미학에 대한 성찰(Réflexions sur la techno-esthétique)」(1982)이라는 제목으로 정돈된 텍스트에서, 시몽동은 기존의 그 어떤 사유로도 포착할 수 없는 새로운 사유 영역으로서 '기술미학'이라 부를 수 있는 독자적 영역의 프로그램 창설을 제안한다.[1] 이 텍스트의 바탕에는 서로 이질적인 것들 사이의 공존과 소통의 관계에 주목하는 시몽동의 기본적인 철학적 태도가 놓여 있다. 여기서 시몽동은 기술과 예술을 자연 및 인간과의 관계 속에서 고려하며, 기술적인 것과 미학적인 것은 서로 분리불가능한 것이고, 따라서 감성과 미는 예술 작품들의 존재에 대해서와 마찬가지로 기술적 대상들의 존재에도 관여한다는 점을 강조하고 있다.

그는 기술미학적 실천의 구체적인 사례로서 르 꼬르뷔지에(Le Corbusier)의 건축, 에펠(Eiffel)의 가라비 고가교(Viaduc de Garabit) 등을 들고 있

---

1 Simondon (2014), pp. 379-396. 이 텍스트는 생전에 출판된 한 편의 완전한 논문이 아니고, 국제철학학교 설립과 관련해서 데리다가 보낸 편지에 대한 답장을 작성하다가 발전시키게 된 기술미학에 대한 생각을 적은 글(결국 부치지 못한 편지로 남은 것)과 이에 덧붙여 작성된 보론 형식의 네 편의 노트들로 구성되어 있다. 이 텍스트는 시몽동 사후에 출간된 『기술에 대하여(Sur la Technique)』(2014) 안에, 기술에 관한 글들, 강연 원고나 노트들, 인터뷰 기록들 등과 함께 실려 있다.

는데, 특히 이 작품들은 예술과 자연이 기술과 더불어 어떻게 상호 간섭하며 하나의 작품으로 표현되고 있는지, 그 작품이 어떻게 자연을 가로지르며 동시에 자연에 의해 가로질러지고 있는지를 보여주는 것으로 평가된다. 시몽동은 자연 안에서 자연과 상호 작용하며 자연의 일부처럼 있으면서 그 자신의 단일성과 완전성을 구현하고 있는 이러한 작품들의 미학적 힘을 강조하면서 "기술미학의 작품들이란 바로 이런 것들이다. 완벽하게 기능적이며, 완벽하게 성공적이고 아름다운, 기술적이면서 동시에 미학적인, 즉 기술적이기 때문에 미학적이고, 미학적이기 때문에 기술적인 것. 범주들 간의 상호 융합이 바로 거기에 있다."[2]고 주장한다. 에펠, 르 꼬르뷔지에, 크세나키스(Iannis Xenakis), 레제(Fernand Léger)와 같은, 시몽동이 주목했던 '예술가-기술자들'은 바로크적이고 장식적인 미학을 추구하지 않았다. 그들은 분석적이고 기능적이었으며, 사용되는 자연적 재료들의 소질(바위나 금속의 결들, 콘크리트 벽에 남겨진 흙손의 자국, 공사장의 파이프 등)을 그대로 살렸다. 그들은 기하학과 자연을 결합시키고자 했으며, 수학적 확률과 컴퓨터 코드의 합리성을 부드러운 음악의 선율로 표현하고자 했다. 물론 시몽동은 이 기술미학적 영역에 오직 기술적인 것만을 포함시키지 않는다. 그는 음악이나 영화처럼 기술적 장치들을 기능적으로 명백하게 사용하는 미학적 대상들만이 아니라, 「모나리자의 미소」 또한 기술적인 것과 미학적인 것이 서로 얽혀 있는 사례로 차용한다. 그에 따르면, 모든 예술 작품은 그 생산 시기를 불문하고 그들 나름의 시공간적 특수성에 따른 '기술적 하중'을 지니고 있다.

혹자는 여기서 시몽동의 기술미학적 감성이 기술공학적 합리성을 전제하는 건축학적 기능주의에 가깝다는 '섣부른' 판단을 할지도 모르겠다. 흥미롭게도, 시몽동이 선호한 레제(미래파의 기계미학을 표현했다고 평

---

2 Simondon (2014), p. 382.

가되는)와 크세나키스(수학의 복잡한 확률론과 컴퓨터 코드를 사용하여 작곡한 건축학적 특성의 음악으로 평가되는)가 실제로 모두 르 꼬르뷔지에와 친분이 있거나 같이 일했던 경력이 있다. 주의해야 할 것은, 시몽동의 기술미학은 이른바 모더니즘 미학으로 환원될 수 없다는 것이다. 시몽동의 기술미학이 함축하는 건축학적 특성은 정태적인 것이 아니라, 새로운 형태의 창조 과정, 즉 역동적이고 발생적인 형태-화(개체-화) 과정에서 일어나는 상호 작용적 운동성의 포착이 핵심이다. 시몽동은 서로 이질적이고 불일치하는 요소들 사이에서, 주어진 그 요소들 어느 것으로도 환원될 수 없는 새로운 형태가 창조되는 과정 자체를 기술적이면서 예술적인 활동에서 보고자 한 것이다. 옵 아트(Op Art)나 의류 재봉술 등에서 미시적인 구조들의 중첩을 통해 새로운 형태를 시각화하는 사례들에 그가 주목한 것도 같은 맥락이다.[3]

가령, 에펠이 건설한 가라비 고가교의 경우(1881~1884)를 보면, 이 다리는 프랑스 남부 트뤼에르(Truyère) 강의 깊은 계곡을 횡단하는 철교의 상판을 지지하는 아치형 구조물이 특징적이며, 이 구조가 나중에 에펠탑(1832~1923년) 저층부의 원형이 된다. 시몽동이 주목하는 것은 바로 그 '아치'다. 시몽동에게 '아치'는 매우 중요한 사유의 모티브다. '아치'는 기본적으로 양쪽에서 동시에 지어 올려서 마주쳐야 형성될 수 있다. 이 아치의 기술적 형성 과정은 곧 '서로 소통하지 못하던 요소들이 동시적으로 공존하면서도 상호 관계 맺을 수 있는 새로운 구조물을 발생시키는 과정'이다. 시몽동은 이를 '변환'이라 표현하는데, 이 변환 작용이야말로 존재론적 개체발생 과정에서만이 아니라 기술미학적인 생성 과정에서도 핵심적인 것이다.

「기술미학에 대한 성찰」에 따르면, 시몽동의 기술미학은 무엇보다 관

---

3 Simondon (2008), pp. 90-91.

가라비 고가교(Viaduc de Garabit)

조가 아니라 사용과 행위에 근거한다.

기술미학은 관조를 주요 범주로 갖지 않는다. 자극의 촉각적이고 동적인 수단으로서 어떤 대상을 통해 일종의 절정에 이르게 되는 것은 그것의 사용 안에서, 그런 행위 안에서다.[4]

미학적 경험을 확립하는 데 핵심적인 것이었던 '관조' 범주를 버린다는 것은 전통적인 '미' 범주에 근본적인 변형과 재-정의를 가져오게 한다.[5] 시몽동에게 "예술은 단지 관조의 대상이 아니라, 어떤 형태의 행위다."[6]

4 Simondon (2014), p. 383.
5 Carrozzini (2011), p. 67.
6 Simondon (2014), p. 384.

시몽동은 가령, 망치와 같은 연장을 사용할 때 사용자의 손과 신체가 직접 주고받는 망치-못-나무 사이의 강도와 같은 "지각적-운동적이면서 감각적인 직관의 유형"[7]이 피아노 건반을 두드리거나 하프의 선을 울리는 연주자의 경우에도 마찬가지로 작용한다고 지적한다. 기술미학적 체험은 대상을 바라보는 것에서가 아니라 대상과 상호 작용하는 행위자나 작동자의 신체적 감각에서 비롯한다.

따라서 그는 특히 감상자가 아닌 창작자의 입장에서 미적 체험의 의미를 찾는다.

> 미학, 그것은 일차적으로 예술 작품의 '소비자'의 감각인 것만은 아니다. 그것은 보다 더 근본적으로, 예술가 그 자신의, 더 풍부하거나 덜한, 감각 다발이다. 즉 작품으로 변형되고 있는 물질과의 접촉에서 오는 것. 조립용 나사를 박거나 용접을 하면서, 우리는 미학적 정감(affection esthétique)을 체험한다.[8]

가령, 망치와 모루가 동일한 동작 안에서 하나를 이룰 때 유효적절한 그 행위를 통해서 신체가 쾌감을 체험하듯이, 미학적 쾌감 역시 악기와 하나가 되는 연주자의 신체적 행위 자체에서 체험된다. 연주할 때 신체의 자세, 사지의 구부러짐, 이어지는 동작들의 리듬, 이런 것들이 악보의 표기법에 의해서만이 아니라 악기의 고유한 기능과 제작 기법에 의해서도 조건 지어진다. 시몽동은 이렇게 예술적인 것이든 기술적인 것이든 어떤 활동을 할 때 신체의 동작에서 느껴지는 감각 지각성(sensorialité), '작품으로 변형되고 있는 물질과의 직접적 접촉에서 오는 느낌', 그것이

---

7 Simondon (2014), p. 383.
8 Simondon (2014), p. 384.

야말로 "미학과 기술을 연결시키는 연속적인 스펙트럼"[9]이라고 주장한다. 그는 바로 이런 의미에서 "새로운 건축물들 사이를 돌아다니면서 체험하는 즐거움은 분명 기술적이면서 동시에 미학적이다. 기술미학적인 느낌은 기능적으로만 조명된 기술적 측면이나 미학적이기만 한 느낌보다 훨씬 더 원초적인 범주인 것처럼 보인다."[10]고 주장하며, 기술과 미학 어느 한쪽으로 환원시킬 수 없는 기술미학의 실재성을 거론한다.

한 걸음 더 나아가 보론 부분에서는 기술미학적 활동의 기능적 목적성과 엔텔레키를 강조한다. 시몽동은 기술미학적 아름다움은 정태적인 대상들에서, 또는 단순히 기능 그 자체에서 비롯하는 것이 아니라, 그 자신의 존재를 완성하는 행위에서 나타나는 탁월성(excellence)의 추구에 있다고 주장한다.

> 기술미학은 단지 기술적 대상들의 미학이 아니다. 그것은 더 근본적으로 목적 지향적인 동작들과 행위들의 미학이다.[11]

어떤 대상의 아름다움은 가만히 들여다본다고 해서 나타나는 것이 아니라, 그 대상이 가장 완벽하게 자기 고유의 탁월성을 표현하고 있을 때 나타난다는 것이다. 그래서 "경주용 말은 달릴 때, 장애물과 울타리를 뛰어넘을 때 아름답다. 수레를 끄는 말은 땅에 깊이 박힌 쟁기를 매달고 밭을 경작하고 있을 때 아름답다."[12]고 말한다.

이와 같이, 시몽동은 미학적 경험에 대한 전통적 이해와 달리, 대상과 주체의 분리를 전제하는 '관조' 대신에, 유기체로서의 인간과 세계 사이

---

9 Simondon (2014), p. 384.
10 Simondon (2014), pp. 391-392.
11 Simondon (2014), p. 392.
12 Simondon (2014), p. 393.

의 상호 작용적 관계 속에서 완성되는 '행위와 작동성(opérativité)'을 중심 범주로 제시하며 기술미학의 영역을 확보한다. 또한 '천재의 자연적 생산물(칸트)', '정신의 감성적 외화(헤겔)', '진리의 탈은폐(하이데거)'와 같은 예술에 관한 반(反)기술적 · 반(反)신체적 정의들과 달리, 그는 신체적이고 기술적인 '감각운동성'에 입각하여 예술적 실천을 재규정하고자 한다. 시몽동은 미학적 실재와 기술적 실재가 동등한 위상에서 서로 분리불가능한 관계를 맺고 있는 기술미학의 실재성을 제시하면서, 예술 작품을 기술적인 것도 미학적인 것도 아닌 독자적인 하나의 기술미학적 실천으로 이해할 수 있도록 이끈다.

그러나 안타깝게도, 이 텍스트는 '기술미학'을 우리 시대의 긴급한 사유 양태로서 개체화하려는 시몽동의 노력을 보여주었지만, 그 자체로서는 미완의 상태로 남아 있다. 하지만 그의 기술미학에 관한 사유의 근본적인 뿌리와 이러한 진행 방향은 이미 1958년에 출간된 『기술적 대상들의 존재 양식에 대하여』에서 찾아볼 수 있다.

미학적 사유의 발생적 본성

시몽동은 『기술적 대상들의 존재 양식에 대하여』 제3부에서 자신의 개체 발생론에 근거한 '문화 상전이론'을 제시한다. 그에 따르면, 세계-내-존재로서의 인간의 존재 양식, 또는 인간과 세계의 관계 자체는 끊임없는 변화가능성을 퍼텐셜 에너지로 지닌 일종의 '준안정적 시스템'이다. 이 '인간-세계'의 앙상블은 내적 양립불가능성이 과포화되어 문제가 제기될 때 새로운 구조화를 통해 문제를 해결하는 상전이의 방식으로 생성과 진화를 지속한다. 문화는 이 상전이를 통해 발생한 다양한 층위의 인간과 세계의 관계 양상들을 조절하는 장치라고 할 수 있다. 시몽동은 마술, 기술, 종교, 미학, 과학, 윤리, 철학 등으로 표현되는 '인간의 세계에 대한 (이론적-실천적) 관계 양상'들이 상호 공존과 상호 협력을 통해 균형 있게 조절되는 문화를 지향한다. 이 책의 명시적인 목적은 기술과 문화의 대립 속에서 기술을 폄하하고 배제하던 당시 문화의 불균형을 비판하면서 기술을 다른 상들과의 관계 속에서 적합하게 인식하고 포괄하는 균형 잡힌 문화의 설립을 주창하는 데 있다. 시몽동은 바로 이런 관점에서 기술적 사유와 미학적 사유 사이의 관계(제3부 2장 1절)를 논의하고 있다.

시몽동의 발생적 가설에 따르자면, 인간과 세계의 관계 맺음에서 가장 본원적이고 원초적인 것은 '마술적 단일성의 양식'이다.

> 원초적인 마술적 단일성은 인간과 세계가 생명적으로 연결된 관계다. 이
> 는 대상과 주체의 모든 구별 이전에 있는, 따라서 분리된 대상의 모든 출현
> 보다도 앞서 있는, 주체적이면서 동시에 대상적인 우주를 정의한다.[13]

이 우주는 일체의 구조가 결여된 무차별적인 혼돈의 단일체가 아니라, 생명체로서의 인간과 환경으로서의 세계가 관계 맺는 '특권화된 시공간적 지점들의 연결망'으로 이미 구조화되어 있다. 마술적 단일성은 인간과 세계가 상호 접촉하고 소통하며 직접적으로 관계 맺는 이 '특이점들(숲의 심장, 산 정상, 경계 지역과 같은 공간적 요충지들, 또는 탄생, 죽음, 잠, 휴식 등의 시작과 끝을 표시하는 특별한 시간적 순간들)'이 그물망처럼 연결되어 있는 구조를 지닌다. 그런데 인간과 세계 사이에 거리가 출현하면서, 즉 이 특이점들의 망상(網狀) 구조가 '모양과 바탕'으로 분리되면서 마술적 단일성이 기술과 종교로 분할되는 상전이를 하게 된다. 가령, 생명체와 환경이 단일하게 결합되어 영향을 주고받던 자연의 요충지들은, 한편으로는 모양의 측면에서 연장이나 도구의 형태로 운반가능한 기술적 대상들로 파

---

13 시몽동 (2011), p. 234.

편화되고, 다른 한편으로는 바탕의 측면에서 신적이고 성스러운 종교적 특성들로 추상화 · 보편화된다. 마술적 양식의 이러한 일차 상전이를 통해서 비로소 '대상화하는 기술'과 '주체화하는 종교'가 발생하게 된다. 이제 인간과 세계의 관계 구조는 자연적 시공간의 특이점들을 중심으로 직접 관계 맺던 마술적 양식이 아니라, 기술적 대상들(연장이나 도구들)과 종교적 주체들(신들, 사제들, 영웅들)을 매개로 해서 관계 맺는 방식으로 변화하게 된다. 그러나 기술적 대상들이 매개하는 파편화된 우주와 종교적 주체들이 매개하는 총체화된 우주는 그들 각각의 역량만으로는 원초적 우주의 단일성을 표현하거나 복원하지 못한다.

'미학적 사유'는 원초적인 마술적 단일성이 '기술-상'과 '종교-상'으로 양분될 때 그 두 극단을 매개하는 것으로서 등장한다. 여기서 미학은 '하나의 상'이 아니라는 점에 주의해야 한다. "이 사유는 하나의 상이 아니라, 마술적 존재 양식의 단일성이 파열된 것에 대한 영속적인 환기이자 미래의 단일성에 대한 추구다."[14] 하나의 상이 아니라는 말은, 그에 상응하여 대립되는 상이 없다는 것을 의미한다. 시몽동에 따르면, 모든 상들은 그 자체로는 불안정하고 부분적이며 자신과 위상차를 갖는 다른 상들과의 관계 속에서만 존재할 수 있다. 이때 모든 상들 사이의 상호 긴장과 평형을 잡아주는 것이 전체 시스템의 중립 지점이다. 기술(기술성, 기술적 사유)과 종교(종교성, 종교적 사유)가 원초적인 마술적 사유의 완전한 단일성이 양분되면서 동시에 발생한 한 쌍의 대립 상들이라면, 미학은 기술과 종교 사이의 거리와 위상차에 근거하면서도 양자를 매개하며 단일성을 회복하려는 "하나의 경향성"으로서, 인간-세계 앙상블의 중립 지점에 해당한다.[15]

---

14 시몽동 (2011), p. 229.
15 시몽동 (2011), p. 256. 시몽동의 문화 상전이론 전체를 고려하자면, "미학적 활동의 수렴 능

이렇게 시몽동의 미학에 대한 접근은 '어떤 대상의 미적 특성에 대한 고찰'보다는 인간이 세계와 관계 맺을 때 취하게 되는 '미학적인 태도나 사유의 경향성'이 어떻게 발생하며 그 특성이 무엇인지를 포착하는 데 강조점이 있다. 미학은 기술과 종교라는 서로 이질적이고 불일치하는 것들을 양자로 환원될 수 없는 새로운 차원에서 상호 공존 속에 소통시키는 단일성을 창조한다는 점에서 '창조적 변환'의 역량을 지닌다. '변환'은 시몽동 고유의 발생의 논리를 표현하는 개념으로서, 마치 불일치하는 두 망막 이미지가 제3의 새로운 차원에서 종합된 이미지를 산출하듯이, 양립불가능하고 불일치하는 것들 사이의 갈등을, 양자의 공존과 소통이 가능한 새로운 차원의 구조화로 해결하는 과정을 의미한다. 미학적 지향의 발생적 본질은 상이한 것들을 서로 연결시키는 이러한 변환적 힘, 변환적 연속성의 확립에 있다.

　미학적 사유는 종교적 주체화와 기술적 대상화 사이의 간격 안에 머무르면서 기술적 구조들을 수단으로 바탕의 질들을 구체화하며, 미학적 실재, 인간과 세계 사이의 새로운 매개, 인간과 세계 사이의 중간 세계를 만들어낸다.[16]

력은 오로지 기술과 종교의 원초적인 형태들 사이의 관계 수준에서만 충분하게 실행된다."(시몽동 (2011), p. 289.)는 점을 간과해선 안 된다. 기술, 종교, 미학은 마술적 우주의 일차 위상변이 수준에서 형성된 것이다. 마술적 단일성의 이차 위상변이(상전이)는, 기술과 종교가 각각 이론적 양식과 실천적 양식으로 분할된 이후에, 한편으로는 기술적 이론과 종교적 이론 사이의 거리에서 '과학'이, 다른 한편으로는 기술적 실천과 종교적 실천 사이의 거리에서 '윤리'가 상호 대립적인 위상(상)들로 탄생하는 것이다. 여기서 과학과 윤리 사이의 거리, 즉 이론과 실천 사이의 거리를 매개하고 수렴시키며 중립적으로 종합하려는 시도가 바로 '철학적 사유'다. 미학적 사유가 마술적 단일성의 불완전한 첫 번째 유사물이라면, 철학적 사유는 좀 더 완전한 두 번째 유사물로 발생하며, 기술-종교(일차 위상들), 과학-윤리(이차 위상들), 마술-미학(중립축들) 등 발생적 시스템 전체의 관계망을 총체적으로 사유하려는 규범적 경향으로 제시된다. 시몽동에 따르면, 미학적 사유의 활동은 "오로지 철학적 사유의 노력을 방향 짓고 유지하기 위한 패러다임으로서만 사용된다."(시몽동 (2011), p. 289.)는 한계가 있다.

16　시몽동 (2011), p. 261.

미학적 사유는 무엇보다 잃어버렸던 세계의 연속성을 회복하려는 노력이다. 기술적인 것도 아니고 종교적인 것도 아닌, "엄밀하게 대상이라고 말할 수도 없고 엄밀하게 주체라고 말할 수도 없는",[17] "순수한 대상성과 순수한 주체성 사이"[18]에서, 미학적 경험은 양자를 매개하고 연결시키는 '기술적이면서 동시에 종교적인' 중간 세계를 산출한다. 기술적 사유가 모양의 구조를 특권화하고 종교적 사유가 바탕의 질들을 특권화한다면, 미학적 사유는 "존재자의 생성의 구성적 관계, 모양과 바탕을 구별하면서 동시에 결합하는 그 관계"[19] 자체를 포착하며 모양의 구조들과 바탕의 질들 사이의 적합한 관계 맺음에 주목한다. 미학적 사유는 기술적 대상화와 종교적 주체화로 분열되면서 잃어버렸던 세계, 자연과 인간이 마술적으로 결합되어 있던 원초적 우주의 단일성을 새로운 차원에서 계승한다. 마술적 우주가 자연적인 '특이점들'을 중심으로 연결된 망상적 구조를 지녔다면, 미학적 우주는 인간적 노력 끝에 재발견된 '주목할 만한 지점들'을 중심으로 연결된 망상적 구조를 띤다. "예술 작품들의 앙상블은 마술적 세계를 계승하며 그 세계의 구조를 유지한다."[20] 그러나 미학적 우주가 마술적 우주와 동일한 것은 결코 아니다. 마술이 하나의 우주로부터 출발하여 자기분열적인 구조화를 지향했다면, 미학은 거꾸로 인간적 노력을 통해 분열된 것들을 다시 연결시키며 하나의 우주를 재구성하고자 하기 때문이다.

---

17 시몽동 (2011), p. 261.
18 시몽동 (2011), p. 269.
19 시몽동 (2011), p. 274.
20 시몽동 (2011), p. 269.

아름다움의 본성

시몽동에 따르면, 기술과 종교는 직접 소통할 수 없지만 미학적 활동의 중개로 그렇게 할 수 있다. 왜냐하면 "미학적 인상은 종교적 사유와 기술적 사유에 공통된 것으로서, 마술적 사유의 포기로부터 귀결된 사유의 그 두 반쪽들을 연결시킬 수 있는 유일한 다리"[21]이기 때문이다. 이때 "미학적 인상은 한 행위의 온전한 완전성의 느낌을 함축한다. 이 완전성은 그 행위에 명성과 권위를 객관적으로 부여하며, 이를 통해서 그 행위가 체험된 실재에서 주목할 만한 지점, 느껴진 실재의 한 매듭이 되도록 만든다. 이런 행위는 세계 안에 삽입되어 있는 인간 삶의 연결망에서 하나의 주목할 만한 지점이 된다. 바로 이 주목할 만한 지점에서 다른 주목할 만한 지점들로, 탁월한 친연성이 창조되어, 이것이 우주의 마술적 연결망에 상응하는 하나의 유사물을 재구성한다."[22]

앞서 살펴본 1982년의 텍스트에서도 제시되었듯이, 1950~60년대에 이미 시몽동은 미적 인상의 발생을 '대상'에서 찾지 않았다. 미적 인상은 상호 대립적인 주체와 대상 사이의 관계에서 나오는 것이 아니라, 세계-내-존재로서의 존재자와 세계 사이의 상호 작용 관계에서 나온다. 모든 행위와 모든 사물들은 자기 안에 '주목할 만한 지점들'이 될 수 있는 어떤 역량을 가지고 있다. 그 역량이 어떤 특정한 장소와 특정한 시간에, 어떤 특정한 바탕과 어떤 특정한 모양이 마주칠 수 있는 조건에서, 자신의 완전성을 향해 최고로 발현될 수 있을 때, 그때 그 어떤 행위나 사물은 새로운 미학적 우주의 연결망에 한 매듭이 될 수 있는, 미적 인상을 띤 주목할 만한 지점으로 나타날 수 있다. 여기서 '행위의 완전성'이란 한마디로 그 행위를 완성시킬 수 있는 모든 조건들을 갖추는 것, 끊어지고 분리

---

21 시몽동 (2011), p. 260.
22 시몽동 (2011), p. 258.

되어 있는 관계들을 모조리 회복하는 것과 관련된다. 기술적인 것과 종교적인 것이 만나고, 모양과 바탕이 만나고, 대상과 주체가 만나며, 자연과 인간이 만날 때, 비로소 완전해지고 아름다워진다는 것이다.

아름다움은 그 대상들이 지리적인 세계든 인간적인 세계든 어떤 세계 안에 삽입되어 있을 때 나타난다. 미학적 인상은 따라서 삽입에 관련되는 것이다.[23]

아름다운 것은, 그 대상에 관해서 행해지고 있는, 세계의 실재적인 한 측면과 인간의 한 몸짓 사이의 만남, 바로 이것이다.[24]

아름다움은 기하학적 선들이 정확한 비율로 그려져 있는 신전의 그림을 바라볼 때 느껴지는 것이 아니다. 서늘하고 어둡고 세월을 겪어 무너져내린 돌무더기로서 거기에 서 있는 신전 안을, 그 신전이 호출하는 우리의 자연스런 몸짓의 "굴성(屈性)"대로 흘러가며 돌아다닐 때, 그 신전을 매개로 자연적 실재와 우리의 몸짓이 마주칠 때, 그때 느껴지고 체험될 수 있는 것이다. 미학적 경험은 지각 주체와 지각 대상의 관계 속에서가 아니라, 자연의 질들과 이에 상응하는 생명체의 굴성이 '전(前)지각적이고 전(前)대상적'으로 마주칠 수 있을 때 나타난다. 그래서 엄밀히 말하자면 '하나의 대상'이라고 부를 수 없는 "미학적 대상을 정의하는 것은 분명 이러한 삽입(insertion)이지 모방(imitation)이 아니다."[25] 미학적 실재는 기술적 대상들처럼 세계로부터 탈착된 것도 아니고, 종교적 주체들처럼 초월적 보편성을 주장하지도 않는다. 미학적인 것은 자연적 세계와 인간적

23 시몽동 (2011), p. 265.
24 시몽동 (2011), pp. 274-275.
25 시몽동 (2011), p. 263.

세계 안에 동시에 삽입되어 있다. 가령, 조각상은 기술적 대상들처럼 탈착가능한 것으로 생산되지만 여전히 자연적-인간적 실재 안에 삽입되어 있다. 조각상은 아무데나 세워지는 것이 아니라, "그것이 사용하고 강화하기는 하지만 창조하지는 않은 어떤 요충지를 점유"하면서, 동시에 "한 사회집단에 유의미한 어떤 신전 앞에" 세워지는 것이기 때문이다. 조각상이 아름다운 것은 인간을 모방했기 때문이 아니라, "그것이 어떤 도시의 건축물 안에 삽입되어 있기 때문에, 어떤 곳의 가장 높은 지점을 표시하기 때문에, 어떤 성벽의 끝을 장식하기 때문에, 어떤 탑 위에 있기 때문에" 그런 것이다.[26] 세계 안에는 미학적 창조를 유인하고 고무하는 여러 특이한 장소들, 예외적인 지점들이 존재한다.[27] 작품이란 이러한 창조의 요구로부터, 즉 예외적인 장소들과 순간들에 대한 이러한 감수성으로부터 귀결되는 것으로, 세계나 인간을 복사하는 게 아니라 그것들을 연장시키고 그것들 안에 삽입되는 것이다. 또한 바로 이런 의미에서, 미학적인 존재는 "대상이면서 동시에 주체"인 "혼합물"인 것이다. 그래서 "미학적인 작품은 인간적이면서 동시에 자연적인 우주의 요충지들이자 빛나는 예외적 실재들인 작품들의 연결망을 형성하면서 우주를 꽃피우고 연장시킨다."[28]

---

26 시몽동 (2011), p. 263.
27 시몽동의 이러한 미학적 돌출부에 대한 이론에서 미쇼(Yves Michaud)는 흥미롭게도 특히 '미학과 관광'의 밀접한 관계를 읽어낸다. 여행자들을 불러들이는 세계의 관광지들은 지리학적이고 정서적으로 기념할 만한 돌출부들로서 미학적 인상을 제공하기 때문에 관광지로서의 가치를 지닌다는 것이다.(Michaud (2012), p. 131.)
28 시몽동 (2011), p. 264.

기술적 대상들의 아름다움

앞서 살펴본 대로, 미학적인 것의 발생적 조건에는 기술적인 것이 본질적인 요인으로 들어 있다. 그렇다면 기술적 사유와 기술적 대상의 관점에서 미학적인 것이란 무엇인가? 기술적인 것은 어떻게 미학적인 것과 관계 맺을 수 있는가?

기술적 대상은 물론 그 자체로 미학적 대상은 아니다. 그러나 기술적 대상은 자기 고유의 진화 과정을 통해 '구체화'되면서 자신이 탈착되어 나온 세계로 다시 부착되려는 경향, 분리되어 나온 세계 안으로 다시 삽입되려는 미학화 경향을 갖는다.

기술적 대상들의 고유한 아름다움이 존재한다.[29]

이것 역시 '세계로의 삽입'에서 비롯하며, 특히 이 세계 안에서 자신의 기능적 작동을 가장 잘할 수 있을 때 드러난다. 그것은 하나의 몸짓과도 같다. 가령, 범선의 돛은 가만히 바닥에 놓여 있을 때가 아니라, 바람을 맞으며 바다 위에서 범선을 실어 나르고 있을 때 아름답다. 트랙터는 차고 안에 있을 때가 아니라, 밭고랑을 갈며 움직이고 있을 때 아름답다. 바다를 지배하는 암초 주변에 세워진 등대가 아름다운 것은 그것이 지리적이면서 인간적인 세계의 요충지에 삽입되어 있기 때문이다. 한마디로, "기술적 대상은 자신에게 어울리는 바탕을 만나서 자신이 이 바탕의 고유한 모양일 수 있을 때, 다시 말해 자신이 세계를 완성하고 표현할 때 아름답다."[30] 기술적 대상 역시 미학적 대상과 마찬가지로 아무데서나 어떤 경우에서든 아름다운 것이 아니라, 세계의 독특하고 특이한 장소를

---

29 시몽동 (2011), p. 265.
30 시몽동 (2011), p. 266.

만날 때 아름답다. 철탑의 전선들은 계곡에 걸쳐 있을 때 아름답고 기차는 출발하거나 터널을 빠져나올 때 아름답다. 또한 기술적 대상은 자연 세계와의 상호 관계에서만이 아니라, 인간 신체의 구조적 특성에 맞게 잘 적응된 행동 안에서 아름다울 수 있다. 손의 구조나 힘에 잘 맞는 도구처럼, 하나의 연장이나 기계들은 인간 세계 안에 삽입되어 있을 때 아름다운 것이다. 전화 교환국이나 무선 전신은 그것이 가동 중일 때, 즉 서로 연결되고 소통하고 있는 인간적 실재들을 재현하고 있을 때, 장애물과 거리를 극복하면서 알려지지 않은 어떤 인간 존재의 소통하려는 의지를 표현할 때 아름다울 수 있다. 다시 말해 기술적 대상들도 미학적 대상들과 마찬가지로 자연적-인간적 세계 안에 '삽입'되어 있을 때, 즉 세계와의 상호 작용 관계 속에서 그 자신의 기능적 작동을 조정하며 탁월하게 실현하고 있을 때 아름답다.

모든 기술적 대상은 움직이는 것이든 고정된 것이든, 세계를 연장시키고 세계 안에 삽입되어 있는 한, 그 자신의 미학적 에피파니를 가질 수 있다.[31]

그런데 기술적 대상들의 이런 아름다움은 단순히 지각될 수 있는 것이 아니다. 시몽동은 기술적 대상의 본질과 무관한 예술적 장식과 변형은 기술의 진정한 미학성이 아니며, 기술적 아름다움은 무엇보다 그 대상의 기능을 이해하고 사유할 줄 아는 능력을 요구한다고 주장한다.

진정한 기술성, 문화에 통합될 수 있는 기술성은 표현된 것 안에 있지 않다. 번쩍이며 발산하는 색깔들의 화려한 사진들, 소음들, 소리들, 이미지들의 모든 녹음들은, 일반적으로 기술적 실재를 이용하는 데 머무르는 것이

---

31 시몽동 (2011), p. 265.

지 이 실재를 드러내 보여주는 것이 아니다. 기술적 실재는 사유되어야만 한다. 그것은 또한 그것의 작용 도식에 참여함을 통해서 인식되어야만 한다. 미학적 인상이 솟아나올 수는 있지만, 이는 단순한 스펙터클의 결실로서가 아니라, 오로지 실재적인 직관과 참여의 이런 개입 이후에라야만 가능한 것이다.[32]

가령, 산 위에 놓여 있는 무선 중계기의 아름다움을 인식하기 위해서는, 구름과 안개를 가로질러 한 탑에서 다른 탑으로 전파 다발을 주고받는 그 모양의 구조들과 전송 기능 전체를 이해하는 것이 필요하다. 이런 유형의 아름다움은 대상의 기능이 그 구조에 비추어 이해되고, 또 이 구조와 세계의 관계 맺음이 정확하게 상상되고 미학적으로 느껴져야 가능하다. 여기서 미적 인상은 기술적 대상의 경우에도 이 대상의 작동의 완벽한 실현을 고지한다는 점에 주의할 필요가 있다. 기술적 대상은 연장이나 도구와 같은 가장 단순한 기능적 수준에 머무르지 않는다. 언제 어디서든 운반가능한 연장의 형태로 세계로부터 탈착되었던 기술적 대상들은 점점 진화하면서 기술적 개체들로, 또 이 개체들의 앙상블로 구체화하며, 자연적이면서 동시에 인간적인 세계 안에 삽입되어 종합 기술적인 망상적 구조의 우주를 형성할 수 있게 된다. 특이점들의 마술적 우주나 주목할 만한 지점들의 미학적 우주와 유비적으로, 기술적 앙상블들의 망상적 연결망(철도, 탄광, 태양로, 전화, 인터넷 등)도 인간적 세계와 자연적 세계 안에 동시에 삽입되어 이들 세계와 상호 인과 작용과 조정 작용을 하며 기능적으로 연결되어 있다. 기술적 대상의 진정한 아름다움은 개체화된 기술적 대상들 각각의 기능적 작동 도식에 대해서만이 아니라, 기술적 대상들이 자신이 삽입되어야만 하는 지리적-인간적 환경 전체와의

32 시몽동 (2011), pp. 327-328.

관계 속에서 어떻게 발명되고 구체화되면서 기술성의 완전한 실현을 향해 나아가고 있는지도 적합하게 인식될 수 있을 때, 드러날 수 있다. 그래서 시몽동은 기술적 대상들의 미학적 특성이 무엇보다 기술적 대상들과 기술성의 본성에 대한 인식과 성찰이 부족해서 지금껏 제대로 인식되지 못했다고 진단한다.[33]

요컨대, 기술적 대상의 기능적 작동은 본래 지리적-인간적 세계와의 상호 작용적 관계 속에서 이루어지는 것인데, 그러한 조건들과의 적합한 관계 속에서 탁월하게 작동할 때 기술적 대상들은 미학적일 수 있다. 이는 결국 기술과 미학의 본질적인 분리불가능성을 보여준다.

시몽동 기술미학의 현재성

이상에서 살펴본 대로, 시몽동은 '기술미학'이라는 개념을 통해 새로운 미학의 가능성을 보여준다. 그의 기술미학은 미학적 실재와 기술적 실재의 상호 분리불가능한 본질적 관계를 전제한다. 그리고 예술적인 것이든 기술적인 것이든, 하나의 작품에 대해 자연 세계와 인간의 삶에 동시에 '삽입'되어 있는 하나의 기술미학적 실천으로 이해할 수 있게 한다. 그것은 또한 형상/질료, 주체/대상의 분리를 전제한 '모방과 관조'의 전통적 미학이 아니라, 그러한 분리를 통합하는 '행동과 체험'의 미학, 인간과 세계와 작품 사이의 신체적·감각 지각적 상호 작용에 근거한 '동적 작동'의 미학을 제시한다. 그래서 어떤 대상의 아름다움은 정태적인 상태에서가 아니라, 자연-작품-인간 사이의 상호 작용 관계 속에서 세계-내-존

---

33 이런 관점에서 보면, 자동차 튜닝의 비본질적인 복잡한 장식성은 전혀 아름다운 것이 아니다. 이른바 기술을 아는 사람이라면, 여러 가지 기술들을 융합하며 기술적 본질을 구체화하고 있는 아이폰의 기능적 단순성이야말로 아름답다고 느낄 것이다.

재로서 움직이고 있는 생동하는 역동성이 탁월하고 완전하게 구현될 때 나타난다.

『기술적 대상들의 존재 양식에 대하여』(1958)로부터 「기술미학에 대한 성찰」(1982)로 이어지는 시몽동의 기술미학적 사유는 기술을 본질적으로 배제하려던 전통적 미학을 뒤집어 오히려 기술적 본질(관계적이고 기능적인 작동)에 의거해야만 사유될 수 있는 새로운 미학의 정립이라고 볼 수 있다. 사실, 시몽동의 개체발생적 관점에서는, 미학적인 작품(예술 작품들)만이 아니라 기술적인 작품(기술적 대상들, 기계들)도 서로 이질적이고 불일치하고 양립불가능한 것들 사이에서 공존과 소통의 가능성을 찾는 '변환 작동'의 산물이다. 세계(자연적-인간적 환경)와의 관계 및 이질적인 구성요소들 간의 관계 속에서 새로운 존재자를 발생시키는 '기술적 발명'은 이러한 변환 작동의 근본적인 개념적 원천이다. 특히 『기술적 대상들의 존재 양식에 대하여』에서 기술적 활동의 고유한 특성으로 제시되었던, 장인과 연장 사이의 직접적 접촉과 동작의 수월성에서 비롯하는 쾌감이, 「기술미학에 대한 성찰」에서 기술미학적 쾌감의 구체적 근거로 제시되고 있다는 점은, 시몽동 기술미학의 기술철학적 토대를 분명히 보여준다.

물론 두 텍스트 사이에 강조점의 차이는 분명하다. 1958년의 『기술적 대상들의 존재 양식에 대하여』에서는 미학이 독립적 영역으로 개체화되기보다는 불일치하는 것들을 단일화하려는 경향성으로 규정되었고, '미학에 내재하는 기술성과 기술에 내재하는 미학성'을 통해 양자의 본질적 상호 관계가 제시되었다. 반면, 1982년의 「기술미학에 대한 성찰」에서는 미학이 아닌 '기술미학'을 아예 독립적인 영역으로 개체화하고, 세계 안으로의 삽입과 행위의 완성에 근거한 이전의 미적 인상을 좀 더 구체화하여 신체적 감각운동성에 근거한 기술미학적 아름다움으로 개념화하고 있다. 그러나 이러한 강조점의 변화도, 그의 개체발생적 관점을 고려하면, 1950~60년대에 기술미학으로 개체화되기 어려웠던 영역이, 기술의 발달과 기술에 대한 이해의 성장과 더불어 1980년대에는 개체화될 수 있을 정도로 그 발생적 조건이 무르익었기 때문에 가능하지 않았을까 생각된다.

시몽동의 기술미학이 갖는 '현재성'의 의미를 가늠하기 위해서는 역사적 맥락 속에서의 비교가 유효할 것이다. 가령, '기술 시대의 예술'에 대해 고찰했던 주요 철학자로서 벤야민과 하이데거를 꼽을 수 있겠다. 벤야민은 「기술복제 시대의 예술 작품」(1935)에서 기술이 예술에 미친 영향을 긍정적으로 평가했다.[34] 그는 특히 카메라 기술이 시각 예술에 미친 영향을 분석하면서, 원본의 아우라를 제거하는 기술 복제의 가능성이 어떻게 전통적인 관조와 침잠의 예술을 분산 지각적이고 오락적인 대중 예술로 전환시켰는지, 또한 예술에 대한 접근을 민주화시켰는지를 보여주었다. 기술의 역할을 긍정적으로 평가한다는 점에서는 벤야민과 시몽동이 같다고 할 수 있을지 모르지만, 사유의 초점은 서로 다르다. 벤야민은 새롭게 등장한 기술 복제술이 어떻게 전통적인 예술 형식과 수용 방식을 변화시켰는가에 주목했다면, 시몽동은 기술성과 미학성의 근본적 관계에 주목하며 기술과 예술을 통합하는 기술미학적 실재의 출현을 개념화하고자 했다. 시몽동의 작업은 기술과 예술의 융합을 시도하며 기술미학적 실재를 표현하고자 하는 오늘날의 창작 활동에 적절한 언어를 제공한다는 점에서 시의적절하다고 볼 수 있다.

하이데거는 기술에 대한 존재론적 미학적 평가에서 시몽동과 가장 대척점에 있다고 할 수 있다. 하이데거는 「기술에 대한 물음」(1953)에서 "테크네는 수공업적인 행위와 능력만이 아니라 고차적인 예술과 미술도 지칭하는 이름이다. 그것은 밖으로 끌어내어 앞에 내어놓음, 즉 포이에시

---

34 벤야민 (1983).

스에 속한다. 그것은 시적인 어떤 것이다."[35]라고 주장하며 기술과 예술의 어원적 공통성을 강조했다. 그러나 하이데거는 횔덜린이 노래하는 예술 작품(Kunstwerk)으로서의 라인 강과 전력 작품(Kraftwerk, 수력 발전소)으로 변조되어버린 라인 강을 비교하면서, 예술로서의 '시작(詩作)'은 긍정하고 '기술의 작업'은 부정적으로 평가한다. 특히 현대 기술은 "자연에 숨겨져 있는 에너지를 채굴하고, 캐낸 것을 변형시키고, 변형된 것을 저장하고, 저장된 것을 다시 분배하고, 분배된 것을 다시 한 번 전환해 사용"[36]하는 '닦아세움(Stellen)'의 방식으로 존재를 드러낸다는 것이다. 하이데거의 관점에서 보자면, 이제 인간은, 기술이 닦달하게 만드는 자연과의 관계를 본래적인 것으로 회복하기 위해서, 즉 세계를 더 이상 기술의 방식으로 대상화하지 않기 위해서, 나아가 세계가 기술적 틀에 의해서가 아니라 있는 그대로 드러나게 하기 위해서, 오히려 모든 인간적 의욕과 의지를 포기한 채 수동적인 '내맡김(Gelassenheit)'의 태도를 취하는 것 외에 방법이 없다. 하이데거의 시인은 존재자 너머의 존재의 소리에 귀 기울이며 기술을 멀리한다. '시작(詩作)'은 여전히 정신적 활동에 속하며 신체적 기술 바깥에 있다. 그러나 시몽동의 인간은 기술의 발달 앞에 무력한 존재자가 아니다. 시몽동은 창작 활동에서 시인과 기술자의 동등한 자격을 주장하며, 기술적 작업을 예술의 위치로 끌어올린다. 시몽동의 기술자는 구체적인 기계들의 작동에 주의를 기울이는 자이며, 기술적 대상들은 자연과 인간 사이에서 작동하는 탁월한 미학적 대상일 수 있다. 장인과 엔지니어의 기술적 활동은 시인의 작업만큼이나 아름다울 수 있다는 것이 시몽동의 생각이다. 시몽동은 오히려 "기술적인 시인들

---

35 하이데거 (2008), p. 19.
36 하이데거 (2008), p. 23.

(technical poets)"[37]이 아직 출현하지 않았다는 점을 안타까워한다.

오늘날 예술 창작 활동과 기술적 발명의 행위는 창작자와 감상자, 제작자와 사용자의 구분이 무의미한 상호 작용적 관계를 지향한다. 또한 단순한 장식적 측면보다는 상이한 영역들 간의 관계를 실행하고 상호 접촉을 구체화하는 인터페이스의 역할이 강조된다. 우리는 이미 '기술미학적인 실천들'을 목격하고 있다. 미학적인 대상은 기술적인 것에 기초하고, 기술적인 대상은 미학적인 것에서 완성된다. 바하와 스톡하우젠을 대립시키지 않고, 예술과 산업디자인을 하나로 사유할 수 있는 새로운 기술미학적 사유의 가능성을 시몽동은 선구적으로 제시했다. 그의 사유는 '기술미학'이라는 개념의 적극적 사용에 철학적 근거를 제공해줄 것이다.

시몽동의 기술미학은 종교적이거나 관조적이지 않다. 그러나 그것은 또한 기술중심주의(테크노크라시)도 넘어선다. 그의 기술미학은 신성한 것과 기술적인 것 사이의 중간에 위치하며, 양자를 통합하려 한다. 바로 이 점이 기술만능주의로 치닫는 인류의 미래에 브레이크로 작동할 수 있다. 시몽동의 기술미학이 갖는 '미래성'이 여기에 있다. 기술미학의 실현은 기술과 자연을 대립시키고 인간을 존재로부터 소외시키는 것에 대한 하이데거적 염려를 떨쳐버릴 수 있는 근본적인 가능성을 제공한다. 기술성이 종교성과 만날 때, 인간의 삶이 자연의 신성함과 결합할 수 있을 때, 자연과 인간 사이에서 기술미학적 작품들의 연결망이 새로운 세계를 구축할 수 있을 때, 인간중심적이고 기술만능주의적인 휴먼 시대를 넘어서는 포스트휴먼 시대의 아름다움이 실현될 수 있을지 모른다. 따라서 그의 기술미학에 비추어, 오늘날 '기술미학적'이라고 부를 수 있는 예술 작업들이 과연 세계와 인간의 삶에 어떻게 '삽입'되어 있는지, 진정한 아

---

37 Chabot (2003), p. 141.

름다움을 보여주고 있는 것인지, 다시 한 번 생각해볼 필요가 있다. 아마도, 시몽동의 기술미학적 포스트휴먼은 사이보그보다는 '모터사이클을 타는 선자(禪子)'[38]의 모습에 가깝지 않을까.

시몽동과 백남준

백남준은 "과학자이며 철학자인 동시에 엔지니어인 새로운 예술가 종족의 선구자"로 자신을 묘사하는 비평 기사를 읽으며 얼굴 붉힌 적이 있다고 한다. 오늘날 그 기사가 지나쳤다고 여기는 사람은 아무도 없을 것이다. 백남준은 철학, 과학, 기술, 예술의 학제적 간격을 뛰어넘는 사유의 역량을 보여주었다. 그의 작업들은 특히 기술과 자연의 대립, 기술과 예술의 대립, 기술과 종교의 대립을 무화시키면서 인간과 세계 사이에 기술이 제공하는 새로운 관계 양식을 창출했다. 시몽동의 말마따나, 인간과 세계의 관계는 '인간'과 '세계'를 양 항으로 품고 있는 하나의 앙상블로서 비결정적이며 준안정적인 것이다. 어떤 매개자, 어떤 매체를 통해서 관계 맺느냐에 따라서 양 항의 존재 방식은 달라질 수 있다. 과학, 기술, 종교, 예술 등은 세계에 대한 인간의 다양한 사유 양식들이자 인간이 세계와 관계 맺는 다양한 존재 방식들이다. 그러니까 마치 세계를 대하는

---

38 퍼시그의 철학 소설 『선(禪)과 모터사이클 관리술』은 어린 아들과 함께 모터사이클을 타고 북미 대륙을 횡단하며 가치의 의미를 사유하는 주인공의 이야기를 기본 줄거리로 담고 있다. 첨단 테크놀로지를 대변하는 모터사이클, 광활한 자연, 여행 중 만나는 사람들, 과거의 기억, 이 네 층위에서의 요소들과의 다양한 관계 속에서 주인공이 깨닫는 개체초월적이고 선불교적인 자아의 발견이 다루어진다. 나는 이 소설에서, 모터사이클의 작동을 이해하고 수리하고 관리하며 타고 가는 '기술적 합리성'과, 개체성을 넘어서는 자연적이고 인간적인 세계-내-존재로서의 자기 존재에 대한 '종교적 깨달음'이, 함께 융합되어야 실현될 수 있는 삶의 기술미학적인 사례, 즉 시몽동적인 통찰이 나타난다고 생각한다. cf. Robert Pirsig, *Zen and the Art of Motorcycle Maintenance*, Harper Torch, 1999. (一指 옮김, 『禪을 찾는 늑대』, 고려원미디어, 1991; 장경렬 옮김, 『선(禪)과 모터사이클 관리술』, 문학과지성사, 2010.)

우리의 사유와 존재 양식에서 단단하게 굳어버린 경계, 구획, 구분 '이전의' 원초적인 흐름으로 되돌아가서 개체화된 모든 형태들 '이전의' 전개체적인 실재의 바탕으로부터 새로운 형태들을 만들어내듯이, 백남준은 인간과 세계를 관계 맺는 '새로운 미디어'로서 기술적이고 예술적인 발명품들을 발생시킨 것이다.

백남준을 통해 구축된 작품들은 단순히 '질료와 형상의 결합물'이 아니다. 예술가의 머릿속에 미리 그려져 있던 어떤 형상(아이디어, 의도, 목적)을 수동적으로 주어져 있는 질료에 부여하여 조립해낸 것이 아니라는 것이다. 미리 결정되어 있는 것은 아무것도 없다. 개체화된 작품의 형태와 구조는 바탕과의 관계 속에서 조절되고 변조되면서 '형태화', '구조화'되는 것이다. 여기서 바탕은 물질적 재료로서의 질료로 환원될 수 없는 것으로서 자연적인 환경과 기술적인 환경까지도 포함한다. 뿐만 아니라 예술가의 머릿속에 있는 형상이라는 것도 잠재적인 공리계와 같은 정신적 바탕으로부터 하나의 정합적인 표상으로 구체화되는 것인데, 이 정신적 도식도 물리적으로 구현되는 작품 형태와의 관계 속에서 자리를 잡아가는 것이다. 다시 말해서, 백남준의 작업은 형상과 질료를 미리 결정되어 있는 실체적 항들로 상정하는 질료형상도식으로는 설명할 수 없다. 그것은 발명하는 사유와 발명되는 대상 사이에, 정신적 도식과 물질적 조건들(자연적-기술적 환경) 사이에 정보를 교환하는 관계를 통해서 준안정적으로 구조나 형태를 획득하는 구체화 과정이라고 봐야 한다.

백남준은 "예술과 기술의 진짜 문제는 새로운 과학 장난감을 발명하는 것이 아니라 기술을 인간화하는 방도를 찾는 데 있다."고 말한다. 여기서 '기술의 인간화'란 어떤 의미일까? 그리고 기술을 인간화하는 데 예술이 갖는 역할은 무엇일까?

백남준의 기술에 대한 사유는 「사이버네틱스 예술」[39]이란 글에서 엿볼 수 있다. 그 글은 "나는 기술을 더 적절하게 증오하기 위하여 기술을 사용한다."는 선언에서 시작해서 "우리는 열린회로 안에 있는 것이다."로 끝난다. 전자의 선언은 그 글에서 "이미 내재하는 독을 이용해야만 새로운 독을 막을 수 있다."거나 "사이버화한 삶 때문에 나타나는 좌절과 고통은 사이버화한 충격과 카타르시스를 통해서만 극복될 수 있을 것"이라는 주장으로 반복되고 있다. 여기서 기술은 '독'이면서 동시에 '약'인 일종의 '파르마콘(pharmakon)'[40]으로 등장한다. 백남준의 이런 생각은 어떤 것을 가능하게 하는 조건을 동시에 그것을 불가능하게 하는 조건으로 전환시킴으로써 그것이 스스로 해체되게끔 만드는 데리다의 전략을 닮았다. 한마디로, 네오러다이트(기술에 대한 과잉 혐오)와 테크노크라시즘(기술에 대한 과잉 신뢰) 사이를 가로지르는 절묘한 해법을 발견한 셈인데, 그렇다고 백남준이 기술 자체를 해체시키는 것은 아니다. 파르마콘으로서의 기술은 변환적 능력을 지닌다. 백남준은 기술을 '변환 매체'로 사용한다.

예컨대 '독'은 어떻게 '약'이 될 수 있는가? TV가 「TV정원」이나 「TV물고기」가 될 때 무슨 일이 일어나는 것인가? TV를 보면서 인간은 자연과의 접촉을 잃어버린다. 「TV정원」을 보면서 인간은 잃어버렸던 자연을 다시 상기한다. TV는 인간을 인간 자신의 근원적 바탕이었던 자연과 단절시키고 소외시키지만, 「TV정원」은 근원적인 자연과의 잃어버린 연결을 회복시키고 인간 개체들 사이에서 개체초월적인 소통을 가능하게 한다. TV(독)가 「TV정원」(약)이 되는 과정에는 TV, 비디오, 나무, 풀, 넝쿨 등

---

39 백남준 아트센터 (2009), p. 337.
40 독(악)과 약(선)의 절대적 이분법을 넘어서는 데리다의 해체 전략에서 등장하는 개념. 소크라테스를 현실 세계에서 죽인 독약이면서 동시에 이데아의 초월적 세계로 돌려보낸 치료약이 바로 '파르마콘(독당근)'이다.

백남준, 「TV정원」 1974(2002)   백남준, 「TV물고기」 1975(1997)

의 이질적인 구성 요소들이 하나의 앙상블로 변조되어가는 관계 맺음이 있다. 이 과정이 바로 시몽동의 용어로 '변환 작동'이다.

시몽동은 놀랍게도 백남준이 「음악의 전시―전자텔레비전」(1963)과 「로봇 K-456」(1964)의 미학적 활동을 전개하며 예술사의 '빅뱅'을 일으키고 있었을 바로 그 당시에 활동하던 프랑스 철학자다. 그는 백남준과 마찬가지로 당시의 기술 수준에 해당하는 사이버네틱스와 전자 정보통신 이론에 대한 통찰을 통해서 기술에 대한 새로운 철학을 제시하였다. 양립불가능하고 불일치하며 이질적인 것들 사이의 관계를 조절하면서 새로운 준안정적인 구조나 형태를 발생시키는 '변환 작동'은 그의 개체화론과 기술철학에서 핵심적인 개념이다.

백남준의 작업 과정은 시몽동적 의미에서의 변환 작동을 수행한다. 예컨대, 스콧 조플린의 엇박자 음악, 피아노 형태를 구성한 TV 모니터들의 크고 작은 들쭉날쭉한 배치, 모니터 화면의 경쾌하게 반복되는 색상들, 즉 각기 다른 영역에 속하는 이질적이고 불일치하는 소리와 형태와 색상은 절묘한 내적 긴장과 유비적인 관계를 유지하면서 「최초의 디지털 작곡가 스콧 조플린」이라는 하나의 인상으로 수렴하여 새로운 앙상블로 개체화한다. 물속을 헤엄치는 물고기의 몸짓, 허공을 가로지르는 인간의 춤 동작이 유비적인 긴장 관계를 유지하며 새로운 구조의 앙상블 「TV물고기」로 변환되는 것도 마찬가지다.

백남준은 이러한 변환 작업의 이론적 가능 근거를 사이버네틱스에서 찾는다. 그런데 백남준의 사이버네틱스에 대한 이해는 시몽동의 것과 유사하다. 백남준은 사이버네틱스를 "순수 관계의 학문, 혹은 관계 그 자체"이며, "메시지를 전달하는 신호와 메시지를 전달하지 않는 신호를 동일하게 중요한 것"으로 다룬다고 이해한다. 어떤 것이 유의미한 정보가 될지, 무의미한 소음이 될지는, 다시 말해 '약'이 되는지 '독'이 되는지는 관계의 양상에 따라서 달라질 수 있으며, '독'과 '약'은 미리 결정되어 있는 것이 아니라는 것이다. 백남준의 사이버네틱스는 비결정적이고 비실체론적인 사유를 함축한다.

백남준은 또한 시몽동과 마찬가지로 관계의 '조절' 메커니즘에 관심을 가졌다. 19세기를 지배했던 기술은 열역학과 에너지 동력학이었다. 대표적인 기계가 '엔진'이었고, 강한 힘을 전달하는 것이 중요한 가치였다. 백남준은 "강함이 약함을 누르는 비융합적 이중 구조와 권력 구조를 갖는다."고 뉴턴 물리학을 비판하면서, "양극과 음극 사이에 전극을 첨가"시킨 작은 진공관의 발명에 주목했다. 대립하는 두 힘 사이를 매개하고 조절할 줄 하는 진공관의 등장이야말로 "약함이 강함을 이기는 결과"(전류를 통한 정보 전달이 물리적 힘을 이겨낸다는 것)를 도출했다고 평가하고 이를 20세기 사이버네틱스 기술의 탄생으로 연결시킨다. 힘의 크기가 문제가 아니라, 힘의 조절과 전달이 중요하다는 것이다. 그가 몸소 배우고 익혔던 전류, 전자, 정보에 관한 이론과 사이버네틱스 이론은 '일방향적이지 않은 재귀적인 인과관계', '피드백을 통한 조절 작용'이 구조와 형태를 결정짓고 변형시키는 데 중요한 역할을 한다. 백남준의 작품들에서 형태와 구조는 늘 관계의 산물이고 준안정적이다. 백남준이 사이버네틱스에서 찾은 기술은 무엇보다 관계 양식으로서의 기술, 변환적 매개체로서의 기술인 것이다. 사이버네틱스, 전기전자, 정보 기술, 진공관 등은 동시대를 살아간 철학자 시몽동과 예술가 백남준이 동시에 주목했던 사유의 요충지였다.

백남준의 사이버네틱스에 대한 관심은 그가 말한 '기술의 인간화' 전략과 관련이 있다. 기술을 인간화한다는 것은 무엇을 말하는가? 기술을 인간의 목적에 맞는 도구로 사용하는 것인가? 아니면, 인간을 닮은 기계를 만들어내는 것인가? 그래서 그 기계가 인간을 대신해서 인간의 역할을 할 수 있도록 하는 것인가? 아니면, 거꾸로 인간을 기계로 만드는 것인가? 기계와 인간 생체를 직접 접속시켜서 로봇이나 사이보그가 된 인간을 산출하는 것인가? 아예, 인간과 비인간의 하이브리드적 결합체를 만들어내는 것인가? 그가 처음 만든 「로봇 K-456」을 비롯하여 「고대기마인물상」, 「비디오 스쿠터」, 「최초의 디지털 작곡가 스콧 조플린」 등에 이르는 로봇 시리즈들, 샬럿 무어먼과 함께한 「오페라 섹스트로니크」, 「TV 첼로」 등의 퍼포먼스 작품들은 과연 유기체와 기계, 인간과 비인간의 경계를 해체한 새로운 잡종의 탄생을 보여주는 것일까? 백남준에게 기술과 기술적인 대상들은 인간중심주의도 기계주의도 아닌 맥락에 놓인다. 다시 말해, 인간과 기계는 지배와 종속의 관계도 아니지만, 양자의 차이 자체가 무화되는 것도 아니다. 백남준의 변환 작업의 산물인 '기술적이고 미학적인 발명품들'은 차이가 존중되는 동등한 협력자로서 만난 인간과 기계가 '인간-기계'라는 하나의 앙상블로 구조화되면서 인간과 세계의 관계 맺음에 새로운 매개체로서 작동하는 것이다.

백남준의 작업에 대한 이러한 이해의 실마리는 시몽동이 제공한다. 시몽동은 인간과 기계 사이의 대립은 거짓 문제라고 지적하고, 현대 사회에서 인간의 소외는 기계에 의한 것이 아니라, 오히려 기계의 본질에 대한 몰이해에서 야기된 것이라고 주장한다. 그리고 이러한 인간 소외를 극복하는 길은 기술적 대상들(기계들)을 문화 속에 통합하고, 인간과 기계를 동등한 협력자로서 하나의 앙상블을 이루는 관계로 이해하는 데 있다고 본다. 그는 무엇보다 기술에 대한 편견과 기계에 대한 오해를 교정

백남준, 「로봇 K-456」(1964)

해야 한다고 역설하는데, 특히 사이버네틱스와 인간공학의 한계를 직시해야 한다고 주장한다.

시몽동에 따르면, 노버트 위너의 사이버네틱스와 이에 기반한 로봇 공학이나 인간 공학은 기계를 생명체와 동일시하며 정보와 형태를 구분하지 않았을 뿐만 아니라, 열린 기계와 닫힌 기계를 혼동하고, 인간과 기계를 변환적 역량의 수준에서 파악하지 못한다. 자기 조절 작용(자동 제어 시스템)을 완벽하게 실현하여 인간의 개입을 더 이상 필요로 하지 않는 자동 기계, 생명체를 닮은 기계, 인공 지능 로봇의 신화야말로 테크노크라시즘과 결탁하기 쉽고 인간중심주의적이며 기계에 대한 불신을 양산한다. 인간화된 기계, 즉 로봇이 인간을 대체할 수 있다는 편리함과 불안감은 「매트릭스」, 「터미네이터」, 「공각기동대」와 같은 SF 영화의 상상력에서 잘 드러난다. 시몽동은 그런 로봇과 같은 기계란 존재하지 않는다고 단언한다. 모든 기술적 개체들은 자기 조절 작용의 정도에서 차이가 있는 기능적 조직화 역량을 소유할 뿐이며, 아무리 그 정도가 완벽에 가깝다 해도 본질적으로 인간을 대체할 수는 없기 때문이다.

진화하는 생명체들이 잠재적인 생명성을 실어 나르는 준안정적인 개체들인 것과 마찬가지로, 진화하는 기계들 역시 잠재적인 기술성을 실어 나르는 준안정적인 개체들이다. 기술성은 현실화된 기계들로 다 소진되지 않으며, 기계들은 추상적인 상태에서 점점 더 구체화되어가는 상태로 진화하면서 기술성을 실현해 나간다. 기계들의 진화를 일컫는 '구체화'는 기계를 구성하는 요소들의 기능적인 상호 협력 효과가 증가하면서 자연물이나 생명체에 가까울 정도의 내적 정합성과 자기 조절 작용 시스템을 구축하면서 단일성을 얻어가는 과정이다. 이런 기계의 진화 과정, 즉 구체화 과정의 원동력은 기계 외부의 요구, 즉 인간의 필요와 사용이나 경제적 요인 등에 의한 것이 아니라, 어디까지나 기계 내부의 요인에 있다. 즉 구성 요소들의 기능적 수렴이 외부 환경에 적응하지 못하고 부적합한 방식으로 과포화 상태에 이를 때 제기되는 문제를 해결하는 방식으로 새로운 구조와 형태로의 변형이 내적 필연성으로 요구되는 것이다. 기계의 형태 변화는 생명체와 마찬가지로 단순한 환경에의 적응이 아니라 창조적 도약이다. 구체화된 기계의 발생은 내부 환경(기술적 요소들의 세계)과 외부 환경(지리적 · 자연적 세계) 사이의 관계 맺음 속에서 재귀적인 인과 작용을 통해서 조절된 준안정적인 구조와 형태를 구축해낼 때 가능하다.

이러한 기계의 존재 양식은 생명체의 존재 양식에 '유비적'이다. 둘 다, 환경과의 관계에서, 그리고 다른 대상들과의 관계에서, 상호 인과 작용과 자기 조절 작용을 통해서 정합적인 단일성을 유지하는 준안정적인 형태로 개체화하기 때문이다. 그렇지만 기계 자체가 생명체와 동일한 것은 결코 아니다. 기계는 구체화하려는 경향성을 지니지만, 생명체는 처음부터 구체적인 존재이기 때문이다. 기계는 그 자신만으로는 결코 완벽한 구체성에 도달하지 못한다. 새로운 형태와 구조의 출현에는 외부 세계와의 관계에서 제공되는 정보의 전달이 필수적인데, 기계는 정보를 제공하지 못하기 때문이다.

기계를 과도하게 숭배하는 자들이든 지나치게 혐오하는 자들이든, 공통된 오해는 기계의 완전성을 자동성의 증가로 간주하는 데 있다. 그런데 '오토메이션'이란 무엇인가? 외부 환경과의 관계에서 내적 기능을 자기 조절할 수 있는 재귀적인 인과 작용 시스템의 구축이다. 자기 조절 능력은 외부에서 들어오는 정보에 대한 감수성 없이는 존재할 수 없다. 미리 결정되어 있는 작동만 하도록 자기 자신에게 완전히 닫혀 있는 자동 기계는 진정한 의미에서의 기계가 아니다. 고도의 기술성을 구현하는 기계, 점점 더 구체화되는 방향으로 진화해가는 기계는 외부와의 관계에서 정보를 전달받으면서 자신의 기능을 조절하고 기능적 배치를 변환할 줄 아는 열린 기계다. 열린 기계는 외부와의 관계에서 정보를 전달받을 수 있을 정도의 비결정성의 여지를 지닌다.

그러니까 형태화 또는 형태 변화에 필수적인 것이 바로 정보라고 할 때, 진정한 자동 기계는 인간을 필요로 한다. 왜? 기계들 사이에서 정보를 발견하고 해독하고 전달하고 교환해주는 역할을 인간이 해야 하기 때문이다. 인간은 기계들의 작동에서 새로운 의미를 추출하여 정보로 전환시켜서 새로운 형태들의 발명으로 연결시킬 줄 아는 존재다. 하나의 기계를 구성하는 요소적 부품들 사이의 관계에서든, 자율적인 개체적 수준의 기계들 사이의 앙상블적 관계에서든, 기계들 사이의 관계를 조절하고 관리하고 소통시키는 것은 바로 인간이다. 인간은 살아 있는 통역자로서, 열린 기계들의 기능적 상호 협력을 조직하는 자로서, 기계들과 함께, 동등한 수준에서 존재한다.

백남준의 「로봇 K-456」은 바로 이러한 의미에서 '인간-기계'이며, 완성된 현실태로 닫힌 기계가 아니라 끊임없이 조절하고 재발명하고 재구축하면서 작동하는 하나의 기술적 앙상블이다. 인간처럼 "말하고, 걷고,

소변도 보는" 기계이기 때문에 「로봇 K-456」이 하나의 기술적 대상이나 예술적 대상인 것이 아니다. 그것은 리모컨을 들고 다니며 조절하는 백남준과 더불어서만 또는 "몇 걸음 옮길 때마다 고장 나기 때문에 수시로 4~5명의 엔지니어가 달라붙어 고쳐야만 하는" 한에서 하나의 기술적 대상이자 예술적 대상이 될 수 있는 것이다. 여러 가지 잡동사니들이 장치된 백남준의 「총체 피아노」역시, 그 자체로 완결된 현실태로 주어진 대상이 아니라, 전시 중 방문객들에 의해 망가진 부분들을 계속해서 고치고 대체하는 인간 백남준과 더불어서만, 외부와의 열린 관계 속에서 형태 변화를 야기하는 조정과 조절 과정 속에서만 존재하는 것이다.

다시 '기술의 인간화'란 무엇인가? 기술 안에서 인간적인 것, 인간의 근원에 해당하는 것을 찾아내는 것이다. 기술적 개체는 자신의 연합환경인 자연과 더불어서만 존재한다. 그리고 기술적 개체는 인간과 더불어서만 작동하며, 그 안에는 인간의 정신적 역량이 삽입되어 있다. 따라서 기술적 개체들이야말로 인간과 자연 세계 사이에서 진정한 매개자 역할을 할 수 있다. 백남준의 '인간-기계' 앙상블들은 인간과 자연 사이에 단절된 끈을 연결하며 소통의 길을 마련하는 새로운 매개자의 역할을 담당함으로써 인간의 소외(자기 근원인 자연으로부터의 분리)를 극복하는 데 기여한다.

"우리는 열린회로 안에 있다."는 백남준의 사이버네틱스적인 사유는 인간과 기계를 열린 관계 속에서 하나의 앙상블로 묶는 기술적 사유에 머무르지 않는다. 그는 진공관의 혁명을 강약의 이원적 대립을 넘어서는 "불교적 제3의 길"로 읽어낸다. 예컨대 백남준의 「TV물고기」는 작동하는 기계 장치들(비디오), 살아 있는 자연(물고기), 이들의 관계를 발명하고 조절하는 인간, 이 세 항들 사이의 상호 작용에서 형성된 '기술적 앙상블'이다. 그러나 이 '인간적인 것-기술적인 것-자연적인 것의 앙상블'은 또한 '기술과 종교의 미학적 앙상블'이기도 하다. 백남준의 작품들이 제도화된 장르인 어떤 예술 영역 안에서의 심미주의를 표현하는 것이 아니라 보다 근원적인 존재론적 인상에 가 닿는 듯한 느낌을 주는 것은 바로 이 때문이다.

역시 시몽동의 시선을 따르자면, 오늘날 우리의 사유를 특징짓는 이론과 실천의 대립, 과학과 윤리의 대립은 그 기저에서 모두 기술과 종교의 대립에 뿌리를 둔다. 이 근본적인 대립 쌍인 기술과 종교를 수렴하면서, 기술과 종교로 분열되기 이전의 근원적인 존재의 완전성이 환기될 때 인간은 존재론적 안정을 되찾고 미학적 인상을 느낀다. 인간이 세계와 관계 맺는 가장 원초적인 존재 방식은 생명체와 환경 사이의 관계처럼 특권화된 시공간적 특이점들에서 인간과 자연이 직접 교환하고 소통하는 마술적인 관계 방식이다. 기술과 종교는 이 원초적인 마술적 단일성의 우주가 모양과 바탕으로 구별되면서 동시에 갈라지게 된 존재의 두 상들에 해당한다. 원초적인 존재 그 자체는 모양이면서 동시에 바탕이었으나(마술적 단일성), 모양과 바탕이 구별되어 모양의 기능을 기술이 담당하고 바탕의 기능을 종교가 담당하게 되면서, 인간과 세계(자연)는 기술과 종교를 매개로 관계 맺게 된 것이다. 즉 인간은 '기술적 대상들'을 통해서 자연과 관계 맺거나, 동시에 '종교적 사제들'을 통해서 자연과 관계 맺는 것이다.

미학적 사유는 바로 이때, 기술과 종교로 갈라진 존재의 두 상들을 다시 하나로 통합하여 분열되기 이전의 마술적 단일성의 우주를 복원시키고자 하는 경향성으로 등장한다. 미적 인상은 분열된 것을 다시 통합하여 원초적인 단일성의 유사 등가물이 구현될 때에만 느껴질 수 있다. 미학적인 것은 기술적 대상이나 종교적 주체처럼 자연적 우주로부터 탈착되어 있지 않고, 구체적인 '지금 여기에서' 자연적이면서 동시에 인간적인 세계 속에 삽입되어 있다. 자연 세계와 인간 세계에 동시에 삽입되어 있으면서 잃어버렸던 마술적 우주의 완전성을 환기시키는 것들이 바로 예술 작품들이며, 이 예술 작품이라는 특이점들의 연결망이 마술적 우주를

백남준, 「총체 피아노」(1963)

닮은 미학적 우주다.

기술과 종교는 직접 소통할 수 없게 분열된 존재의 두 상들이지만 미학적 경향성 안에서는 서로 소통할 수 있다. 즉 기술적인 대상이나 종교적인 행위가 자연적이면서 동시에 인간적인 세계 속에 삽입되어 있을 때는 동일한 미적 인상을 제공할 수 있다는 것이다. 기술적 사유가 모양의 구조들을 분석하고, 종교적 사유가 바탕의 질들을 분류한다면, 미학적 사유는 바탕의 질들을 포착하여 이에 상응하는 모양의 구조들을 새로이 구축한다. 즉 이질적이고 소통불가능한 두 항 사이의 관계, 모양과 바탕의 관계를 '유비적으로' 유지하면서 새로운 모양-바탕 짝짓기를 창출한다. 기술의 영역에서 바탕(물질의 퍼텐셜 에너지)과 모양(도구를 다루는 익숙한 몸짓), 종교의 영역에서 바탕(절대적 명령에 따르는 신비주의적 태도)과 모양(세계를 총체화하는 신학적 표상)이 있다면, 미학적 지향성은 서로 다른 기술과 종교의 영역들을 넘어서, 종교적 모양과 기술적 바탕을 짝짓는다거나 종교적 바탕과 기술적 모양을 짝짓는 방식으로 새로운 발명품을 산

백남준, 「TV부처」 1974(2002)

출하는 변환적 능력을 보인다.

　백남준의 「TV부처」, 「전자 달」, 「보이스와 샤먼」, 「소머리 전시」 등 '기술-종교'의 미학적 앙상블들은 바로 이러한 의미에서 새로운 모양-바탕의 구축물로 탄생했다. 그의 '기술적이고 종교적인' 예술작품들은, 기술과 종교를 넘어서, 인간과 자연이 분리되기 이전의 원초적인 마술적 단일성의 세계를 환기시키는 방식으로, 인간적인 것과 자연적인 것에 동시에 삽입되어 있는 특이점의 미감을 제공한다.

　요컨대, 백남준의 작품들은 '인간-기계'의 기술적 앙상블이자 '기술-종교'의 미학적 앙상블이며, 가장 근원적인 존재론적 바탕에서 길어낸 기술적이고 예술적인 발명품들이고, 인간과 세계 사이에 새로운 관계 양식을 창조하는 '새로운 매개자들(new media)'이라 할 수 있다. 백남준 그 자체가 이질적인 요소들 사이에서 준안정적 구조를 직관하여 발명해내는 탁월한 하나의 변환기였고, 그의 작업은 모든 변환 작업에 하나의 패러다임 모델로서 기술미학적 가치를 지닌다.

6

포스트휴먼

인간의 죽음과 포스트휴먼

'포스트휴먼'은 어떤 문제를 해결하기 위한 해답으로 개체화되고 있는 가? 포스트휴먼의 등장 배경은 크게 두 가지다. 하나는 구조주의와 포스트구조주의가 전통적 휴머니즘과 인간 주체에 대한 비판적 해체를 시도한 이후 새로운 주체성의 모색이 긴급하게 된 상황이고, 다른 하나는 첨단 기술과학이 구체적인 인간 삶의 환경적 조건으로 침투하면서 새로운 주체화의 조건으로 급부상하게 된 것이다.

만약 그 배치가 출현했듯이 사라지기에 이른다면, 18세기의 전환점에서 고전주의적 사유의 밑바탕이 그랬듯이 만약 우리가 기껏해야 가능하다고만 예감할 수 있을 뿐이고 지금으로서는 형태가 무엇일지도, 무엇을 약속하는 지도 알지 못하는 어떤 사건에 의해 그 배치가 뒤흔들리게 된다면, 장담할

수 있건대 인간은 바닷가 모래사장에 그려놓은 얼굴처럼 사라질지 모른다.[1]

푸코에 따르면, '휴먼'과 '휴머니즘'은 근대적 에피스테메(주어진 한 문화 혹은 사회의 모든 지식 일반에 대한 가능 조건 또는 인식소)에 지나지 않는다. 즉 인간 주체는 절대적인 것이 아니며, 특수한 역사적 상황에서 구축된 담론적 힘들의 관계 속에서 단지 '생산된 것'에 지나지 않는다는 것이다. 푸코를 비롯한 포스트구조주의 철학은 '이성적이고 자율적인 주체'가 어떻게 타자의 구성과 배제를 통해 구축되었고 동시에 그 타자에 의해 생산된 효과에 지나지 않는 것인지를 파헤쳤다. 따라서 '합리적이고 자율적인 개인'이라는 자유주의적 휴머니즘의 주체는 더 이상 인간중심주의를 고집하며 자연 안의 특권화된 주체로 자처할 수 없게 되었으며, 사회 변혁과 역사를 이끌어가는 실천적 원리로서의 자격도 주장하지 못하게 되었다. '로고스-남근-서구-인간중심주의'에 불과한 것으로 밝혀진 근대의 자유주의 휴머니즘에 대한 비판적 해체는 '인간 주체'의 범주 바깥으로 배제되었던 타자들에 대해 전면적인 재-성찰을 제기했고, 이 타자들과 공생할 수 있는 새로운 주체성의 발명을 촉구했다.

근대적 인간 주체에 대한 비판적 해체 이후, '휴먼'으로부터 '포스트휴먼'으로의 이행을 촉발한 것은 바로 '정보 기술과 GNR(Genetic engineering, Nanotechnology, Robotics) 혁명'이다. 오늘날 기술은 더 이상 인간의 통제 아래 야생의 자연을 다루는 단순 도구의 수준에 머무르지 않는다. 인간 신체의 안과 밖에서 인간과 접속되어 있는 기술적 대상들은 인간 자신의 물리생물학적 조건들을 변형시키면서 인간 삶의 근본적인 존재 조건으로 급부상하였다. 자연적인 것(살아 있는 것, 유기적인 것)과 인공적인 것(살아 있지 않은 것, 기계적인 것)을 하나의 시스템으로 결합

1 푸코 (2012), p. 526.

시키는 사이보그화 작업이 다양한 분야(미용, 의료, 상업, 군사 등)에서 촉진되고 있다. '인간-기계 복합체'나 '사이보그'의 존재 형태는 더 이상 새로운 것이 아니다. 생물학적 특이성이 무차별화되는 정보 시스템의 일반적 모델 안에서 인간 종의 특권을 상실한 '휴먼'은 그동안 주목하지 못했던 인간과 기술의 관계를 긴급하게 재고할 필요성을 갖는다. 왜냐하면, 단지 개인의 선택과 책임이라고만은 할 수 없는, 인간의 인간 자신에 의한 비-인간화 과정과 기술 매개의 존재론적 진화가 과연 또 다른 소외와 예속화의 길로 나아갈지, 아니면 새로운 휴머니즘을 창출할 주체화의 길로 들어서게 될지, 기술정치적으로 중요한 실천적 문제를 제기하기 때문이다.

따라서 '포스트-휴먼'으로서의 포스트휴먼이 감당해야 할 문제는 복합적이다. 포스트구조주의의 안티-휴머니즘과 정보 기술과학의 비-인간화 역량을 어떻게 새로운 휴머니즘을 창출하는 포스트휴먼 주체화의 가능성으로 연결시킬 수 있는가? 탈인간중심주의적이면서도 비인간화하지 않을 수 있는 새로운 인간의 형태와 삶의 방식은 무엇일까? 다시 말해 '포스트휴먼'은 무엇일까?

트랜스휴머니스트들(transhumanists)의 주장대로, 포스트휴먼은 첨단 기술과학을 활용하여 신체적·정신적 조건들을 근본적으로 변형시킴으로써 기존의 인간보다 훨씬 더 강화된 능력을 갖게 된 어떤 존재일까? 아니면, 비판적 포스트휴머니스트들(critical posthumanists)의 주장처럼, 수많은 기계들과 접속하여 확장된 신체와 분산된 인지를 수행하고 있는 우리 자신이 이미 포스트휴먼인 것일까?

트랜스휴머니스트들은 포스트휴먼으로 이행하기 위해 특이점을 향해 가는 인간 향상 기술의 발전을 긍정하며, 인간의 사이보그화로 정의되는 인간 종의 진화를 합리적이고 자율적인 주체로서의 인간이 그 역량을 확장시켜 나가는 과정으로 간주한다.[2] 그러나 인간의 사이보그화가 포스트휴먼의 출현을 고지했을지는 몰라도 포스트휴먼이 과연 사이보그 모델로 환원될 수 있을지는 확실하지 않다. 우리는 여전히 '도래 중에 있는' 포스트휴먼을 사유하기 위해 보다 많은 청사진을 그려볼 필요가 있다.

비판적 포스트휴머니스트들은 기술 문화의 급진적 변화에 대해 개방적이면서도 트랜스휴머니스트들의 데카르트적 인간중심주의 또는 자유주의적 휴머니즘에 대해서는 비판적 태도를 취한다.[3] 주로 해체론적이고 정신분석학적인 작업에 기초하고 있는 이들은 인간과 비인간의 경계 자체가 지닌 불확실성과 오염 관계에 주목하며, 포스트휴머니즘 안에서 여전히 작동하고 있는 인간중심주의의 유령을 끄집어내어 해체하고자 한다. 인간의 포스트휴먼화를 단순히 인간종의 발전적 진화가 아니라, 그 자체로 불확정적이고 불투명한 '인간'이라는 개념의 끊임없는 다시 쓰기이자 재확증으로 이해하는 비판적 진영의 관심은 그러나 인간의 '재인'을 둘러싼 문제틀 속에서 '텍스트 분석'에 몰두하며,[4] 포스트휴먼의 발생적 조건인 '인간과 기술의 관계'에 대한 '존재론적 탐색'을 고려하지 않는다

---

2 트랜스휴머니즘을 대표하는 닉 보스트롬(Nick Bostrom), 레이 커즈와일(Ray Kurzweil), 한스 모라벡(Hans Moravec) 등은 "인간과 기계, 인간과 정보의 융합을 통해 육체적 한계(노화, 질병, 죽음, 공간 제약)를 극복하는 '포스트휴먼'을 약속한다."(이화인문과학원 편 (2013), p. 69.; 커즈와일 (2005), Moravec (1999), Lippert-Rasmussen (2012) 참조.)

3 캐서린 헤일스(Katherine Hayles), 닐 배드밍턴(Neil Badmington), 캐리 울프(Cary Wolfe), 슈테판 헤어브레히터(Stefan Herbrechter) 등이 여기에 속한다.(이화인문과학원 편 (2013), pp. 71-73.; 헤일스 (2013), Badmington (2000), Herbrechter (2013), Wolfe (2010) 참조.) 가령, 헤일스는 탈신체화된 정보 형태로 사이보그화하는 반(反)인간 형태의 포스트휴먼 개념은 오히려 데카르트적 이원론을 전제한 자유주의적 휴머니즘의 주체를 확장하는 것이라고 해체적 비판을 수행하면서, 포스트휴먼이 곧 인간의 종말을 의미하는 것은 아니라며 기술을 매개로 신체화된 실재에 바탕을 둔 포스트휴먼의 가능성을 모색하자고 주장한다.(헤일스 (2013), p. 503.)

4 헤어브레히터에 따르면, 비판적 포스트휴머니즘은 휴머니즘에 대한 공격이나 탈인간화와는 거리가 멀고, 포스트휴먼을 표방하는 텍스트들 안에서, 포스트구조주의의 안티휴머니즘 노선을 계승하여 인간중심적 요소들(인류중심주의, 종차별주의, 보편주의)에 대해서는 비판하면서, 동시에 이것들과 함께 휴머니즘 안에 거주하며 억압되어 있던 '새로운 휴머니즘'으로서 포스트휴머니즘을 읽어내려는 전략이다.(Herbrechter (2013), 4절 참조.)

는 점에서 불충분하다.

사태의 한복판에 놓여 있을 때 전체의 윤곽을 그려내긴 어렵다. 포스트휴먼은 도래하는 중이고, 포스트휴먼의 형상은 아직 충분히 개체화하지 않았다. 현 단계 포스트휴먼 담론들은, 매우 다르고 경쟁적인 정의들과 형태들로 확산되고 있으며, 이들에 대한 수용 태도도 상반된 경향들을 갖고 있다. 하지만 기본적으로 공유하는 아이디어는, 인간중심주의의 낡은 휴머니즘으로 회귀하지 않으면서, 첨단 기술을 토대로, 인간과 비인간의 경계를 해체하고 양자의 상호 얽힘과 분리불가능성을 강조하며, '인간-비인간 하이브리드'로서의 존재를 새로운 실재로서 인정하는 것이라 할 수 있다.

앞 장의 여러 논의들을 통해 밝혀진 것처럼, 시몽동의 기술철학은 인간-비인간 앙상블의 탈인간중심적인 새로운 휴머니즘의 가능성에 대한 존재론적 이해와 더불어 포스트휴먼 사회의 청사진을 그려보는 데 유용한 개념적 원천이 될 수 있다. 첨단 기술의 융합적 특성을 정초한 사이버네틱스와 정보 기술에 의거하는 시몽동의 철학은, 인간과 기술의 관계를 상호 협력적인 공진화 관계로 이해할 수 있게 하면서 포스트휴먼의 발생적 조건과 의미를 비인간적인 우주론적 자연의 개체발생 과정 속에서 조망하여 포스트휴먼 논의를 사이보그 모델 너머로 확장시킬 수 있는 존재론적 관점을 제공한다.[5] 시몽동에 따르면, 인간이 자신의 물리생물학적

---

5 아서 브래들리(Arthur Bradley)는 트랜스휴머니스트 계열도 아니고 비판적 포스트휴머니스트 계열도 아닌 제3의 이론가들을 '철학적 미래학'이라는 이름하에 분류하고 있는데, 여기에는 장-프랑수아 료타르(Jean-François Lyotard), 마누엘 데 란다(Manuel De Landa), 윌리엄 맥닐(William McNeill), 제레드 다이아몬드(Jared Diamond) 등이 속한다. 이들은 인간과 포스트휴먼에 관한 낡은 형상들 없이, 우주론적인 관점에서 비인간적 자연인 우주의 미래 속에서 인간과 포스트휴먼에 관해 사유하고자 한다는 점에서 공통점을 갖는다.(Bradley (2011) p. 145.) 비인간적 우주론의 관점에서 포스트휴먼의 발생을 사유한다는 점에서 보자면, 시몽동의 기술철학도 이 철학적 미래학의 포스트휴머니즘 패러다임에 속한다고 볼 수 있다.

조건을 넘어설 수 있는 가능성은, 생명체로서의 인간 개체 안에 내재하는 전개체적 퍼텐셜의 존재와, 이 퍼텐셜 에너지를 개체초월적으로 집단화하여 현실화시킬 수 있는 기술적 대상들의 변환 역량에 있다. 포스트휴먼은 단지 기술의 효과에 불과한 것이 아니라 인간 안에 실재하는 '자연의 무게'와 더불어 발생한다. 또한 기술은 결여된 인간을 강화하는 단순 보철물이 아니라 인간의 잠재력을 현실화하는 매체로서 인간 사회의 새로운 구조화와 존재론적 도약을 가능하게 한다. 경제적 소외와 노동 문제로 환원될 수 없는 기술적 소외와 정보 소통의 문제, 인문 교양으로 포괄할 수 없는 기술 교육의 중요성, 기술적 활동과 발명을 통해 형성되는 개체초월적 집단성 등 시몽동의 통찰들은 포스트휴먼 사회로의 이행에서 주목해야 할 기술-정치적 조건들을 잘 보여준다고 할 수 있다.

포스트휴먼에 관한 사유 프레임은 기술에 의한 인간 개체의 사이보그화로부터 기술과 인간의 존재론적이고 사회정치적인 관계로 확장될 필요가 있다. 먼저, 트랜스휴머니즘과 비판적 포스트휴머니즘의 대표적인 주장들과 한계를 살펴볼 것이다. 그 다음, 포스트휴먼이 발생한 문제적 조건을 고려하면서, 포스트휴먼으로서의 새로운 주체성의 생산가능성, 인간-비인간 하이브리드 사회에 대한 전망 등을 그려볼 것이다. 이 작업은 과타리, 들뢰즈, 라투르와 공명하는 시몽동의 기술에 대한 사유를 통해서 진행될 것이다.

트랜스휴머니즘의 향상된 인간

깊이 숙고하면서, 조심스럽게, 그러나 대담하게 기술공학을 우리 자신들에 적용함으로써, 우리는 정확하게 더 이상 휴먼이라고 기술될 수 없는 어떤 것이 될 수 있다. 우리는 포스트휴먼이 될 수 있다.[6]

막스 모어(Max More)에 따르면, 트랜스휴머니즘(Transhumanism)은 "생명-향상 원리와 가치들에 의해 인도되는 과학과 기술을 수단으로 현재의 인간 형태와 인간 한계들을 넘어서 인간의 지능적인 생명의 진화를 계속 이어가고 가속화하고자 하는 생명의 철학"이며, "응용된 이성을 통해, 특히 인간의 지적·물리적·심리적 능력들을 상당히 향상시키고 노화를 제거하기 위해 기술공학을 폭넓게 사용하게 하고 발전시킴으로써, 인간 조건을 근본적으로 향상시키고자 하는 가능성과 바람을 긍정하는 지적이고 문화적인 운동"이다.[7] 트랜스휴머니즘은 '트랜스-휴머니즘(trans-humanism)'으로서 그 '수단과 목적'에서 계몽적 휴머니즘을 넘어가며, 이 전통적 휴머니즘의 'human'을 넘어서는 '트랜스-휴먼(trans-human)'으로서의 '트랜스휴먼-이즘(transhuman-ism)'을 주창한다. "휴머니즘이 인간 본성을 향상시키기 위해서 교육적이고 문화적인 개선에 배타적으로 의존하고자 한다면, 트랜스휴머니스트들은 우리의 생물학적·유전적 유산에 의해 부과되어 있는 한계들을 극복하기 위해 기술공학을 적용하고자 한다. 트랜스휴머니스트들은 인간 본성을 그 자체로 목적으로서, 완전한 것으로서, 우리의 충성을 요구하는 것으로서 간주하지 않는다. 오히려, 그것은 단지 진화론적인 진행에서 하나의 지점일 뿐이고, 우리는 우리 자신의 본성을 우리가 바람직하고 가치 있다고 여기는 방식으로 고치는 걸 배울 수 있다."[8]

따라서 트랜스휴머니즘의 '포스트휴먼'은 인간의 물리생물학적 조건에서 덜 바람직한 측면들과 한계들이 극복된 '더 향상되고 더 진화된 휴먼'을 의미한다. 가령, 트랜스휴먼은 질병이나 노화를 겪지 않을 수 있고,

---

6 More (2013), p. 4.
7 More (2013), p. 3.
8 More (2013), p. 4.

더 광범위한 물리적 능력과 형태 변형의 자유, 더 큰 인지적 능력과 개선된 정서들을 가질 수 있다. 이 트랜스휴먼 주체는 첨단 기술과학을 효과적으로 이용함으로써 '휴먼'의 역량을 확장시키며 '휴먼'의 영구적인 진보를 실현하고자 한다. 즉 초자연적 힘이나 종교적 신념에 의해서가 아니라, 기술공학과 과학적 방법에 의거해서 합리적 판단에 따라 더 나은 미래를 창조하려는 개인의 선택과 책임, 진보에 대한 가능성을 긍정한다. 트랜스휴머니스트들은 기술을 활용하여 자신의 신체를 자유롭게 변형할 수 있는 개인의 자유를 위해서 인간 본성에 관한 낡은 종교적 형이상학적 이해들과 싸우며 '합리성'에 호소한다.

그렇다면 트랜스휴머니스트들의 '향상된 인간'은 과연 '포스트휴먼'이 감당해야 할 문제들에 대해 적절한 해답이 될 수 있는가?

우선, 첨단 기술과학에 대한 낙관적 선호는 기술에 대한 도구주의적 이해(인간 향상을 위해 기술을 잘 활용하면 된다.)와 기술결정론적 태도(기술과학의 진보가 결국 인간의 진보를 결정한다.)를 함축한다. 그러나 인간이 과연 기술 독립적으로 존재하면서 자기 주도적으로 기술을 활용하고 제어할 수 있는 것인지, 도구나 보철물의 수준을 넘어서 기술의 자율성이 야기할 수 있는 예측불가능한 효과들에 대해 단지 '신중하고' '조심스러운' 태도만으로 대처가능한 것인지 의문이다. 자연에 대한 인간의 정복과 인간의 자유를 위한 기계들의 노예화를 전제하는 테크노크라시즘의 기술만능주의적 열망이 트랜스휴먼적 사이보그화의 동력은 아닌지 검토해볼 필요가 있다. 명확하게 분리되지 않는 '기술, 자연, 인간' 사이의 복잡한 상호 작용 관계에 대한 본질적인 성찰이 '인간의 영역'을 넘어선 전체의 관계망 안에서 재고되어야 한다. 트랜스휴머니즘에서 기술과학에 의한 탈-휴먼화 효과는 여전히 포스트구조주의의 안티-휴머니즘에 의해 해체된 휴머니즘의 자장 안에 머물러 있다. 이는 기술에 대한 인간중심적 태도, 개인의 자유를 위한 자연 정복과 기계들의 노예화를 정당화했던 자유주의 휴머니즘을 전제한다.

그 다음, 인간 향상 모델은 생물학적 뉴런들을 인지적 기능이 동일한 인공물로 대체할 수 있다는 기능주의적 물리주의를 함축한다. 인지적 기능을 수행하기 위해 타고난 생물학적 신체를 고집할 필요가 없으며, 모라벡(Hans Moravec)과 커즈와일(Ray Kurzweil)이 주장하듯이, 비-생물학적 실체인 컴퓨터 '안'에 마음을 '업로드'하는 것도 가능하다.[9] 따라서 포스트휴먼은 탈-생체화된 사이보그, 또는 자유롭게 신체를 대체할 수 있는, 애니메이션 「공각기동대」의 사이보그들로 표상될 수 있다. 생물학적 신체는 추상적인 정보 코드로 환원될 수 없다며 이들의 데카르트적 이원론을 비판한 헤일스(Katherine Hayles)에 대해 모어는 "이원론과 기능주의를 혼동하고 있다."고 반박한다.[10] 하지만 기능주의적 사이보그 모델은, 생물학적 신체의 말소가능성을 함축하는 '인공적 신체로의 대체가능성'을 주장한다는 점에서, 신체를 과소평가하는 데카르트적 로고스중심주의를 기꺼이 수용하고 있다고 할 수 있다.

마지막으로, 트랜스휴머니즘은 포스트휴먼이 도달해야 할 절대적 본성이나 최종적 완성태를 상정하지 않으며 영속적인 변화와 개선만을 상정한다고 주장한다. 그러나 단지 '변화가능성'만을 주장하는 것이라면, '휴먼'으로부터 '포스트휴먼'으로의 이행에 대해 과연 '향상', '진보', '발전'이라는 말을 쓸 수 있을지 의문이다. 뿐만 아니라 '휴먼' 안에서 '제거되어야 할 것'과 '향상시켜야 할 것'을 선별할 수 있다는 믿음 자체가 이미 휴먼 또는 포스트휴먼의 지적·정서적·신체적 본질을 상정하고 있는 것은 아닌지 묻고 싶다. 합리적인 것과 비합리적인 것, 정상과 비정상, 건강한 것과 병리적인 것, 좋은 것과 나쁜 것 등의 분리와 선별이 어떤 조

9 Moravec (1990), Kurzweil (2005).
10 More (2013), p. 7.

건에서 생산되어 어떤 특성이 보편성을 자처하게 되었는지에 대한 안티-휴머니즘의 계보학적 분석과 비판적 반성이 고려되고 있지 않다. 무엇보다, 트랜스휴머니스트들은 "개체로서, 유기체로서, 종으로서 우리의 진보와 가능성들을 구속하는"[11] 생물학적 · 심리학적 · 문화적 · 정치적 제한들을 제거하고자 한다. 무한히 연장될 수 있는 수명, 더 많은 지성과 지혜, 정서적 · 심리적 개선을 위해 '신체에 관한 자기-변형의 자유로운 실현'을 허락받고자 한다. "진정한 트랜스휴머니즘은 우리 각자가 인간 신체를 변화시키고 향상시킬 수 있기를 추구하며, 형태학적 자유를 위해 싸울 수 있기를 추구한다. 신체를 거부하기보다 차라리, 트랜스휴머니스트들은 신체의 형태를 선택하고 싶어 하며 다른 신체들에, 가상 신체들도 포함해서, 거주할 수 있기를 원한다."[12] 탈-신체화와 신체 변형의 자유에 대한 트랜스휴머니스트들의 욕망에는 '우리' 중심의 강력한 인간 중심주의와 자유주의적 개인주의가 전제되어 있다. 여기에는 안티-휴머니즘이 제기했던 '인간' 자신에 대한 반성, 즉 '합리적이고 자율적인 개체로서의 인간'이 어떤 조건에서 구성되고 생산되었는지에 대한 고려, 따라서 그러한 '인간'의 구축을 가능하게 하면서 동시에 배제되었던 '비-인간' 타자들에 대한 고려가 반영되고 있지 않다. 왜 '휴먼'을 향상시키고, '휴먼의 가치'를 강화시켜야 하는가? 트랜스휴머니스트는 '타고난 인간 본성을 훼손해선 안 된다.'는 생명윤리주의자들의 비판보다는, 향상시켜야 할 인간의 특성이 무엇이며, 그 특성의 가치가 무엇인지, 그것을 또한 기술-자본-권력 네트워크 장치들과의 관계 속에서 어떻게 실현해야 할 것인지 더 고민해야 한다.

---

11 More (2013), p. 5.
12 More (2013), p. 15.

헤일스의 포스트휴먼: 인간과 지능형 기계의 접합체

컴퓨터 스크린을 스크롤해 내려가면서 명멸하는 기표들을 응시할 때, 보이지 않는 체현된 실재들에게 당신이 어떤 정체성을 부여하든지 상관없이, 당신은 이미 포스트휴먼이 되었다.[13]

비판적 포스트휴머니즘은 안티-휴머니즘의 문제의식을 계승하며, '휴먼'과 그 바깥의 '타자' 사이의 상호 작용 관계에 주목한다. 대표주자 캐서린 헤일스는 사이버네틱스의 역사 속에서 포스트휴먼의 계보를 추적하면서 '우리가 어떻게 이미 포스트휴먼이 되었는지'를 설득력 있게 보여준다.[14] 이때, 헤일스가 말하는 '포스트휴먼'은 이중적이다. 한편으로는, 탈-인간적이고 탈-신체화된 사이보그로서의 포스트휴먼이고, 다른 한편으로는, 신체화된 실재에 근거한 '인간과 지능형 기계의 접합체'로서의 포스트휴먼이다. 전자의 사이보그 포스트휴먼은 전통적인 자유주의적 휴머니즘과 깊이 연루되어 있으며, 포스트휴먼화에 의한 인류의 멸종이라는 묵시록적 공포 아래 자유주의적 휴먼 주체의 몰락을 감추고 있다고 비판된다. 반면, 후자의 포스트휴먼은 사이보그 모델과 자유주의적 휴머니즘의 주체성을 대체하는 것으로서 헤일스가 긍정적으로 제시하는 모델이다. 즉 자유주의적 휴머니즘의 '휴먼'이 타인의 의지로부터 자유로운 개인으로서 자기 능력(의지, 욕망, 인식 등)의 소유자이자 환경 독립적으로 자기-조직화된 닫힌 경계의 자율적 개체를 의미한다면, 진정한 "포스트휴먼 주체는 혼합물, 이질적 요소들의 집합, 경계가 계속해서 구성되고

---

13 Hayles (1999), p. xiv.
14 Hayles (1999).

재구성되는 물질적-정보적 실재다."[15] 이 포스트휴먼 주체는 코기토의 자율적 의지를 '분산된 인지(distributed cognition)'로, 정신의 보조 시스템인 신체를 '체현된 실재(embodied entity)'로, 자연을 지배하고 제어하는 인간 주체를 '인간과 지능형 기계의 역동적 제휴'로 대체한다. 헤일스는 포스트휴먼의 대중적 표상인 사이보그 모델이 사이버네틱스의 정보과학 담론 안에서 어떻게 구성되었는지 그 개념적 근거와 정치적 함축을 드러내 보여주면서, 동시에 이런 사이보그 모델과는 다른 방식으로, 어떻게 우리가 (이미) 현실적이고 긍정적인 포스트휴먼일 수 있는지를, 역시 사이버네틱스와 연동된 현대 과학(분자생물학, 인지과학, 진화심리학 등)의 근거 안에서 찾아내고 있다.

헤일스의 비판적 분석에 따르면, '휴먼의 사이보그화'는 사이버네틱스의 3단계 발전 과정을 거쳐 강화된 탈-신체화에 근거한다.

1단계 사이버네틱스는 사이버네틱스의 기초가 정립되던 메이시 컨퍼런스(Macy Conference, 1946~1954년)를 중심으로 이루어진다.[16] 사이버네틱스의 혁신적 아이디어는 '피드백 과정을 통해 정보를 순환시키고 제어하는 시스템'이라는 점에서 인간을 포함한 생명체나 기계가 본질적으로 동일하다고 보는 것이다. 생명체와 기계는 엔트로피가 증가하는 열역학

---

15 Hayles (1999), p. 3.

16 노버트 위너(Nobert Wiener), 클로드 섀넌(Claude Shannon), 존 폰 노이만(John von Neumann), 워렌 매쿨럭(Warren McCulloch), 윌리엄 애슈비(William Ashby), 프랭크 프레몬트-스미스(Frank Fremont-Smith) 등이 주축이 되어 "생물학적 시스템 및 사회적 시스템에서의 순환적 인과 및 피드백"이라는 주제로 열린 융복합적 학술 모임. 이 연례회의는 물리적 시스템, 생물학적 시스템, 사회적 시스템 모두에 적용될 수 있는 비선형적 인과, 정보의 소통과 제어 등을 핵심으로 삼고, 신경생물학자, 수학자, 공학자, 심리학자, 생태학자, 사회학자, 사회심리학자, 철학자 등이 총망라되어 여러 학문 분야의 융합과 교류를 시도했다. 1948년에 노버트 위너의 『사이버네틱스 또는 동물과 기계의 제어와 커뮤니케이션(Cybernetics or Control and Communication in the Animal and the Machine)』이 출판되면서, 이 새로운 융복합적 연구 분야를 점차 '사이버네틱스'로 부르게 되었다.

적 우주 안에서 국지적이고 일시적이나마 그러한 구조적 시스템에 의해 질서와 조직을 유지하며 우주의 최종적 열사(熱死)에 저항하는 반(反)-엔트로피의 지대를 이룬다. 초기 사이버네틱스의 논의 초점은 이러한 시스템의 안정적 유지와 관련된 '항상성'과 무질서의 '제어'에 있었다.

이 단계에서부터 헤일스가 비판적으로 주목한 것은 '탈-물질화된 정보' 개념의 수립과 '항상성' 개념이 함축하는 자유주의적 휴머니즘이었다. 여기서 정보는 물질적 실재성과 구분되는 수학적 · 논리적 패턴이다. "정보는 현존이 아닌 패턴이며, 메시지를 구성하는 부호화 요소의 확률분포에 의해 정의된다."[17] 생명체와 기계가 동일한 '정보 처리 시스템'이 되면서 신체화된 물질성의 차이는 지워지고, 생명체의 신체는 물질적 현존이 아니라 추상적인 정보 패턴이 된다. 이 탈-물질화된 정보 개념이, 마음을 다운로드한 모라벡의 컴퓨터와 「공각기동대」의 '인형사'가 모두 신체 없이 정보 패턴만으로도 '살아 있는 존재'를 자처할 수 있게 만들어주었다. 게다가 탈-물질화되고 탈-신체화된 정보 처리 시스템으로서의 인간과 기계는 모두 자유주의적 휴머니즘의 자율적이고 자기-조절적인 주체의 이미지에 부합하는 것이었다. 즉 "위너에게 사이버네틱스는 자유주의적 휴머니즘을 전복시키는 것이 아니라 확장시키는 수단이었다."[18] 매체의 질료성보다 수학적 · 논리적 형식을 강조하는 '탈-물질화된 정보' 개념은 플라톤적 형상중심주의의 반영일 뿐만 아니라, 차이의 표식(젠더, 인종, 민족성 등)을 신체성과 더불어 말소시킬 수 있게 함으로써 데카르트적 이성중심주의를 보편화하고 이에 기초한 자유주의 휴머니즘의 주체성을 강화시켰다.

2단계 사이버네틱스(1960~1980년)는 폰 푀르스터(Heinz von Foerster),

---

17 Hayles (1999), p. 25.
18 Hayles (1999), p. 7.

마투라나(Humberto Maturana), 바렐라(Francisco Varela), 베이트슨(Gregory Bateson), 루만(Niklas Luhmann) 등을 중심으로 시스템의 인식론적 '재귀성(reflexivity)'과 '자기 생성(autopoiesis)'을 둘러싸고 전개된다. '재귀성'이란 관찰되는 시스템 바깥에 있다고 여겨졌던 관찰자가 오히려 그 시스템의 일부가 되는 현상으로, 주/객 이분법에 근거한 객관적 인식의 불가능성을 함축한다.[19] 마투라나의 자기생성이론은 시스템의 자율성과 개체성이라는 주요 특성을 유지하면서도 재귀성을 벗어날 수 있는 방법론으로 제시되었다. "모든 생명체에게 현실은 오로지 유기체 자신의 조직화에 의해서 결정되는 상호 작용 과정을 통해서만 존재한다. (…) 신경 체계의 내부에서 결정된 작용이 일어날 때 외부 세계는 그것을 유발시키는 역할밖에 하지 않는다."[20] 인지의 자기 조직성을 강조하면서 과학적 객관주의와 재현적 인식론을 전복시킨 자기 생성 시스템 이론은 그러나 유기체의 조직적 폐쇄성, 자율성, 개체성을 강조하고 환경의 역할을 약화시키면서 환경과 시스템 사이의 정보 소통을 주목하지 않게 만들었다. 헤일스는 자율적 주체성의 근거가 '자기 소유'에서 '폐쇄성'으로 이동했을 뿐 이 단계에서도 여전히 자유주의적 휴머니즘의 가치가 유지되고 있다고 비판한다.

헤일스는 자기생성이론의 한계를 지적하고 마투라나와 결별한 바렐라의 행보에 주목하며, '체현된 마음(embodied mind)' 개념을 통해서 탈-물질화된 정보 개념으로 인해 말소된 물질적 신체성의 회복가능성을 포착한다. 그녀는 신체(body)와 체현(embodiment), 기록(inscription)과 체화(incorporation)를 구분하고, '신체'와 '기록'이 관념적 추상성과 보편적 규

---

19 하이젠베르크의 불확정성 원리와 양자역학이 이런 문제를 단적으로 보여주었다. 인식 대상에 관한 정보를 얻기 위해 인식하는 과정(측정, 관찰 등) 자체가 인식 대상을 교란시키기 때문에 인식 행위 이전의 객관적 대상에 도달하기 어렵다. 양자역학의 표준 해석인 코펜하겐 해석에 따르면, 측정 과정 자체가 측정 장치와 대상계 사이의 물리적 상호 작용으로 정의되며, 따라서 측정 과정 없는 대상 그 자체의 성질은 존재하지 않는다고 이해한다.
20 Hayles (1999), p. 136.

범성을 띤다면, '체현'과 '체화'는 구체적인 시공간적 맥락 속에서 물질적으로 실현되는 특수성과 차이를 보존한다고 주장한다. 가령, '신체'가 플라톤적 형상에 해당한다면 '체현'은 구체적인 차이들의 예화다. 따라서 "신체는 아무 저항 없이 정보 속으로 사라질 수 있지만 체현은 특정 상황과 인간이라는 환경에 구속되기 때문에 정보 속으로 사라질 수 없다."[21] '체화' 역시, 추상적 개념을 재현하는 '기록'과 달리, 특정 맥락에서의 직접적 동작과 행동에 의한 표현을 의미한다. 수영을 배우기 위해서는 이론적 앎만으로는 불가능하고 직접 물에 들어가서 몸을 허우적거려봐야 하듯이, 헤일스는 환경과의 상호 작용 속에서 구체적인 삶을 살아가는 생명체의 체현과 체화를 강조하며, 포스트휴먼은 탈-신체화된 사이보그가 아니라 새로운 기술 환경 속에서 휴먼과 다른 방식으로 체현되고 체화된 주체라고 주장한다.

3단계 사이버네틱스(1980년 이후)는 오늘날의 '인공 생명(artificial life)' 연구와 관련된다. 인공 생명 연구는 주로 임의의 환경에 있을 수 있는 생명의 형태를 컴퓨터 프로그램으로 시뮬레이션하여 시간이 흐름에 따라 어떻게 변화하는지 관찰하는 것이다. 자기생성이론의 약점이었던 창발적 진화의 문제를 컴퓨터 시뮬레이션을 이용해서 해결해보려는 것이다. 헤일스는 자연 생명체의 행동 특성을 모방한 컴퓨터 시뮬레이션을 또 하나의 생명(실리콘에 기반한 생명 형태)으로 간주하는 인공 생명 연구의 경향에 대해 "유기체의 논리적 형태를 물질적 기반과 분리할 수 있으며, 살아 있다는 특징은 물질적 기반이 아니라 논리적 형태에서 발견될 것이라는 가정"이 전제되어 있다고 지적한다.[22] 이는 컴퓨터 시뮬레이션이든 생물학적 신체든 모든 것이 탈-물질화된 정보 패턴이라는 사이버네틱스의 근본

---

21 Hayles (1999), pp. 197-198.
22 Hayles (1999), p. 231.

가정이다. 헤일스는 진화심리학적 접근에 의거해서, 지능을 가진 기계의 체현은 인간의 체현과 다르다고 주장한다. 인간의 신체는 컴퓨터에는 없는 진화의 역사에 의해 한계와 가능성이 형성된 물리적 구조이며, 의식은 환경과 상호 작용하면서 형성된 이런 체현에 의존하여 창발한 속성이지 감각운동 경험과 독립적인 논리 작용이 아니라는 것이다. 따라서 사이보그 모델이 인간 주체성을 의식과 동일시하고, 또 의식을 논리 작용으로서의 인지와 동일시하면서, 결국 인간을 컴퓨터와 동일시한다면, 헤일스는 정보 패턴으로 추상화될 수 없는 체현의 구체적 차이성을 고려하면서 인간과 지능형 기계의 동일화는 불가능하다고 주장한다.

사이보그 모델을 옹호하는 한스 모라벡은 단백질에 기반을 둔 생명 형태가 실리콘에 기반을 둔 생명으로 교체될 것이며 인간은 곧 낡은 것이 되리라고 주장한다.[23] 그러나 헤일스는 포스트휴먼이 된다는 것이 곧 인간 종의 소멸이자 인간의 컴퓨터화는 아니라고, 포스트휴먼 주체가 반드시 사이보그일 필요는 없다고 주장한다.

포스트휴먼은 특정한 인간 개념의 종말, 개별 작인과 선택을 통해서 자신의 의지를 실행하는 자율적 존재로서 스스로를 개념화할 부와 권력, 여유를 가진 극히 소수의 인간에게만 적용될 수 있는 개념의 종말을 의미한다. 치명적인 것은 포스트휴먼이 아니라 포스트휴먼을 자유주의적 휴머니즘 관점에 접합하는 것이다. '당신'이 컴퓨터에 자신을 다운로드하는 것을 선택해서 기술적 지배를 통해 불멸이라는 궁극적인 특권을 얻는다고 모라벡이 상상할 때 그는 자율적인 자유주의 주체를 버리는 것이 아니라 주체의 특권을 포스트휴먼 영역까지 확장시키는 것이다. 그러나 포스트휴먼은 자유주의 휴머니즘으로 회복될 필요도 없고, 반-인간으로 구성될 필요도 없다.[24]

---

23 Moravec (1990), pp. 1-5.

헤일스는 포스트휴먼의 결정적인 특징을 비-생물적 요소의 존재 여부가 아니라 주체성이 구성되는 방식에서 찾는다. 그녀는 탈-신체화된 자율적 의식의 자유주의적 휴머니즘의 주체가 아니라, 체현의 물리적 구조에 의거하여 인간 행위자와 비-인간 행위자가 함께 작동하는 "분산 인지 시스템(distributed cognition system)"을 포스트휴먼 주체의 모델로 제시한다. 포스트휴먼 주체는, 마치 중국어 방에 앉아 있는 써얼(John R. Searle)처럼, 컴퓨터 정보과학 기술이 마련한 환경 속에서, 전자 점화 자동차, 전자레인지, 와이파이로 전송되는 팩스 기계, 스마트폰, 사물 인터넷, 구글 안경 등 수많은 지능형 기계들과 연합된 채 살아간다. 복합적인 컴퓨터 기반 시설에 근거하고 있는 인지의 기술적 분산은, 굳이 생물학적 신체의 변형이 포함되지 않더라도, 인간을 충분히 포스트휴먼화한다는 것이다. 여기서 "주체성은 주어지는 것이 아니라 창발적이고, 의식에만 존재하는 것이 아니라 여러 곳에 분산되어 있으며, 혼돈스러운 세상과 동떨어진 지배와 제어의 위치를 갖는 것이 아니라 바로 혼돈스러운 세상에서 나와서 그 세상과 통합된다."[25]

트랜스휴머니즘과 탈-신체화된 사이보그 모델이 자유주의 휴머니즘의 연장선에서 여전히 인간중심주의를 포기하지 않았다면, 헤일스의 체현되고 분산된(embodied-distributed) 포스트휴먼 모델은 사이보그로 환원될 수 없는 '인간-비인간 네트워크' 안에서 주체성을 사유하고 있다. 그러나 '탈물질화된 코기토'로부터 '생체와 지능형 기계의 접속으로 확장된 물질적 체현'으로 주체화의 조건을 이동시키면서 '체현되고 분산된 주체'라는 새로운 주체의 모델을 제시하긴 하였지만, 헤일스의 포스트휴먼 역시 주체의 삶에 작동하는 기술-자본-권력 네트워크의 효과에 대한 고려가 없

---

24 Hayles (1999), pp. 286-287.
25 Hayles (1999), p. 291.

고 이에 대응하는 주체의 집단적 역량에 대한 고민이 없다는 아쉬움이 있다. '지능형 기계와 인간 생명체 사이의 역동적 제휴'라는 헤일스의 포스트휴먼 개념은 얼핏 시몽동의 '상호 협력적인 인간-기계 앙상블'의 현대적 버전인 것처럼 보인다. 그러나 헤일스의 경우, 인간과 기계 사이의 제휴 방식이 여전히 인간의 필요에 의한 도구적 만남으로서 개체상호적 관계의 양상을 띤다면, 시몽동의 경우, 인간과 기계는 전개체적 실재성에 근거한 개체초월적 관계를 갖는다. 바로 이런 차이점 때문에, 시몽동의 인간-기계 앙상블은 새로운 개체화를 향한 사회 변혁의 존재론적 역량을 지니지만, 헤일스의 인간-기계 쌍은 소비 자본주의의 테크노 나르시시즘에서 벗어날 이유를 찾기 어렵다.

이상에서 살펴본 대로, 모어의 향상된 인간(enhanced human)과 헤일스의 체현되고 분산된(embodied-distributed) 주체는 포스트-휴먼의 조건을 인간과 기술의 적극적인 관계 맺음에서 찾는다는 공통점을 갖는다. 물론 트랜스휴머니즘의 '인간 향상' 모델이 탈신체화(disembodiment)와 신체 변형의 방향에서 기술의 도구적 활용에 초점을 둔다면, 비판적 포스트휴머니즘의 '체현-분산 시스템' 모델은 기술적 대상들과 접속하여 확장된 신체(embodiment)와 정신 변형의 방향(distributed cognition)에서 기술의 효과에 주목한다는 차이가 있다. 그러나 이 두 모델의 공통된 한계는 둘 다 여전히 '인간 개체의 심신 변형' 차원에서 기술과의 관계를 사유하고 있어서 인간중심적이고 개체중심적인 시각을 보여준다는 점이다.

현대 기술과학적 환경의 조건 속에서 낡은 휴머니즘으로 회귀하지 않는 포스트휴먼으로서의 새로운 주체의 가능성은 기술에 의한 인간의 변형 차원에서만이 아니라 보다 더 근본적으로 존재론적 생성의 차원에서도 고찰해볼 필요가 있다. 시몽동의 개체초월성 개념과 과타리의 횡단성 개념은 존재론적 생성의 차원에서 비-인간중심적으로 인간과 기계의 관계에 주목하며 서로 불일치하고 이질적인 것들 사이를 가로지르는 소통과 상호 관계에 의해 생산되는 '집단적 주체성'의 모델을 제시한다.

시몽동과 과타리의 개체초월적-횡단적 주체

이전 장들에서 이미 논의한 대로, 시몽동은 개체초월적 주체성의 생산에서 '기술적 활동'의 역할을 적극적으로 긍정한다. 그러나 들뢰즈-과타리는 기본적으로 주체성의 생산에서 기술의 역할에 대해 중립적인 태도를 취한다. 그들은 테크놀로지의 변화에 따른 주체성의 동질화 경향(보편화하는 환원주의)과 이질화 경향(구성 요소들의 이질성과 특이성의 강화)이 동시에 인식되어야 함을 강조한다. 즉 주체성의 기계적 생산(machinic production)은 새로운 준거 세계를 창조하는 더 좋은 방향으로 갈 수도 있고, 우매화하는 대중 매체처럼 더 나쁜 방향으로 갈 수도 있기 때문이다. 따라서 들뢰즈-과타리는 정보 혁명과 같은 기술 혁신과 기계적 진화는 그 자체로 긍정적으로도 부정적으로도 판단할 수 없다고 본다. 물론 테크놀로지에 대한 이들의 중립적 태도가, 생성을 개방하고 새로운 리좀들을 형성하기 위해 기술을 사용하는 노마드적 전쟁 기계가 자본주의 전쟁 기계를 위협한다는 사실의 정치적 중요성을 간과하는 것은 아니다. 컴퓨터와 인터넷이 갖는 리좀적 전쟁 기계로서의 잠재력을 어떻게 테크노-나르시시즘(techno-narcissism)으로부터 탈주시켜낼 수 있는가를 고민하는 것이 기술을 주체성과 관련 짓는 들뢰즈-과타리의 접근 방법일 수 있다.

시몽동과 들뢰즈-과타리 사이에 기술을 대하는 태도의 이런 차이는 '기계(machine)' 개념에서도 잘 나타난다. 시몽동은 기계를 기술성이 개체 수준에서 표현된 기술적 대상이라고 이해하고, 기계의 순수한 본질인 기능적 작동을 드러내기 위해서 거기에 덧붙여져 있던 사회적·문화적·경제적 요인들을 방법론적으로(원칙적으로가 아니라) 제거하는 현상학적 분석을 시도했다. 반면, 과타리는 기계를 기술의 표현이 아니라 오히려 기술보다 선재하는 것으로 이해하고, "기술적 기계를 훨씬 넘어서는 기계 개념의 재구축"을 통해서 "기계주의를 총체적으로, 즉 기술공학적이고 사회적이고 기호적이고 가치론적인 아바타들 속에서"[26]고찰한다. 또한 시몽동이 인간 생명체와 기계들 사이의 관계를 동등한 위상의 개체들 사이의 상호 협력 작동인 "인간-기계 앙상블"로 보았다면, 과타리는 "정보와 소통의 기술공학적 기계들이 인간 주체성의 핵심에서, 그것의 기억과 지성 안에서만이 아니라, 그것의 감성, 정념들, 무의식적 환상들 안에서도 작동"하는 "인간-기계 아쌍블라쥬"로 이해했다.[27] 그러나 시몽동의 기술공학적 기계(그리고 인간-기계 앙상블)와 과타리의 존재론적 기계(인간-기계 아쌍블라쥬)는 모두, 피드백 루프를 지닌 자기 동일적인 닫힌 시스템이 아니라, 외부와의 상호 작용 속에서 자기 변형과 자기 창조의 가능성을 열어두는 준안정적 시스템이라는 점에서는 공통점을 갖는다.

여기서 논의하고자 하는 바는, 비-인간중심적이고 비-개체중심적인 방식으로 포스트휴먼으로서의 새로운 주체성을 생산하기 위해서는 시몽동의 개체초월성과 과타리의 리좀적 횡단성(transversalité)이 연동될 필요가 있다는 것이다. 즉 개체초월적 집단성에는 횡단적 소통이 필요하다는 것이다.

사실, 들뢰즈는 『차이와 반복』에서 시몽동의 '전개체적인 것'을 강도적 차이들(intensive differences)의 초월론적인 장(transcendental field)과 동일시하고 개체화를 물리생물학적 유기적 조직화 이하의 차원에서 고려함으로써 전개체적 퍼텐셜과 개체초월적 주체 사이의 직접적 관계를 단절시켰다. 그리고 들뢰즈-과타리는 『천개의 고원』에서 이 전개체적인 강도적

26 Guattari (1992), pp. 33-34.
27 Guattari (1992), p. 4.

장을 탈지층화-탈영토화된 비유기적 생명력의 물질적 흐름으로 대체하면서 유기적인 형태 발생의 역량보다는 오히려 모든 종류의 영토들-지층들-경계들을 가로지르는 소통의 역량을 강조했다. 불일치와 차이를 상위 차원에서 다시 묶는 변증법적 통일성을 피하기 위해서 n−1차원에서의 생성을 강조하는 들뢰즈-과타리의 관점에서는 시몽동의 개체초월성이 갖는 한 차원 높은 단계로의 변환적 통일성이 못마땅할 수 있다.

그러나 인간중심적-개체중심적인 자유주의 휴머니즘의 한계를 넘어서기 위해서는 '전개체적 실재에 근거한 개체초월적 관계'가 실현되어야 하며, 또한 이 개체초월적 집단성의 예속화와 고착화를 방지하기 위해서는 무엇보다 '횡단적 소통'이 필수적이다. 앞서 4장에서 다루었듯이, 시몽동의 개체초월적 관계는 본질적으로 정서적이다. 기성의 사회적 관계로부터의 단절과 새로운 관계 방식으로의 초월을 강요하는 전개체적 실재의 내적 하중을 자각했을 때 주체가 느끼게 된 고독과 불안감은 정서적 연대를 통해 감동을 느끼게 해주는 개체초월적인 관계가 형성될 때 비로소 사라진다. 이 정서적 연대에 기반한 개체초월적 집단의 예속화와 고착화를 방지하기 위해서는 '횡단적 소통'이 필수불가결하다. 물론, 기존의 사회적 질서를 거스르는 기술적 대상들의 매개를 통해서 개체로부터 개체로 직접 정서적으로 접속하는 개체초월적 관계는, 기존의 사회적 관계 방식을 해체하는 횡단적 소통의 결과일 수 있다. 그러나 시몽동이 전개체적인 것과 개체초월적인 것 사이의 관계에 주목하여 새로운 집단적 주체화의 가능성을 보여주었다면, 과타리는 이 집단의 주체화-예속화 정도를 측정할 수 있는 횡단적 소통의 계수를 제시했다. 말하자면, 시몽동의 '내적 공명'은 과타리의 '횡단적 소통'으로 구체화될 수 있으며, 횡단적 계수는 개체초월성의 예속화를 가늠하고 경고하는 데 유용하다.

과타리는 『정신분석과 횡단성』(1972)에서 주체 집단(스스로 규정한 기획들을 능동적으로 탐색할 수 있음)과 예속 집단(수동적으로 방향성을 부여받음)

을 구분한다. 예속 집단은 중앙 집권적이고 위계적이며 획일화되어 있어서 창조적 발전을 방해하고 다른 집단의 배제에 근거하는 자기 보존적 메커니즘을 지닌다. 반면, 주체 집단은 획일화된 수평적 총체성과 수직적 위계성을 다 피하는 횡단적 소통을 통해 자기 갱신과 자기 창조를 실현한다. 그러나 이 구분은 절대적인 것이 아니라서 주체 집단은 언제나 스스로를 유지하려는 편집증적 경련 속에서 예속화될 위험이 있다. '횡단성' 개념은 과타리가 자신이 일했던 프랑스의 라 보르드 병원(Clinique de la Borde)에서 주체성의 제도적 형성에 대한 실험과 분석을 실행할 때 치료적이고 정치적인 도구로 사용한 개념이다. 가령, 병원은 단지 환자를 치료하기 위해 위계적으로 조직화된 기관이 아니다. 개인과 개인 사이에, 상이한 수준의 집단들 사이에, 의미와 에너지가 상호 교차되는 하나의 역동적인 장이다. 과타리는 그 병원에서, 의사와 간호사 사이에, 인턴과 간호사 사이에, 간호사와 환자 사이에, 의료진과 비의료진 사이에, 관료들과 조합원들 사이에, 병원과 정부 부처 사이에 존재하는 다양한 권력 관계들을 서로 뒤섞고 순환시키면서 횡단적 소통을 실험했다. 그는 병원 구성원들이 새로운 물질적 표현 도구들을 가지고 평소에 해보지 못했던 구체적인 작업들 —예를 들어, 조형 예술, 드라마, 비디오, 정원 가꾸기, 요리, 승마, 도자기 굽기 등— 을 하면서 실현하는 주체성의 생산을 목격했다. 그는 정신분석학적 도구인 가족, 언어적 구조(linguistic structure), 오이디푸스 신화의 바깥에서, 특히 의사와 환자 사이의 '전이(transference)'를 '횡단성'으로 대체함으로써, 새로운 주체성의 생산가능성을 실험했다. 전이가 무의식을 의식화하는 인위적인 관계라면, 횡단성은 프로이트적 가족 구도나 라캉적 상징적 질서의 대상들로부터 자유로운, 이질적 요소들의 아쌍블라쥬로서 탈개체화된 주체의 욕망을 드러냈다.

따라서 횡단성은 "상이한 수준들 사이에, 그리고 무엇보다 상이한 방향으로 소통이 최대화되었을 때 실현되는 경향이 있다. 그것은 주체 집단이 움직이는 방향이다."[28] 횡단성은 주체성을 생산하는 소통과 개방의 정도다. 집단 속에서의 횡단성은 피라미드 구조와 같은 수직성과 대립되며, 개성들이 사라진 수평성과도 대립한다. 가령, 경마장에서 말들의 눈가리개 조절이 "횡단적 계수"[29]다. 말들이 완전히 볼 수 없게 되어 있을 때 횡단적 소통의 정도는 낮고 말들의 외상적 충돌이 커진다. 반면 눈가리개가 열려 있을수록 횡단적 소통의 정도는 높고 말들의 경주가 조화롭게 이루어질 수 있다. 마치 추위와 서로의 가시로부터 자신들을 보호하기 위해 적당한 거리에서 서로 뭉쳐 있는 고슴도치들처럼, 집단을 유지하는 소통의 정도가 횡단성 계수다. 횡단성은 접속과 소통을 개방함으로써 동일성의 고정된 벽을 부수고자 한다. 주체 집단은 횡단적 지수가 높고, 내적 소통과 변화에 개방적이다. 주체성의 복합적인 생산은 이런 횡단적 소통에 의한 "개체-집단-기계 사이의 다양한 교환들"[30]을 통해 이루어진다.

시몽동의 개체초월적 주체성은 기술적 대상들을 매개로 인간 개체들 간의 내적 공명과 새로운 연대를 실현하는 것으로서, 공통의 전개체적 퍼텐셜에 기초한다. 반면, 과타리의 횡단적 주체성은 복수적이고 다성적인(polyphonic) 기계적 아쌍블라쥬로서, 이질적인 것들 간의 리좀적 접속에 기초한다. 수렴(convergence)과 발산(divergence) 중 어느 쪽을 강조하느냐에서 사유 방향의 차이는 있지만, 불일치하고 이질적인 것들 사이의 소통과 관계 조절을 새로운 주체생성 과정으로 보고 있다는 점에서는, '개체초월적 공명'과 '횡단적 소통'이 결과적으로 다른 사태는 아니다. 요컨대, 인간 개체의 역량 강화를 목표로 하는 사이보그화의 자유주의적

---

28 Guattari (1972), p. 80.
29 Guattari (1972), p. 80.
30 Guattari (1992), p. 7.

휴머니즘을 넘어서, 전개체적 퍼텐셜을 통해 연대하는 개체초월적 관계를 현실화하고, 이 집단의 예속화를 방지하는 높은 지수의 횡단적 소통을 유지할 때, 포스트휴먼 주체성은 생산될 수 있을 것이다.

들뢰즈로부터 시몽동으로: 통제 사회를 넘어서

들뢰즈는 「인간의 죽음과 초인에 대하여」(1988)에서, 니체-푸코의 분석에 의거한 '인간의 죽음' 이후에 도래하게 될 새로운 형태로서의 인간-형상은, 신도 인간도 아닌 것으로서, "탄소를 대체하는 실리콘, 유기체를 대체하는 유전자 코드들, 기표를 대체하는 비문법적인 것들의 힘들과의 관계"[31] 속에서 생산될 '초인'일 것이라고 말했다. 그에 따르면, 특히 인간의 미래 형상을 구축하는 실리콘의 잠재력은 "제3세대 기계들, 사이버네틱스와 정보 기술"[32]로부터 온다. 다른 한편, 들뢰즈는 「통제 사회에 대한 추신」(1995)에서, 그와 같은 디지털 컴퓨팅 환경은 '통제 사회'로의 진입을 지시한다고 말했다. 통제 사회 안에서, 인간의 삶의 형식과 사회적 관계들이 갖는 복잡한 질적 특성들은 무차별적으로 나누어질 수 있고 계산될 수 있는 양적 데이터로 단순화된다. 각자 또는 함께, 행동할 수 있었던 예전의 '개체들(individuals)'은 탈-개체화되고 집단적 저항력을 잃어버린 '가분체들(dividuals)'로 변해버린다. 탈영토화하면서 재영토화하는, 또 탈코드화하면서 다시 공리계 속에 흡수하는, 자본주의의 운동 안에서, 모든 것을 연결하고 소통시키는 정보 기술과학의 역량은 단지 가분체들의 생산과 통제에 기여할 뿐이다. 7년의 간격을 둔 이 두 짧은 글들을 고려해보면, '제3세대의 기계들'을 그 자신의 기술공학적 조건으로 갖고 있

---

31 Deleuze (1988), pp. 131-132.
32 Deleuze (1988), p. 131.

는 이런 통제 사회가 결국, 신 중심의 주권 사회(society of sovereignty)도 아니고 인간 개체 중심의 근대적 규율 사회도 아닌, 이른바 '신의 죽음'과 '인간의 죽음' 이후에 인류가 도달하고자 하는 '포스트-휴먼' 사회의 모습을 나타내는 것이라고 들뢰즈는 생각하는 것 아닐까? '초인'과 '가분체'는 비록 긍정적 구성과 부정적 해체의 상이한 생산물들이긴 하지만, 제3세대 기술, 즉 정보 기술이 그들의 공통된 생산 조건으로 간주되고 있기 때문이다. 사실, 들뢰즈는 포스트-휴먼으로서의 초인의 형상과 전망에 대해서도, 마찬가지로 통제 사회 바깥으로의 출구에 대해서도 더 나아간 논의를 하지 않았다. 어쩌면 들뢰즈가 구체화하지 못한 초인의 형상은 통제된 가분체들의 사회 이후에서 찾아야 할지 모른다. 그런데 가분체로부터 초인으로의 도약가능성, 다시 말해 포스트-휴먼의 발생적 조건은 아마도 들뢰즈보다 시몽동에서 더 잘 제시될 수 있을 것이다.

들뢰즈에 따르면, 통제 사회는 정보 기술을 구성 요소로서 지니며 가분체들을 생산하는 사회적 아쌍블라쥬다. 들뢰즈는 1990년대 초 우리 사회가 더 이상 '규율 사회'가 아니라 '통제 사회'에 진입했다고 진단했다. 19세기와 20세기 전반 휴머니즘 시대를 열어놓았던 규율 사회는, 푸코가 탁월하게 분석했듯이, 가족, 학교, 병원, 공장, 감옥 등과 같은 파놉티콘 공간의 광범위한 조직화와 신체에 규율을 각인시키는 체계적 훈련을 통해서, 사회 시스템과 권력에 순응하는 자기-규율화된 개체들을 생산했다. 이 규율 사회에서, 개체들이 지나가는 상이한 공간들은 독립 변수들이었다. 즉 개체들은 학교에서는 학생으로서, 공장에서는 노동자로서 각 공간의 행위 규범에 따라 주조되었고, 하나의 신체를 지닌 단위로서 개체들은 어쨌든 종속적인 것이 될 수도 있고 저항적인 것이 될 수도 있는 '집단'을 함께 형성할 수도 있었다. 그러나 20세기 후반 본격적으로 작동하게 된 통제 사회에서 상이한 통제 메커니즘은 분리불가능한 변동들이 된다. 즉 각 영역에서의 모든 활동은 결코 완결되거나 분리되지 않으면서 준안정적인 상태로 항상 공존하며 연속적으로 변조되고 변형될 뿐이다. 가령, 규율 사회의 공장을 대체한 주식회사는 "능력에 따른 급여"라는 성과주의의 원칙에 따라 끊임없는 도전과 상호 경쟁 속에서 영속적인 자기 계발을 강요하며 개체들을 데이터 뱅크의 가분체들로 만든다. "가분체들은 데이터 마이닝 기술과 검색 엔진과 컴퓨터 프로파일링의 추상적인 디지털 산물이다. 그들은 광고, 보험회사, 여론 조사 등의 디지털 신상 정보들이다."[33] 이 통제 사회의 작동 논리를 가장 잘 나타내는 것은 바로 '코드(code)'이다.

규율 사회는 두 극을 갖는다. 하나는 **개체(개인)**를 나타내는 서명이고, 다른 하나는 그들이 **집단** 안에서 위치하고 있는 자리를 가리키는 등록 장부의 숫자다. (…) 그러나 통제 사회에서 핵심적인 것은 더 이상 서명이나 숫자가 아니라 코드다. 규율 사회가 **행동 수칙들**에 의해 규제되었다면, 코드들은 패스워드들이다. (…) 통제의 디지털 언어는 정보에 대한 접근을 허용하거나 차단하는 코드들로 이루어진다. 우리는 더 이상 개체 아니면 집단으로 취급되지 않는다. 개체는 '가분체'가 되고, 집단은 샘플, 데이터, 시장, '은행'이 된다.[34]

『안티 오이디푸스』에서 '코드'는 사회적 기계(social machine)의 보편적 기능을 의미한다. 즉 욕망의 흐름을 코드화하는 것이 사회체의 일이자 최고 임무다. 규율 사회의 서명과 등록 번호도 이러한 코드화의 일종이다. 하지만 「통제 사회에 대한 추신」에서 '코드'는 보다 더 특수하게 통제 사회를 특징짓는 디지털 정보 기술의 기능을 함축한다.

들뢰즈에게 기술은 기술적인 것이기 이전에 우선 사회적인 것이고, 사

---

33 Bogard (2009), p. 22.
34 Deleuze (1995), pp. 179-180. 강조는 원문 그대로.

회적 형태를 결정짓는 독립적 조건이라기보다는 사회적 아쌍블라쥬로서의 사회적 기계를 구성하는 한 요소로서 사회적 기계의 생산과 기능적 작동을 표현하는 것이다.

옛날 주권 사회가 단순 기계들, 즉 지렛대, 도르래, 시계들로 작업했다면, 근대 규율 사회는 엔트로피의 수동적 위험과 사보타주의 능동적 위험을 지닌 열역학적 기계들을 갖고 있었다. 통제 사회는 제3세대 기계들, 즉 정보 기술과 컴퓨터를 가지고 작동하는데, 거기서 수동적 위험이 노이즈라면, 능동적 위험은 해킹과 바이러스 오염이다.[35]

들뢰즈의 관심은 기술적 기계들 그 자체보다는 사회적 기계들의 작동에 미치는 그것의 영향에 있다. 즉 규율 사회의 경우, 열역학적 기계들은 열역학적 평형에 이르는 자연적인 마모와 해체로 인해 사회적 생산에 위협이 될 수도 있고('엔트로피의 수동적 위험'), 공장의 기계 설비를 파괴함으로써 생산을 지연시키는 노동 쟁의의 수단으로서 사회적 생산에 위협('사보타주의 능동적 위험')이 될 수도 있다. 반면, 통제 사회의 경우, 컴퓨터 기계는 전파 방해(노이즈)로 인해 통제 시스템이 중지되는 수동적 위험을 가져올 수도 있고, 해킹이나 바이러스 오염으로 인해 통제 시스템이 뚫릴 수 있는 능동적 위험을 가져올 수도 있다. 바로 이 '위험들'에서 통제 사회 바깥으로의 탈주가능성을 엿볼 수 있을 것이다. 그러나 들뢰즈는 이 점에 대해 더 깊이 천착하지는 않았다.

들뢰즈가 규율 사회로부터 통제 사회로의 이행을 진단하는 데 기술 기계의 발전 유형보다 더욱 주목한 것은 그에 상응하는 '자본주의' 변화 유형이다. "이 기술적 진화는, 더 근본적으로는, 자본주의의 변화임에 틀

---

35 Deleuze (1995), pp. 179-180.

림없다."[36] 가령, 19세기의 자본주의가 중앙 집중적이고, 소유 중심의 생산 지향적이었다면, 20세기 자본주의는 분산적이고, 세일즈나 시장과 같은 메타-생산 지향적이다. 즉 규율 사회의 자본주의가 열심히 일해서 물건을 만들고 그것을 팔아서 돈을 소유하는 방식이었다면, 통제 사회의 자본주의는 미래의 성공을 담보로 대출을 받고 대출이자를 갚아 나가는 방식으로 돈을 사용하게 만든다.

돈이, 아마도, 두 사회 사이의 차이를 가장 잘 표현할 것이다. 규율 사회가 표준 수치로서 금을 담고 있는 화폐를 주조하는 데 관련된다면, 통제 사회는 표준 통화에 의해 정해진 비율에 따라 변조되는 부유하는 환율에 관련된다.[37]

금 본위 시스템(gold standard system)으로부터 신용 화폐 시스템(credit money system)으로의 변화는 인간 삶의 기본적인 스타일을 "두더지에서 뱀으로" 바꾼다. 통제 사회의 자본주의는 더 이상 "감금된 인간"이 아니라 "빚을 진 인간"을 만들어낸다.[38]

그러나 사실, 자본주의의 자기 변신에 지나지 않는 운동 안에서 일어나는 규율 사회로부터 통제 사회로의 이행은 그다지 불연속적이지 않다. 특히 그 이행은 동일한 "휴머니즘" 안에서 일어나는 것이며, 그 휴머니즘은 자본에 대해 '냉소적이지만 여전히 독실한'[39] 것이기 때문이다. 다시 말해, 통제사회가 '포스트-휴머니즘'의 자장 안에 들어서 있는 건 아니라는 것이다. 『안티 오이디푸스』에서 언급된 대로, 자본주의는 본성상 모

---

36 Deleuze (1995), p. 180.
37 Deleuze (1995), p. 180.
38 Deleuze (1995), p. 181.
39 들뢰즈, 과타리 (2014), p. 385.

든 욕망의 흐름들을 탈코드화하고 탈영토화하면서 동시에 자신의 공리계(axiomatic system) 안으로 재코드화하고 재영토화한다. "자본주의는 자기가 한 손으로 탈코드화하는 것을 다른 손으로 공리화한다."[40] 자본주의 사회 안에서는 과학적이고 기술적인 코드의 흐름들을 포함한 모든 탈코드화된 흐름들이 자본주의 시스템의 이익과 목적에 복무한다. "자본주의 공리계가 포화 상태에 이르는 법이 없고, 예전 공리들에 언제나 새로운 공리를 추가할 수 있다는 점이 바로 자본주의의 권력이다."[41] 그렇다면 컴퓨터 기술 기계와 금융 자본주의 기계를 하위 부품으로 갖는 통제 사회 기계의 누수 지점은 과연 어디일까?

들뢰즈는 노동조합이 규율 사회에서는 유효했으나 통제 사회에서는 더 이상 작동하지 않는다는 점을 인정한다. 또한, 그는, 통제 사회가 결국 "자유로운 개체들의 횡단적 조직화"인 코뮤니즘을 향한 저항 형태들을 야기할 것이라는 네그리(A. Negri)의 전망에 대해서도 회의적이다.[42] 왜냐하면 발화 행위와 의사소통이 돈에 의해 오염되어 있어서 소수자들이 말해봤자 아무 소용이 없기 때문이다. 들뢰즈는 다만, "우리는 발화 기회를 납치해야 한다. 창조는 항상 의사소통과는 다른 어떤 것이었다. 핵심은 비-의사소통적인 구멍들, 회로 차단 지점들을 창조해야만 한다는 것이다. 그래야 통제를 벗어날 수 있다."[43]라고 말한다. 고장이 잦으면 땜질만으로는 부족하고 결국 시스템 전체를 바꿔야 하듯이, 바깥과 조우하는 다양한 실험들을 통해 통제 사회 기계의 여러 곳에서 위기들을 산출하고 가속화하는 것이 아마도 통제 사회 바깥으로의 이행에 대한 들뢰즈적 해법일 것이다.

---

40 들뢰즈, 과타리 (2014), p. 416.
41 들뢰즈, 과타리 (2014), p. 422.
42 Deleuze (1995), p. 175.
43 Deleuze (1995), p. 175.

사실, 들뢰즈에게 통제의 추상 기계는 본질적으로 허무한 것도 구원적인 것도 아니다. 들뢰즈는 "가장 견디기 어렵거나 참을 만한 체제가 어떤 것인지 물을 필요는 없다. 왜냐하면 그것들 안에서 해방시키는 힘과 노예화하는 힘이 서로 대적하고 있기 때문이다. (…) 두려워할 필요도 없고 희망할 필요도 없다. 다만 새로운 무기들을 찾기만 하면 된다."[44]고 말할 뿐이다. 그렇다면 자본주의의 재영토화와 공리화에 포획되지 않으면서 탈코드화와 탈영토화의 과정을 가속화할 수 있는, 그래서 통제 사회 안에서 '회로 차단기'로 기능할 수 있는 '새로운 무기'는 과연 무엇이 될까? 커뮤니케이션이 코드와 자본에 의해 통제되고 있다면, 어떻게 새로운 아쌍블라쥬와 사회적 연대를 만들어낼 수 있을까? 게다가 '비-의사소통적 구멍들'은 어떻게 확산되고 증폭될 수 있을까?

들뢰즈가 기술적 대상으로서의 기계보다 집단적 아쌍블라쥬로서의 사회적 기계의 위기와 이행에 주목했다면, 시몽동은 기술적 기계 그 자체의 존재 방식을 규명하고 이것의 인간 사회와의 상호 협력적인 관계를 해명하는 데 초점을 맞추었다. 수공업적 시대의 기술적 요소들로부터, 열역학적 에너지 시대의 기술적 개체들을 거쳐, 정보 기술 시대의 기술적 앙상블들에 이르는 기술의 진화는, 시몽동에게는 기술적 대상을 매개로 한 인간의 기술적 활동이 노동으로부터 해방되어가는 과정이다. 그에게 노동이란 도구나 연장들을 운반하는 동력원으로서 인간이 기술적 개체의 역할을 대신할 수밖에 없었을 때나 유효했던 것이다. 기계의 발명, 활용, 수리, 조절, 관리 등을 포괄하는 '기술적 활동'은 노동으로 환원되지 않는다. 노동 운동이 정보 기술 사회에서는 더 이상 통하지 않을 거라는 들뢰즈의 통찰이 여기서 공유된다.

그러나 근대적 노동 개념으로 환원될 수 없는 정보 기술 활동을 통제

---

44 Deleuze (1995), p. 178.

사회의 구성 요소로서 다분히 회의적으로 바라보는 들뢰즈와 달리, 시몽동은 정보 기술이야말로 기계와 인간 사이의 공통된 상징체계의 수립을 통해서 인간과 기계의 협력 작용을 가능하게 하고, 사회 시스템의 목적성과 조직화를 반성적으로 사유할 수 있는 새로운 유형의 집단화를 제공할 것이라고 낙관했다. 물론 시몽동의 이런 낙관은 기술적 활동을 조건 짓는 막강한 자본주의 메커니즘에 대한 심층 분석이 뒷받침되지 않았다는 점에서 순진하게 느껴질 수 있다. 시몽동은 "기술적 대상의 사용자가 단지 이 기계의 소유자이기만 한 것이 아니라 그 기계를 선택하고 보전하는 인간이기도 한, 그런 사회적이고 경제적인 양식을 발견할 수 있어야만 할 것"[45]이라고, 생산수단의 공유화보다 기술적 활동의 민주적 조건을 요구하는 데 그친다. 그러나 들뢰즈가, 시몽동이 주의하지 않았던, 기술 기계의 유형과 자본주의 유형 사이의 관계를 고찰했다면, 시몽동은, 들뢰즈가 관심을 기울이지 않았던, 정보 기술의 사회 변혁적 역량에 대해 고찰했다. 특히 시몽동의 정보 개념은 디지털 정보 기술이 통제 사회 바깥으로 탈주선을 내는 전쟁 기계의 역할을 할 수 있는 근거를 제공한다.

통제 사회를 구축하는 디지털 코드의 추상적 보편화는 사이버네틱스적 정보 개념에 의거한다. 통상적인 정보 모델에 따르면, 정보는 0과 1로 이루어진 신호로 정의되며, 정보 소통 과정은 S-C-R(source-encoding-channel-decoding-receiver) 모델로 표준화된다. 그러나 시몽동이 생각하는 정보는 송신자에 의해 미리 정해진 메시지를 노이즈의 방해를 뚫고 수신자에게 정확하게 전달하는 데서 성립하지 않는다. 또한 정보의 소통은 수신자를 송신자에 동기화시키고 시스템 전체의 항상성을 목표로 하지 않는다. 그에게 정보는 불일치하고 이질적인 것들 사이의 변환적 관계를 통한 시스템의 상전이를 야기한다. 신호들(signals)만 있는 이질적인 개

---

45 시몽동 (2011), p. 361.

체들 사이에서 의미(signification)가 발견될 때 이전에 없던 새로운 관계가 발생한다. 시몽동이 이해하는 정보와 커뮤니케이션은 컴퓨터 코딩이라는 공통된 상징체계를 통해서 통제가능한 연결망을 구축하는 기술에 불과한 것이 아니라, 분리되어 있는 것들 사이에 새로운 관계를 발명하고 확산 증폭시키면서 기존의 시스템을 새롭게 구조화하는 변환적이고 개체발생적인 작용이다. 정보화를 가상화나 탈신체화가 아니라 새로운 형태나 구조의 발명에 연결시키는 시몽동의 관점에서 볼 때, 정보 기술 네트워크는 기술적 대상들을 매개로 사회 구성원들 사이에 정서적 공감과 무의식적 연대를 창출함으로써 사회 시스템을 변화시키는 긍정적 역할을 할 수 있다.

들뢰즈와 시몽동은 집단적인 노동조합이 아니라 개체로서의 '해커'와 '발명가 주체(기술자)'를 통제사회와 닫힌 공동체의 변화를 야기하는 전쟁 기계로 주지한다는 점에서 상통한다. 들뢰즈가 회로 차단기로서의 해커들을 통해 통제 사회로부터의 탈주가능성을 열어두었다면, 시몽동은 전개체적 퍼텐셜에 근거한 이들의 개체초월적인 접속가능성을 통해 통제 사회 이후 새로운 아쌍블라쥬의 가능성을 보여준다. 규율 사회의 자기 규율화된 '개체(individual)'가 통제 사회의 탈개체화된 '가분체(dividual)'로 이행했다면, 이제 통제 사회 그 이후, 도래해야 할 것은 아마도 '개체초월적인 것(transindividual)'이 되어야 하지 않을까. 이는 기술적 대상들과 함께 사는 기술자 주체의 정치적 역량과 윤리적 지향이 도래할 공동체의 규범적 가치를 생산한다는 점에 특별히 관심을 기울여야 할 이유이기도 하다.

시몽동과 라투르: 인간-비인간 네트워크의 민주주의

시몽동과 라투르는, 엄밀히 말해서 포스트휴머니스트들은 아니지만, 기본적으로 인간과 비인간의 상호 협력적 앙상블과 네트워크가 갖는 존재론적이고 기술정치학적인 중요성에 주목했다는 점에서 공통점을 갖는다. 특히 시몽동은 '노동' 개념을 '기술적 활동'으로 대체하고자 하고, 라투르는 생물학적 '생명' 개념을 비유기체들도 포괄하는 '우주적 생태 장(場)'으로 전환시키고자 한다. 그들은 인간중심적인 노동과 생명을 비인간과의 관계 속으로 확장시키고, 인간과 동등한 위상을 갖는 비인간의 정치적 기능, 그리고 무엇보다 비인간을 대변하는 기술-과학자의 사회정치적 참여를 중요시한다.

시몽동은 오늘날과 같이 로봇공학이나 인터넷이 발전하기 이전에 일찌감치 인간과 기계의 관계를 주인과 노예의 관계가 아니라 자기 고유의 존재 방식을 가진 개체들 간의 상호 협력적 공존과 연대의 관계로 봐야 한다고 역설했다. 그에 따르면, 인간과 기계는, 생물학적 창조와 기술적 발명이라는 상이한 영역에서의 과정이긴 하지만, 유비적으로 동일한 개체발생 과정을 거쳐 산출된 개체들이다. '개체'라는 것은 질료와 형상의 결합으로 단번에 완성되는 독립적 실체가 아니라, 문제 해결의 '개체화' 과정을 통해 형성되는 것이면서 또한 자신의 발생적 조건을 구성하는 환경의 이질적 요소들과 분리될 수 없는 '관계적 실재'이다. 모든 개체는 유기적인 것이든 비유기적인 것이든 주어진 장(場) 안에서 제기된 문제를 해결하기 위한 하나의 해(解)로서 발생한다. 개체의 형태나 기능적 작동은 양립불가능한 이질적인 것들을 소통시켜주는 새로운 관계의 가능성을 실현시켜 보여준다. 가령, 식물의 싹(생명체-개체)은 서로 불일치했던 거시물리적인 태양계의 빛 에너지와 미시물리적인 화학적 원소들 사이에서 양자의 소통가능한 관계를 중간 수준에서 구조화하고 있다. 수력 발전기의 일종인 갱발 터빈(기계-개체)은, 기술적 환경(전기의 발생)과 자연적 환경(바닷물의 이용) 사이의 양립불가능성을 해결하는 새로운 구조(수압관 속에 들어가 작동할 수 있는 발전기)를 발명하면서 존재하게 된 것이다.

시몽동에 따르면, 생명적 개체화의 결과물인 '인간 개체'는 생물학적 수준에 머무르지 않는다. 생물학적 생존의 문제가 아닌 실존적 문제를 해결하기 위하여 인간 개체들은 생물학적 유대에 기반한 상호 개인적 관계를 넘어서 새로운 개체초월적 관계를 구축하고자 한다. 기성의 사회적 질서에 종속되어 있는 분리된 개체들 사이에 새로운 방식의 소통과 정서적 공명의 관계를 창조하고자 할 때, 인간 개체들 안에 내재하던 전 개체적 잠재성을 일깨워 다른 차원의 관계 방식으로 인간 개체들을 연결시켜주는 것은 그러나 새로운 '기술적 대상들'이다. 반면, 기술적 개체화의 결과물인 '기계 개체'는 도구의 수준에 머무르지 않는다. 기계들은 내적·외적 환경(기술적-자연적 환경)과의 관계 속에서 추상적 양태(구성 요소들의 부정합적이고 산만한 조합)로부터 구체적 양태(구성 요소들의 상호 협력적 정합성과 단순성)로 점차 '구체화'한다. 도구나 연장의 요소적 수준에서 구체화된 기계의 개체적 수준으로, 다시 기계 개체들의 연결망인 기술적 앙상블의 수준으로 기술성이 점차 진화해 나갈 때, 기술적 대상들의 형태를 변화시키고 기계들 간의 관계를 새롭게 조정하는 것은 바로 '기술적 인간'이다. 결국, 인간 개체와 기술적 개체는 비결정적으로 열려 있는 관계적 존재자라는 점에서 서로 닮았고, 상호 협력하는 '인간-기계 앙상블'로서 자연의 전개체적 역량을 현실화한다.

인간적 실재와 기술적 실재는 오랜 공-진화 과정을 거쳐 오늘날 새로운 관계에 접어들었다. 정보 기술을 토대로, 인간 네트워크와 기술적 개체들의 네트워크는 서로 분리불가능하게 연결되어 있는 '인간-기계 앙상블'의 삶을 현실화하고 있다. 인간과 기계의 관계는 더 이상 인간만의 관점에서가 아니라, 인간과 기계를 아우르는 전체의 관점에서 사유되어야 한다. 가령, 단순 반복 노동에서 고도의 숙련 노동까지 자동 로봇이 대체해가고 있다. 정해진 구조의 데이터베이스와 알고리즘만 주어지면 수행할 수 있는 업무를 로봇이 대체하지 않을 이유가 약화되어간다. 인간이 불필요해지는 자동화를 기술 발전의 목표로 설정한다면 로봇의 진화는 분명 인간에게 위협이 될 것이다. 자동화로 인해 인간과 기계 사이에 포화되어가는 갈등을 풀기 위해서는 무엇보다 기계에 대한 과도한 기대와 두려움을 바로잡고 인간중심적인 노동 패러다임에서 벗어날 필요가 있다.

시몽동적 시선에서 바라보자면, 자동 로봇은 기술적 개체의 전형이 아니다. 자동 로봇은 인간을 필요로 하지 않는 닫힌 시스템이며, 자동성은 기술적 완전성에서 오히려 낮은 정도에 해당한다. 튜링 머신(Turing machine)은 처음에 주어진 어떤 상태로부터 외부의 추가적인 정보 제공 없이도 자신의 조합을 바꿔가며 스스로 어떤 결과를 도출해내는 닫힌 시스템이다. 연립방정식을 계산하듯이 일련의 연속적인 절차를 거쳐서 주어진 문제의 해를 찾아가는 알고리즘이 자동 기계의 작동 방식이다. 그러나 시몽동적 기계는 생명체와 마찬가지로 외부 정보에 대한 감수성을 지닌 열린 시스템이다. 인간과 기계는 비결정성을 지닌 관계적 실재라는 점에서 동일한 개체성을 띤다. 이것은 기계가 언젠가는 인간을 지배하게 될 것이라는 것을 함축하지 않는다. 관계 속에 열려 있음은 오히려 타자인 인간의 도움 없이 오로지 기계들로만 이루어진 완벽한 자동 시스템의 구축이 불가능하다는 것을 의미한다. 비결정성은 형태 변화와 구조 혁신이 완결될 수 없다는 것이다. 중요한 것은 기계가 그 자신의 관계적 본성과 비결정성의 의미를 이해하지 못한다는 데 있다. 인간과 달리 기계는 자기 자신을 문제 삼을 수 있는 문제 제기 역량과 자기 변화를 촉발할 수 있는 자발적인 정보 생산 능력이 결여되어 있다. 세계의 모든 기호들로부터 의미를 읽어내는 것, 외부 환경과의 상호 작용에서 유의미한 정보를 산출해내는 것, 이를 통해 새로운 가치와 규범을 창출하고 자기 구조를 변화시켜가는 것, 이것은 기계 자신만의 힘으로 할 수 없는 일들이다. 로봇은 정해진 규칙에 따라 데이터를 읽고 복잡한 계산을 실행할 수는 있어도 작동 규칙 자체를 변화시키는 새로운 의미와 정보를 생산할 수는 없다. 문제를 제기하고 관계 방식과 전체 구조를 혁신하는 것은 여전히 인간 개체의 할 일이다. 로봇이 인간처럼 그림을 그려내고 춤을 출 수는 있지만, 그렇게 그림을 그리고 춤을 추는 로봇을 창안하고 프로그래밍하며 그러한 로봇의 존재에 어떤 의미를 부여하는 것은 인간 예술가의 일이다.

인간은 이제 로봇이 할 수 있는 '노동'으로 축소될 수 없는 '기술적 활동'을 해야 한다. 노동은 기술적 대상들이 연장이나 도구 수준에서 인간의 힘을 동력으로 사용하고 있을 때, 인간이 기술적 개체의 역할을 대신하고 있을 때 적합했던 개념이다. 기술적 활동은 양립불가능하고 이질적이고 불일치하는 것들 사이에서 새로운 소통의 관계 방식을 발명하는 것이다. 인간은 노동자가 아니라, 기계들 사이에 정보를 소통시켜주며 기계들의 관계를 조직화하는 조정자이자 기계들의 작동을 새롭게 구조화하는 발명가가 되어야 한다. 발명가는, 예술가와 마찬가지로, 사회의 가장자리에서, 세계에 대한 다른 관계 방식, 즉 세계를 새롭게 경험할 수 있도록 세계와의 다른 접속 지점들을 확립해보고자 노력하는 자다. 발명하는 인간과 발명된 기계는 기성의 존재 방식과 규범 체제를 넘어서 전 개체적 잠재성을 새롭게 현실화하며 세계와의 다른 관계를, 삶의 새로운 의미를 창조한다.[46]

46 2005년 *make* 잡지 창간 이후 활성화되고 있는 '메이커 운동'을 현대적 예로 들 수 있을 것이다. 이 운동은 디지털 기술과 도구의 대중화, 만드는 방법을 공유하는 오픈소스 문화 덕분에, 전문가가 아니어도 누구나 일상 생활용품, 로봇, 드론, 인공위성, 우주선까지 원하는 것을 직접 만들 수 있게 한다. 메이커 운동은 공유와 협력을 통해서 지겨운 노동이 아니라 즐거운 창조의 문

시몽동의 '인간-기계 앙상블'은 라투르의 ANT(actor-network theory)에 의해서 '인간-비인간 네트워크'로 확장된다.[47] 여기서 '비인간'은 기술적 대상들에 국한되지 않고, 세균, 실험 기구, 강, 지진, 자동차, 문서, 그래프 등 이질적인 모든 사물들을 포괄한다. ANT에 따르면, 세상은 인간-비인간 네트워크들의 집합이다. 인간과 비인간은 행위성을 지닌 행위자로서 동등하게 네트워크 구축에 참여한다. 이 '일반화된 대칭성'의 원칙에 따르면, 인간/비인간, 주체/객체, 사회/자연, 정치문화/과학기술의 이분법은 무의미하며, 기술과학적 사안이든 사회정치적 사안이든 모든 문제는 인간과 비인간의 하이브리드적 네트워크의 효과다. 과학적 진리, 기술의 성공, 정치적 지향과 가치 등은 인간과 비인간을 포함한 이질적·혼종적 행위자들의 동맹 효과일 뿐이다.

라투르에 따르면, 현대는 근대의 경계들(인간/비인간, 사회/자연, 정치/기술과학)을 위반하는 하이브리드들의 시대다. 자연이 문화 이전에 존재하는 단일한 실재라는 생각(mononaturalism)과 자연을 해석하는 인간의 문화만 다양하다는 생각(multiculturalism)은 근대주의자의 이념에 지나지 않으며, 세계에는 오직 다양한 '자연-문화 하이브리드들'이 있을 뿐(multinaturalism)이다. 이런 하이브리드들의 폭발적 등장이 특히 생태적 위기(기후 변화, 유전자 조작 식품, HIV, 광우병 등)를 통해 가시화되었다. 라투르는 이러한 하이브리드적 문제를 해결하기 위해 '근대화'를 계속 진행할지, 아니면 불확실하고 실험적인 조건들 아래서 우리의 집단적 삶을 '생태화'하는 방향으로 가야 할지 묻는다. "근대화냐 생태화냐, 이것이

화를 확산시키고 있다.

47 홍성욱에 따르면, "시몽동의 통찰은 ANT(actor-network theory)에 의해서 더 정교한 형태로 발전했다."(라투르 외 (2010), p. 138.) 특히, "기술이 인간과 결합하면, 기술 독자적으로도, 혹은 인간 독자적으로도 할 수 없었던 일을 할 수 있다."(라투르 외 (2010), p. 141.)는 것, 그리고 기술의 정치성이 이 앙상블 또는 네트워크의 조직 효과에 달려 있다는 것은, 시몽동의 '인간-기계 앙상블'과 ANT의 '인간-비인간 네트워크'가 공유하는 생각이다.

문제다.(To modernize or to ecologize? That is the question.)"[48] '근대화'가 주체/객체, 정치/과학, 인간/비인간의 구분을 유지하면서 '자연(Nature)'에 대한 '이성(Reason)'의 지배와 통제를 지속한다면, '생태화'는 객관적 자연과 보편적 이성이라는 초월적 확실성이 부재한 상황에서 인간의 정부와 사물의 정부가 상호 얽혀 있음을 긍정하고자 한다. 따라서 라투르는 인간-비인간 하이브리드들을 위한 새로운 정치학, 인간만이 아니라 비인간이 함께 공존하는 '코스모스'를 정치적 장으로 고려하는 '코스모폴리틱스(cosmopolitics)'가 필요하다고 본다. 오존층과 기후 변화, 물고기와 강, 낚시꾼의 삶 등 사람과 사물이 동시에 고려되는 좋은 공동 세계를 어떻게 창조할 것인지 함께 고민해야 한다는 것이다.

'사물들의 의회(parliament of things)'는 자연-사회 하이브리드가 하나의 동일한 집단적 · 실험적 · 민주적 과정으로 다루어질 수 있도록 인간과 비인간이 동시에 말할 수 있는 공간이다. 여기서 중요한 것은 바로 "대변인(spokespersons)"의 기능이다. 인간을 대변하는(represent) 자들(주로 정치인들)과 비인간을 대변하는 자들(주로 과학자들과 기술자들)이 같은 협상 테이블에서 공동의 코스모폴리틱 사안들에 관해 논의할 수 있다. 여기서 'representation'은 과학적 의미의 '재현'과 정치적 의미의 '대의'라는 두 가지 의미를 통합한다. 이 representation의 불확실성은 끊임없는 협상, 실험, 모색의 과정이 필연적임을 함축한다.

라투르의 코스모폴리틱 민주주의는 '현실 정치(Realpolitik)'가 아니라 '사물 정치(Dingpolitik)'의 기획이다. '현실 정치'가 정당에 기초하여 다양한 사회적 그룹들 간의 이해와 권력을 다루는 전통적인 방식이라면, '사물 정치'는 사물 지향적 민주주의(object-oriented democracy)를 추구한다. 이는 대변인들의 합법적인 어셈블리와, 사물들이 합법적 방식으로 대변

---

48 Latour (1998), pp. 221-242.

될 수 있는 절차의 보장을 확립하는 것이다. 사물 정치는 '사실의 문제(matters of fact)'로부터 '관심의 문제(matters of concern)'으로의 이행을 전제한다. '관심사(matters of concern)'들은 자연적으로 주어진 '사실들'과 달리, 미래의 집단적 세계 속에서 상이한 삶의 형태를 가져올 수 있고, 상이한 정치적 실천에 따라 다르게 배치될 수 있기에, 개방적이고 불확실한 특성을 지닌다. 즉 어떤 관심사를 중심으로 진행된 갈등이냐에 따라 실천적 조직화가 항상 재협상될 수 있다. 이 새로운 실험적·생태적 민주주의 안에서 과학의 임무가 집단에 개입하고 있는 비인간 행위자들의 영역을 탐색하고 분절하며 대변하는 것이라면, 정치의 임무는 그런 하이브리드 관심사들을 다루는 민주적으로 합법적 절차를 디자인하는 것이 될 것이다.

라투르에 따르면, 이러한 사물 지향적 민주주의를 실현하는 데 디지털 기술이 매우 유용하며, 관심물들에 대한 비전문가 대중들의 의견을 전달하는 도구로서 긍정적 측면을 갖는다. 디지털 기술은 전통적인 객관/주관, 사실/가치, 전문가/비전문가 등의 경계를 해체하고 하이브리드들을 구성하는 멀티버스(multiverse)의 구획들을 보여준다. "디지털 도구들이 일종의 독이라는 건 인정합니다. 하지만 그 도구들이 아마 해독약도 제공할 겁니다. (…) 신문이 인간들의 의회로 대표된 시민들에게 필요한 장비를 갖춰줌으로써 민주주의를 가능케 했다면, 새로운 플랫폼들이 사물들의 의회에서 대표되기를 추구하는 시민들에게 다시금 장비를 마련해줌으로써 기술민주주의를 가능케 하지 못할 이유가 없습니다."[49] 이 도구들을 통해서 누가, 무엇을, 어떤 재정 지원을 받아, 어떤 도구로, 어떤 패러다임에 따라서, 어떤 권위를 갖고, 어떤 산업들과 결탁하여, 어떤 이해관계와 어떤 세계관을 가지고 말하는지 알게 되고, 논쟁의 장에서 우리

---

49 라투르 (2010), p. 190.

의 의견을 제시할 수 있게 된다. 이 모든 도구들은 이미 존재하며 산재해 있다. 라투르는 디지털 기술의 부정적 측면들을 간과하거나 디지털 민주주의를 신봉하는 것이 아니다. 연구자와 '검색 엔진' 사이의 차이가 하루가 다르게 줄어들고 있는 오늘날, 디지털 세계에서 사용할 수 있는 매우 많은 도구들은, 논쟁이 되는 정보들을 효과적으로 탐색할 수 있게 하는, 새로운 매개의 모습을 보여준다. 라투르는 이런 디지털 도구를 이용해서 전문가들만이 아니라 일반 대중들도 함께 생각하고 자신의 의견을 제시할 수 있게 되었다는 점을 높이 평가한다.

이상에서 살펴본 대로 시몽동의 인간-기계 앙상블은, 우리 안에 내재하는 존재론적 생성의 퍼텐셜을 발현시키고 소통시키면서 집단적 삶의 새로운 양식을 발명할 수 있게 한다는 점에서 의미가 있다. 그러나 전 지구적인 자본주의의 발전과 그것을 떠받치는 제도들이 대중 소비와 테크노크라트적 경영에 수동적으로 적응하기를 강요하고 있는 오늘날, 기계들과 더불어 진화하고자 하는 우리 안의 이 혁명적 힘을 은폐하고 왜곡하는 것들에 대한 비판적 해체 작업을 시몽동의 기술철학 안에서 찾아보기는 어렵다. 가령, 시몽동은 발명 주체로서 기술공학자들의 혁명적 기능을 강조했지만, 오늘날 과연 그 기능이 작동하고 있다고 할 수 있는지 의문이다. 노동을 넘어선 기술적 활동이 자본과 갖는 관계에 대한 분석이 보완될 필요가 있다.

라투르는 사물들과 그것들의 대변인들이 공적 토의와 협상의 요구에 들어올 수 있도록 대의 민주주의를 재구성하고 우리의 공적 삶을 재조직화해야 한다고 주장한다. 그가 제안하는 사물의 의회와 개방적이고 실험적인 사물 지향적 민주주의는 인간/비인간, 사실/가치, 과학/정치 등 근대적 구분으로는 해결될 수 없는 현대의 하이브리드적 사안들을 다룰 수 있는 새로운 정치 철학을 제시한다는 점에서 급진적이고 시사점이 많다. 그러나 인간-비인간 네트워크인 멀티 우주의 설립자들이 다 함께 참석하는 하이브리드 포럼의 현실적 실현가능성이나 대변인 기능과 대의제에 대한 신뢰 부족, 끊임없는 협상과 결정불가능성의 실천력 부재 등은 사실상 그의 제안을 추상적이고 이상적인 것에 그치게 할 수 있다.

포스트휴먼 시대의 개방을 촉진하는 시몽동과 라투르의 낙관적인 기술-정치적 지향은, 그러나 경제적 풍요를 목표로 기술 혁신을 부의 축적으로 연동시키고자 하는 오늘날의 기술낙관주의와는 분명 다르다고 할 수 있다. 시몽동과 라투르는 무엇보다 정보 기술의 역량을 인간과 비인간을 동등하게 고려하는 정치적 평등주의와 인간-비인간 하이브리드 사회의 민주주의를 실현시킬 가능성으로 연결시킨다. 이들의 기술-정치학은, 인간과 비인간 사이의 위계를 유지하는 근대적 휴머니즘의 인식론적 · 존재론적 토대를 해체하며, 인간과 비인간이 공생하는 포스트-휴먼 사회의 지향점을 보여준다는 점에서 의미가 있다.

참고문헌

1. 시몽동의 저서

Simondon, G. 1958. *Du Mode d'existence des objets techniques*, Paris: Aubier. (시몽동. 2011. 『기술적 대상들의 존재 양식에 대하여』, 김재희 역. 그린비.)

Simondon, G. 1989. *L'individuation psychique et collective*, Paris, Aubier.

Simondon, G. 2005a. *L'Individuation à la lumière des notions de forme et d'information*, Grenoble: Millon.

Simondon, G. 2005b. *L'Invention dans les techniques*, Paris: Seuil.

Simondon, G. 2008. *Imagination et invention(1965-66)*, Chatou: La Transparence.

Simondon, G. 2010. *Communication et information*, Chatou: La Transparence.

Simondon, G. 2014. *Sur la Technique*, paris: puf.

2. 기타 참고 문헌

김재희. 2008. 「베르그손에서 잠재성과 물질의 관계」, 《시대와 철학》 제19권 2호.

김재희. 2010. 『베르그손의 잠재적 무의식』, 그린비.

김재희. 2011. 「물질과 생성: 질베르 시몽동의 개체화론을 중심으로」, 《철학연구》 제93집.

김재희. 2012. 「베르그손에서 창조적 정서와 열린사회」, 《철학사상》 제44호.

김재희. 2013. 「질베르 시몽동에서 기술과 존재」, 《철학과 현상학 연구》 제56집.

김재희. 2014a. 「포스트휴먼 사회를 사유하기 위한 하나의 청사진: 질베르 시몽동의 기술-정치학」, 《범한철학》 제72집.

김재희. 2014b. 「우리는 어떻게 포스트휴먼 주체가 될 수 있는가」, 《철학연구》 제

106집.

김재희. 2015a. 「질베르 시몽동의 기술미학」, 《미학·예술학 연구》 제43집.

김재희. 2015b. 「질베르 시몽동에서 기술과 정치」, 《철학연구》 제108집.

김재희. 2016. 「발명 개념에 대한 철학적 탐구: 베르그손과 시몽동의 기술철학을 중심으로」, 《철학연구》 제112집.

김화자. 2010. 「기술적 대상의 존재: 디지털 이미지의 존재론을 위한 예비적 고찰」, 《한국미학예술학회지》 통권 제32호.

노버트 위너. 2011. 『인간의 인간적 활용: 사이버네틱스와 사회』, 이희은·김재영 역. 텍스트.

랭던 위너. 2010. 『길을 묻는 테크놀로지』, 손화철 역. 씨·아이·알.

레이 커즈와일. 2005. 『특이점이 온다』, 김명남·장시형 역. 서울: 김영사.

로버트 퍼시그. 2010. 『선(禪)과 모터사이클 관리술』, 장경렬 역. 문학과지성사.

마르틴 하이데거. 2008. 『강연과 논문』, 이기상·신상희·박찬국 역. 이학사.

미셸 푸코. 2012. 『말과 사물: 인간과학의 고고학』, 이규현 역. 민음사.

박인철. 2003. 「기술 시대와 현상학: 생활 세계와 기술과의 관계를 중심으로」, 《철학》 제75집.

발터 벤야민. 1983. 『발터 벤야민의 문예이론』, 반성완 편역. 민음사.

배식한. 2000. 『인터넷, 하이퍼텍스트 그리고 책의 종말』, 책세상.

백남준 아트센터 총체미디어 연구소 편저. 2009. 『백남준의 귀환』.

베르그송. 2005. 『창조적 진화』, 황수영 역. 아카넷.

브루노 라투르 외. 2010. 『인간·사물·동맹』, 홍성욱 엮음. 이음.

브뤼노 라투르. 2010. 『과학인문학 편지』, 이세진 역. 사월의 책.

에릭 브린욜프슨 & 앤드루 맥아피. 2014. 『제2의 기계시대』, 이한음 역. 청림출판.

이중원·홍성욱 외. 2008. 『필로테크놀로지를 말한다』, 해나무.

이지훈. 2002. 「시몽동: 생명의 자연철학」, 『생물학의 시대』(《과학과 철학》 제13집), 통나무.

이화인문과학원 편. 2013. 『인간과 포스트휴머니즘』, 이화여자대학교출판부.

장 보드리야르. 2011. 『사물의 체계』, 배영달 역. 지식을만드는지식.

장 이브 고피. 2003. 『기술철학』, 황수영 역. 한길사.

제러미 리프킨. 2005 (개정판). 『노동의 종말』, 이영호 역. 민음사.

조르조 아감벤. 2010. 『세속화 예찬』, 김상운 역. 난장.

지그문트 바우만. 2009. 『액체 근대』, 이일수 역. 강.

질 들뢰즈·펠릭스 과타리. 2014. 『안티 오이디푸스: 자본주의와 분열증』, 김재인 역. 민음사.

칼 마르크스. 2001. 『자본론』, 김수행 역. 비봉출판사.

캐서린 헤일스. 2013. 『우리는 어떻게 포스트휴먼이 되었는가』, 허진 역. 열린책들.

펠릭스 가타리. 2003. 『카오스모제』, 윤수종 역. 동문선.

황수영. 2009. 「시몽동의 개체화 이론: 프랑스 생성철학의 맥락에서」, 《동서철학연구》 제53호.

황수영. 2014. 『베르그손, 생성으로 생명을 사유하기: 깡길렘, 시몽동, 들뢰즈와의 대화』, 갈무리.

헤르베르트 마르쿠제. 2009. 『일차원적 인간』, 박병진 역. 한마음사.

Bardin, A. 2015. *Epistemology and Political Philosophy in Gilbert Simondon: Individuation, Technics, Social Systems*, Springer.

Bardin, A & Menegalle, G. 2015. "Introduction to Simondon," *Radical Philosophy* 189, jan/feb. 15-16.

Barthélémy, J-H. 2005. *Penser l'individuation, Simondon et la philosophie de la nature*, L'Harmattan.

Barthélémy, J-H. 2008. *Simondon ou l'encyclopédisme génétique*, PUF.

Badmington, N. ed. 2000. *Posthumanism: A Reader*, London: Palgrave.

Bensaude-Vincent, B. & Guchet, X. 2007. "Nanomachine: One Word for Three Different Paradigms," *Techné: Research in Philosophy and Technology*, Vol. 11, no. 1: 71-89.

Bergson, H. 1970. Œuvres, PUF.

Bergson, H. (1932) 2008. *Les deux sources de la morale et de la religion*, PUF.

Bradley, A. 2011. *Originary Technicity: The Theory of Technology from Marx to Derrida*, London: Palgrave Macmillan.

Boever, A. D., Murray, A., Roffe, J. and Woodward, A. (ed. and trans.) 2012. *Gilbert Simondon: Being and Technology*, Edinburgh University Press (Bibliothèque du Collège international de philosophie. 1994. *Gilbert Simondon: une pensée de lindividuation et de la technique*, Albin Michel.)

Bostrom, N. 2005. "A History of Transhumanist Thought," *Journal of Evolution and Technology* 14, no. 1.

Bogard, W. 2009. "Deleuze and Machines: A Politics of Technology?," *Deleuze and New Technology*, Edinburgh: Edinburgh Univ. Press, 15-31.

Carrozzini, G. 2011. "Esthétique et techno-esthétique chez Simondon," in *Cahiers Simondon*, numéro 3, Paris; L'Harmattan.

Chabot, P. 2003. *La philosophie de Simondon*, Paris, Vrin. [2013. trans. Graeme Kirkpatrick, A. K. *The Philosophy of Simondon: Between technology and individuation*, Bloomsbury Academic]

Combes, M. 2013. *Gilbert Simondon and the Philosophy of the Transindividual*, translated by Thomas LaMarre. Cambridge; MIT Press.

Deleuze, G. (1966) 2004. "On Gilbert Simondon," in *Desert Islands and Other Texts, 1953-1974*. Los Angeles & New York: Semiotext. (*Revue philosophique de la France et de l'etranger*, vol. 156. no. 1-3. janv.-mars. 1966, 115-118)

Deleuze, G. 1968. *Différence et Répétition*, Paris: PUF.

Deleuze, G. 1988. "On the Death of Man and Superman," *Foucault*, trans. Seán Hand, Minneapolis: Univ. of Minnesota Press, 124-132.

Deleuze, G. 1995. "Postscript on the Societies of Control," *Negotiations 1972-1990*, trans. Martin Joughin, New York: Columbia Univ. Press, 177-182.

Deleuze, G. 1995. "Control and Becoming," *Negotiations 1972-1990*, trans. Martin Joughin, New York: Columbia Univ. Press, 169-176.

Deleuze, G. and Guattari, F. 1980. *Mille Plateaux: Capitalisme et Schizophrénie*, Paris: Minuit.

Guattari, F. 1972. *Psychanalyse et transversalité*, Paris: Maspero.

Guattari, F. 1992. *Chaosmosis: An Ethico-Aesthetic Paradigm*, Sydney: Power Publication.

Guchet, X. 2010. *Pour un humanisme technologique*, PUF.

Hayles, K. 1999. *How We Became Posthuman: Virtual Bodies in Cybernetics, Literature, and Informatics*. Chicago: University of Chicago Press.

Herbrechter, S. 2013. *Posthumanism; a Critical Analysis*, London: Bloomsbury.

Krtolica, I. 2012. "The Question of Anxiety in Gilbert Simondon," *Gilbert Simondon: Being and Technology*, Edinburgh University Press, 73-91.

Kurzweil, R. 2005. *The Singularity is Near: When Humans Transcend Biology*, Viking.

Latour, B. 1998. "To modernize or to ecologize? That is the question," 221-

242 in B. Braun and N. Castree(eds.): *Remaking Reality-nature at the millennium.* London: Routledge.

Lippert-Rasmussen, K. ed. 2012. *The Posthuman Condition,* Aarhus University Press.

Moravec, H. 1990. *Mind Children: The Future of Robot and Human Intelligence,* Harvard University Press.

Moravec, H. 1999. *Robot: Mere Machine to Transcendent Mind,* Oxford: Oxford University Press.

More, M. & Vita-More, N. ed. 2013. *The Transhumanist Reader,* Wiley-Blackwell, Oxford.

Michaud, Y. 2012. "The Aesthetics of Gilbert Simondon: Anticipation of the Contemporary Aesthetic Experience,"(translated by Justin Clemens) in *Gilbert Simondon: Being and Technology,* edited by Arne De Boever, Edinburgh; Edinburgh University Press.

Roux, R. L. 2009. "De Wiener à Simondon: penser l'invention avec et sans Bergson," *Cahiers Simondon,* n.1, Paris: L'Harmattan. 91-114.

Prigogine, I. & Stengers, I. (1979)1984. *Order out of Chaos: Man's new dialogue with Nature,* New York: Bantam Books.

Scott, D. 2014. *Gilbert Simondon's Psychic and Collective Individuation. A Critical Introduction and Guide,* Edinburgh University Press.

Schmidgen, H. 2005. "Thinking technological and biological beings: Gilbert Simondon's philosophy of machines," *Revista do Departamento de Psicologia,* UFF, v. 17 (n. 2), pp.11-18.

Stiegler, B. 2009. *Technics and Time 2: Disorientation,* translated by Stephen Barker. Stanford, CA: Stanford University Press.

Stiegler, B. 2011. "Suffocated desire, or how the cultural industry destroys the individual: contribution to a theory of mass consumption," translated by Johann Rossouw, *PARRHESIA* 13, pp. 52-61.

Thom, R. 1994. "Morphologie et individuation," in *Gilbert Simondon: une pensée de l'individuation et de la technique,* Albin Michel. 100-112.

Toscano, A. 2012. "The Disparate: Ontology and Politics in Simondon," *Pli: The Warwick Journal of Philosophy,* special volume, janvier 1, 87-96.

Wiener, N. 1954. *The human use of human beings: cybernetics and society,*

Boston: Da Capo Press.

Wolfe, C. 2010. *What is Posthumanism?*, Minneapolis: University of Minnesota Press.

Cahiers Simondon I, II, III, IV, V, VI, 2009~2015. Paris, L'Harmattan.

용어

ㄱ

'포스트휴먼 총서'를 기획하며

컴퓨터, 인터넷, 스마트폰이 없는 우리의 일상은 더 이상 상상할 수 없다. 몸에 간단한 보철을 장착하는 일은 더 이상 어떤 이물감도 남기지 않는다. 디지털 테크놀로지의 일상적 침투는 우리의 시공간 인지 조건을 급격히 변화시켰고, 근대적 시공간의 좌표는 인터넷 망을 통한 지속적인 접속의 체험 안에서 그 의미를 바꾸고 있다. 정보과학과 생명공학의 발달은 인간과 동물, 유기체와 기계, 물질과 비(非) 물질의 경계를 모호하게 흩뜨리고 있다. 또한 매체의 변화로 인해 지식과 정보를 습득하고 가공하여 전달하고 보존하는 방식의 변화가 불가피해졌다. 이 모든 징후들이 알려주는 바대로, 우리는 이미 '포스트휴먼'이다.

'포스트휴먼'의 경험과 생장의 조건이 이미 편재해 있지만, 인문학의 영역에 그 소식은 너무 늦게 전해졌다. 과학기술 분야의 전문가들이 충실히 영토를 확장해가고, 그에 대한 초국가적 자본의 유연하고 집약적인 관심이 집중되고 있는 데 반해, 인문학은 막연한 불안과 희망적 낙관 사이의 어느 불분명한 지점에 머물러 있을 뿐이다. 바로 이 지점에서 '포스트휴먼 총서'는 기획되었다. 오늘날 정보과학과 생명공학의 지배적 영향권 아래서 근대적 휴머니즘을 넘어선 새로운 인간 이해의 패러다임이 요청되고 있으나 포스트모던에서 제기되었던 근대적 '인간/인간중심주의'에 대한 비판이 아직 적극적인 개념화로 나아가지는 못하고 있다. 이와 같은 인식에 근거해, 우리는 인간 이해의 새로운 패러다임을 향한 길을 열어가고자 한다. '포스트휴먼 총서'가 그 길의 첫 이정표가 되기를 기대한다.

이화여자대학교 이화인문과학원
포스트휴머니즘 연구팀

지은이

김재희

이화여자대학교 이화인문과학원 HK연구교수로 재직 중이다. 이화여자대학교 철학과를 졸업하고 서울대학교 대학원에서 앙리 베르그손에 관한 연구로 석사 및 박사학위를 받았다. 현재 포스트휴머니즘과 기술정치철학 연구에 몰두하고 있다. 저서로 『베르그손의 잠재적 무의식』(2010), 『물질과 기억: 반복과 차이의 운동』(2008)이 있고, 『현대 기술·미디어 철학의 갈래들』(2016), 『현대 프랑스 철학사』(2015), 『포스트휴먼의 무대』(2015), 『미술은 철학의 눈이다』(2014) 등을 공저했다. 번역서로는 질베르 시몽동의 『기술적 대상들의 존재양식에 대하여』(2011), 자크 데리다와 베르나르 스티글레르의 『에코그라피: 텔레비전에 관하여』(2001, 2014 공역, 개정판), 가라타니 고진의 『은유로서의 건축: 언어, 수, 화폐』(1998), 앙리 베르그손의 『도덕과 종교의 두 원천』(2009, 2013 개정판)이 있다. 주요 논문으로는 「물질과 생성: 질베르 시몽동의 개체화론을 중심으로」, 「들뢰즈의 표현적 유물론」, 「베르그손에서 창조적 정서와 열린 사회」, 「외국인, 새로운 정치적 대상: 아감벤과 데리다를 중심으로」, 「법 앞에 선 주체: 라캉과 데리다를 중심으로」, 「탈경계의 사유: 카프카를 통해 본 해체와 탈주의 철학」 등 다수가 있다.

시몽동의 기술철학
— 포스트휴먼 사회를 위한 청사진

1판 1쇄 펴냄 ┊ 2017년 1월 18일
1판 3쇄 펴냄 ┊ 2021년 12월 28일

지은이 ┊ 김재희
펴낸이 ┊ 김정호
펴낸곳 ┊ 아카넷

출판등록 2000년 1월 24일(제406-2000-000012호)
10881 경기도 파주시 회동길 445-3
전화 ┊ 031-955-9510(편집) · 031-955-9514(주문)
팩스 ┊ 031-955-9519
책임편집 ┊ 이하심
www.acanet.co.kr

Printed in Seoul, Korea.

ISBN 978-89-5733-535-2 94300
ISBN 978-89-5733-364-8(세트)

이 도서의 국립중앙도서관 출판시도서목록(CIP)은
서지정보유통지원시스템 홈페이지(http://seoji.nl.go.kr)와
국가자료공공목록시스템(http://www.nl.go.kr/kolisnet)에서 이용하실 수 있습니다.
(CIP제어번호: CIP2016031045)

이 저서는 2007년 정부(교육과학기술부)의 재원으로
한국연구재단의 지원을 받아 수행된 연구임.
(NRF-2007-361-AL0015)